余振传

温庆华 著

山西出版传媒集团　三晋出版社

余振像

1930 年代初，余振（前右一）在北平大学

1943 年，余振（前左二）在西北大学

1948 年,余振(中)在山西大学

1954年，余振（右一）与苏联专家在北京大学

余振（前排右二）夫妇和子女们

1966 年，余振在上海辞书出版社

1989 年，余振（左）与魏荒弩

余振译《普式庚诗选》1948 年 6 月初版

余振译《莱蒙托夫抒情诗选》1948 年 6 月初版

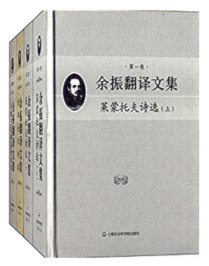

余振著《余振翻译文集》2014 年 9 月初版

余振编《俄语文法高级教程》1949 年 4 月初版

2009年，考古学家张颔题词

余振（李毓珍）书陆游诗

出版说明

　　这是国内第一部关于著名翻译家、学者余振（李毓珍）先生的传记。余振（1909—1996），山西省崞县（今原平市）东社村人。先生早年就读于东社小学、崞县中学、北平大学，是山西崞县最早的共产党员之一。从1938年始，历任西北联大、西北大学、山西大学、兰州大学、清华大学、北京大学、华东师范大学教授。1948年，余振先生在山西大学任教时，与杜任之、王文光教授共同建立了民盟太原秘密支部，任盟刊《北风》主编。其时，与马作辑、张颔先生结下终身友谊。1957年，他在北京大学任教时被打成"右派"，调到上海辞书出版社工作，任《辞海》语词分册主编。在繁忙的教学科研工作之余，余振先生先后发表三十多种译著，其翻译的俄苏大文豪普希金、莱蒙托夫、马雅可夫斯基的诗作尤为脍炙人口。他以中国格律诗体翻译再现外国格律诗体，被文艺界同仁认为是中国现代文学翻译史上"直译流派"的代表性人物。由他主编的《辞海》语词分册，也是众多文史工作者的案头必备的工具书。本书除了对余振一生的行谊有所记述外，对他在文化学术领域（文学翻译、教学、《棋经》及文史研究）所取得的成就也作了中肯的评述。

著者温庆华在太原某国营单位工作，雅好文学及近世文学版本收藏。他与余振同村，且与余振本人及其在晋亲属有着长达三十多年的交往。他从收集资料到全书完成，费时二十八年。毋庸讳言，本书内容尚显简略，但真实纪录了余振先生的生平及其学术贡献，为国内余振研究领域的开山之作。

三晋出版社

二〇一七年十月

目　录

余振传

附录一:札记

附录二:怀念篇

目录

3

余振传

уцzпела

余 振

一个在国立西北大学、山西大学、兰州大学、北方交通大学、北京大学、清华大学、上海华东师范大学等 7 所高校教过书的资深教授、教育家。

一个因翻译普希金、莱蒙托夫、马雅可夫斯基的诗作而享誉中国文坛，并备受胡风赞赏的著名翻译家。

一个在上海辞书出版社工作了 20 多年的《辞海》语词分册主编。

一个为《棋经十三篇校注》花费了 20 年心血的学者。

2016 年 8 月 7 日，是余振先生逝世 20 周年。值此忌日，作者谨撰此著，以示对这位闻名全国的学者、翻译家、教育家最深切的怀念。

一　故乡

山西省崞县(今原平市)东南部的同川地区,历来是民风强悍、英才辈出之地。古代的且不说,单就中国现代史上来说,许多赫赫有名的人物就诞生在同川或离此不远的滹沱河地区:徐向前、续西峰、续范亭、薄一波、阎锡山、梁善济……不过,今天我要给大家讲的既不是为革命抛头颅洒热血的仁人志士,也不是阴险狡诈的乱世魔王。本书的传主是一位以自己的锦心绣口、生花妙笔翻译介绍外国优秀革命文学,毕生从事文化教育事业的盗火者——李毓珍。他的笔名叫余振,本传遂名《余振传》。

同川,亦名桐川、铜川。隋时同川设县,县治在今之城头村,为时不久即告废。同川,自古风景秀丽,盛产梨果,是全国著名的水果之乡。1000多年前,金代大诗人元好问来同川拜访好友李冶(字仁卿)时,曾经写下一首非常著名的《桐川与仁卿饮》诗:

潇潇茅屋绕清湾,四面云开碧玉环。

已分故人成死别,宁知尊酒对生还。

风流岂落正始后,诗卷常留天地间。

海内斯文君未老,不须辛苦赋囚山。

在这首诗中,元好问不仅描绘了同川的秀丽景色,更多的是对自己对朋友所从事的文学事业的期许。"诗卷常留天地间",好问已臻是境,无愧此语也。

公元1847年,清崞县知县王佩钰来同川视察,见这里景色秀丽,十分宜人,禁不住诗兴大发,写下了《铜川途次题壁》:

> 小桥红板白沙堤,草色如烟绿已齐。
> 垂柳一行眉叶展,最高枝上两黄鹂。
>
> 竹篱环抱野人家,绝好溪山日未斜。
> 十里香风吹不断,万株晴雪绽梨花。

好一个"十里香风吹不断,万株晴雪绽梨花"!使后辈文人每到同川,遂生"眼前有景道不得,崔颢题诗在上头"之叹。

同川北部有一座小山,状若覆碗,名叫福寿山。山上有座玉泉寺,据说是元僧妙通所建。玉泉寺前后有正殿各五楹,及东西庑,规模宏敞,奉祀佛教诸神,并有雄伟的钟楼、鼓楼各一座,早晚钟鼓声嘹亮,直达奎光岭,北同川千家万户均清晰可闻。每年农历元旦的迎神时刻,寺僧选择吉时,鸣钟以为信号。寺僧衣钵相传,其法名可考者有清元、海珍、海珠、传法诸僧。每年农历二月初十日,邻村的善男信女,朝山顶礼,络绎于途。清朝秀才、宏道人郭岚,曾于福寿山设馆授徒。光绪丙子(1876)年间,郭岚中举,旧地重游,兴奋之情难抑,挥毫写道:

> 一别林泉又十秋,夙愿未了更来游。
> 当年片石容吾膝,终古闲云绕佛头。

壁上诗篇经漫漶,山间花鸟忆勾留。

书生面目今犹是,未许移文让不休。

福寿山下有一泓温泉,名玉泉塘,泉水冬暖夏凉。更为奇妙的是,塘水中卧着一具形似棺材的巨石,人们都叫它棺材石。笔者童年时常到此游玩。每到冬日,水面上热气蒸腾,藻类犹绿,附近村庄的大姑娘小媳妇提篮携筐,来此浣衣。清人夏洪甸有诗赞曰:

石罅流泉一径斜,野人冬月足沤麻。

若得移置骊山下,便得扬名四海夸。

玉泉寺,玉泉塘,棺材石,这便是当年同川的三大著名景观。令人扼腕叹息的是,清末民初,北同川人士在筹办崞县官立同川第二高等小学堂时因缺少木材,遂毁寺修校。至于棺材石,也于1958年大跃进中遭到人为的毁坏。只有玉泉塘,旧迹依然。"巍巍福寿山,滚滚同河水,同川风光美",这首由张美庭老师作词、刘志宁老师演唱的歌曲,笔者在少年时代蛰居家乡时,在村中的小喇叭中,听了何止百遍千遍。

秀美的同川,正是当代大学问家、大翻译家余振先生的故乡。

二　家世

　　有关余振(李毓珍)的身世,其《光森堂札记》略有记载:

　　我们的始迁祖李显公于元末明初,由洪洞县圪针沟大槐树迁至上东社。约嘉靖年间,六世祖士贵公又由上东社迁至东社。传言,士贵公生计艰难,上东社无以为生,住到东社外祖家来,给有钱人家扛长工。日子久了,就在东社安家落户。

　　曾祖父讳崇光,小字如复。生卒年失记。经营酿酒业,作坊名复兴泉,在东社街东头转弯处路南。复兴泉酒,远近闻名,行销甚广,由此起家,村中推为首富。公享寿甚高,至八十岁以上。村中五月十五日过会时,公虽年事已高,亦必至神棚观剧。胡须雪白尺许长,飘逸有神仙概,观剧者皆回头观看老人胡须,一时传为美谈。

　　祖父讳廷直,字鲠臣。生于同治四年(乙丑,1863),曾祖崇光公之次子。平日吃苦耐劳,善经营。公相貌及言谈,有儒者风,不知者不敢认为是商人。曾出资捐得"监生"。老宅底下四合院,由公一手创建。公治家甚严,每日黎明即起,上下院巡视一周。咳嗽声甚洪,家人闻其声,皆立即披衣起床,不敢贪睡。祖母赵夫人,五台南头村举人赵肯构公之女。我家世代亦农亦商,自我父起开始业儒,嗣后子孙雅好读书,皆祖母之遗传也。

先父讳含雨,字润之,别字陶斋,小字海生。廷直公之长子。生于光绪七年阴十二月十五日(辛巳,1882)。弱冠,从族祖廷瓒公(牛先生)学,稍壮,从其外祖赵肯构孝廉公学。取消科举后,入县城崞阳书院,成绩优异,光绪三十年(1904)以廪生卒业。卒业后任上庄村初等小学堂教习。1906年,全同川人士在城头村建立同川高等小学堂,聘先父为教习。1910年,同川官立第二高等小学堂正式成立,聘请先父为堂长。学校走上正规后,先父于1913年入太原法政专门学校深造。1916年毕业不久,去五台城五台中学校任教。1919年春,先父去大同,在晋北镇守使署担任书记官。1923年辞职后,就近在大同从事律师业务。1926年因病还乡。1934年阴2月7日病逝,享强寿54岁。先父病逝后,前晋北镇守使张树帜送挽联曰:"痛足下锐气英才,五旬四岁竟长逝;念昔日同袍共泽,七零八落实堪伤。"

先母李季贞,五台桑园村李根重公之次女。继母温生荣,东社村邢家崖温正阶公之女,1894年生,1960年卒。

先父兄弟四人。二叔,讳应雨,小字海明,1890年生,1927年卒。三叔,讳灵雨,小字海文,1898年生,1934年卒。四叔,讳时雨,小字海武,1898年生,1917年卒。

余振(李毓珍)在《东社李氏宗谱》后记中这样说:"东社李氏是个小族,是个没有出过什么历史名人的寒族,虽不敢说,我们也可以出像曹雪芹这样伟大的作家,但把家谱整理出来,族人看了,首先可以知道自己的列祖列宗,彼此可以分清上下远近,能有个正确的称呼。"由此看来,他对东社李氏后代寄予了很大的期望。

1983年,余振(李毓珍)先生在致洪洞县志办的信中说:我的家乡在山西原平县(原名崞县)东社村。据家谱序言和父老传言,我们李家是元末明初始迁祖李显由洪洞县屹针沟迁来的,先迁至上东社。明永乐、宣

德年间,又迁到东社村。现已传 21 世,有 600 余口人。李家转迁到外地的很多,有迁到五台县善文村、上红表村的,有迁到雁门关、太谷、河北行唐以及内蒙古一带的,甚至有迁到国外的。

三　童年

1909 年 6 月 15 日,山西省崞县(今原平市)东社村大坡上的一户人家诞下一子。其父便是前面提到的同川官立第二高等小学堂堂长李含雨,母李氏。在此之前,夫妇二人生有二子,长子名果珍,字毓奇,生于1897 年;次子名结珍,字蕴甫,生于 1901 年。时隔 8 年,爱妻为自己又添一丁,含雨的兴奋之情溢于言表。他当即为此子取名毓珍,字秀甫。他就是本传的传主——李毓珍,后来,取笔名余振。毓珍出生不久,其母就得了产后病,含雨先生只得把幼子奶出去,先奶在本村,后来奶妈得了精神分裂症,把他丢在粪堆上又唱又笑,才又把他奶到北庄头村,奶爹叫张银。一个多月后,李氏病逝,临死也再没能看一眼她这个要命的根子。次年,含雨续弦本村温氏,温氏年 16,比含雨先生整整小 12 岁。1911 年春,温氏生子不育,含雨将幼子从北庄头抱回来,接着吃温氏的奶。

1910 年农历二月初十日,为保幼子平安长寿,按照当地风俗,李含雨携子去村西北的福寿山玉泉寺寄名字,禅师传法为他取法名曰"传玉"。所以,至今同川一带老一点的人只知他的法名(即小名),而对他的大名、笔名则不甚了然。

1917 年 8 月,毓珍 8 岁时,他第一次跟上三叔李灵雨到同川第二高等小学堂读书。三叔是这个学校的英文教员,他不是正式学生。关于余振第一天上学的情形,他在晚年回忆录中这样写道:

上午刚去了半天,中午下学回来,见我表兄传槐哥来了,他跟我十分相得。午饭后,我领上传槐哥到寨子坡上看我打的窑洞,窑洞里用麻秸做的箔子上放着酸枣。他也帮我另打了一个窑洞,我们玩得很好。突然,看见父亲站在我的身边,厉声骂道:"你真真地上了半天学就逃学了!"随手抓住我的马鬃,拉上就走。拉了几步,松开手大声道:"走!"我一边哭,一边丢下传槐哥跟上父亲走,一直哭到学堂里。坐在我的小桌前,还在抽抽噎噎地哭。这是我父亲第一次对我发威。我哭,并不是哭我父亲抓住马鬃拉我,是哭家里丢下传槐哥一人。过了一会儿,父亲大概感觉到对我太严厉了,手巾里包着果子、葡萄,给我送来安慰我。我一边吃着葡萄,一边还在想着传槐哥。

当时教毓珍的老师叫张双虎,同川本地峪里村人。因为他不像个老师,学生们背地里都叫他"张双虎儿",还儿化了一下。一天,毓珍下学回来,嘴里也乱叫"张双虎儿",父亲听到了,严肃地对他说:"老师的名字,怎么能乱叫?古人说,一日为师,终身为父。对自己的老师应当像对自己的父亲一样尊敬。"从此,毓珍将父亲的话谨记在心。

童年,由于受父亲的教育与影响,毓珍就十分喜欢读书。他8岁入东社村国民初等小学堂读书,11岁入同川第二高等小学堂读书,13岁时,其父在晋北大同市当律师,他亦随父去大同兰池学校就读。该校乃晋北镇守使张树帜(原平文殊庄村人)私人创办,校风良好。余振在此读了约两年光阴。

关于余振在故乡东社的童年生活,1990年春笔者访问他时,年逾八旬的老先生这样回忆说:"咱们同川自古就是有名的苦地方,自然条件极差。一些无地与少地的农民,在本地无法维生,只好远走他乡。民歌《走西口》《刮野鬼》,反映的就是这一史实。所以,同川人世世代代都把荣华富贵光宗耀祖的梦想,寄托在下一代身上。希望他们刻苦用功,博取个一官半职,以改换门庭。我刚上学时,父亲就对我管教挺严,傍晚放学回家,也不让我出去玩,在油灯下,教我读《三字经》《百家姓》《千字文》,至今《千字文》的头几句我还是记忆犹新:'天地玄黄,宇宙洪荒;日月盈昃,辰宿列张……'在学校里,学生们一下课就跑着去厕所,生怕误了读书。我后来之所以喜欢古典文学,就是那时打下的底子。"

他又说:"那时的人不懂科学,讲迷信。有一晚,我在学校睡觉,脱了衣服刚迷糊起来,就听到隔壁的抽屉,一会抽出来,一会推回去。次日一早,我和同学们过去看时,发现抽屉仍锁着,并无异常情况,我们很感奇怪,都说肯定是狐狸精来过。后来有一晚,狐狸精真的来了,半夜来敲门,同学们吓得缩作一团。我大着胆出去一看,才知是一个同学扮的,故意来吓唬我们,同学们虚惊一场。"

尤其令余振难以忘怀的是,1921年暑假,在太原工作的大哥果珍回到了故乡。他嗜好围棋,因乡居无事,就提出教弟弟下围棋,余振欣然答应。没有围棋子怎么办?兄弟二人就跑到同川河边,挖了许多胶泥,搓捏成形,晒干后,将其中的一部分涂上墨汁……从此,余振一生与围棋结下了不解之缘。

余振在童年不仅好学、大胆,而且十分热爱大自然。1984年5月,他在给笔者的信中这样说:"我小时候,常去福寿山与同河边去玩,与小伙伴打土仗,打水仗,玩得十分开心。东社村西的嘴子里,我也常去,春天喂蚕,就去那里找蒲公英。嘴子里西边有一条小路,可以到河里去,不过不好走,要钻一个毛楼,我直到现在还时常梦见钻那个毛楼。"

余振在他的童年时代就表现出了他的不凡。他好学不倦,常常在父

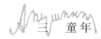

亲的指导下读书到深夜。他淘气顽皮,常常与小伙伴们在寿山脚下、同川河边,纵情戏耍。他尊敬老人,见面无笑不开口。因此,村中长辈与学校老师都很喜欢他,夸奖说:"这个孩子,将来要成点气候!"

四　在崞县中学

南运中，北崞中。崞县中学素以善育英才闻名全省。该校始建于1913 年 8 月，共有房舍 106 间，首任校长郭荫楠，课程设置修身、国文、英文、数学、物理、化学、历史、地理、博物、音体、图画、手工等。整个学校教学业务直接受山西省教育厅领导。但为了保证生源质量，新生入学考试由学校办理，命题、阅卷、录取等，政府不参与。1924 年夏，余振于大同兰池学校毕业后，以优异成绩考入这所具有优良革命传统的学校。在学校里，他勤奋好学，关心国事，广泛地与进步学生交朋友。1925 年，上海"五卅惨案"发生，消息传来，舆论大哗。他当即参加了由进步学生组织的五卅惨案后援会。不久，后援会收到山西国立图书馆馆长柯璜从太原托人送来的沪案讲演稿 5 种。不久，学校放暑假，余振就拿着这些宣传品，和同学们一块上山下乡，走村串巷，到处演讲，以激发广大群众的民族意识、爱国热情。

同年 8 月，余振听说崞县中学有人组织了地下国民党临时县党部，不久，经人介绍，他参加了这个组织。一天，他在篮球场碰见同班同学冯汉英，也想把他介绍进来。不想，冯听完他的叙述，说："你参加的是右派国民党，而我要参加左派国民党。"余振大惑不解：国民党还有左右之分? 冯随即给他讲了半天什么是左派，什么是右派。临分手，冯从怀中掏出一本名叫《极乐世界》的书，要他仔细阅读。《极乐世界》是一本描写未来共产主义社会的小说,作者也许属于无政府主义者,写得精彩,非常吸引人。余振看得津津有味。看完后,二次去找冯汉英,未等冯开口,他就激动地说:"君言不谬,共产主义是比三民主义好,它更为彻底。"就这样,在冯的介绍下,他参加了共产党。这时,余振才明白:冯汉英就是崞县最早的共产党员。

余振入党后,思想发生了深刻变化,对共产主义理想极为信仰。一次,他从课外读物上看到几张马克思、列宁、孙中山的像片,他嫌像片小,不过瘾,就向同学们借来铅笔,按比例画了3幅较大的,挂在学校的自学室内,供同学们瞻仰。后来,学校放假,他怕画像丢失,就将他们带回东社,挂在家中,每次同学来访,他就给他们介绍共产主义思想。学校开学时,他又带回崞县中学,依旧挂在自学室。同学们都说:"李毓珍是彻底的马克思主义者,把马克思的像,走到哪,就挂到哪。"

1926年上半年,崞县中学的共产党员奉上级指示,都参加了国民党临时党部。至此,县党部成员增加到20多人。其中共产党员十几人、国民党员十几人。刚开始,国共双方相安无事。后来,随着国内国共两党斗争的激烈,临时县党部内的摩擦也逐渐开始。当时,崞中的共产党员加上国民党左派,要比右派的势力强一些。所以,在选举县党部的干部时,总是余振这一方来担任常务、组织、宣传等工作。

1926年7月,北阀战争爆发。不到半年,北伐军就以破竹之势,先后攻下了湖南、湖北、福建、江西、浙江、安徽、江苏等省的全部或一部。余振等进步同学闻讯后欢喜雀跃,他专门找了一张大画纸,按比例画了一张长1.5米、宽1米的中国地图,他有感于当时的祖国积弱不振,内忧外患,战火频繁,特意在上面写了"中华次殖民地地图"八字,以示愤郁。他还将该地图挂在自己的寝室内,每晚下课回来,就和同学们围聚在地图前,东瞧西看,比比划划,看北伐军打下了哪些城市,并用红笔在上面标个圆圈圈。

时局在发展,形势在变化,国内国共两党的斗争越来越激烈。1926年10月,汪精卫、胡汉民国民党政府在武汉成立后,握有兵权的国民军总司令蒋介石却赖在南昌,不去武汉,分裂的局势已见端倪。后来,蒋介石由南昌去了南京,国共两党自此分裂。而崞县中学的国共两党,也由怒目而视,破口大骂,进入全武行。每次打架,总要把教室内的板凳弄坏几个。一次,余振等共产党员在崞县城外的北桥河开会,一个国民党右派分子前来侦视,他们发觉后,气愤至极,一起跑上去将他抓住,痛打一顿后,扔进河里。

1927年上半年,国共两党的斗争进入白热化。4月12日,蒋介石在上海发动反革命政变,在全国范围内大肆镇压、缉捕、屠杀共产党员,一时间白色恐怖笼罩各地。这时,北洋军阀的命运已经结束,山西督军兼省长阎锡山越来越明显地倾向蒋介石。不久,他挂起青天白日旗,明确表示支持南京政府,反对武汉政府。与此同时,崞县中学里,国共两党也是剑拔弩张,大有一触即发之势。同年7月,南京国民党中央党部做出清党的决定,通令全国实行。他们把当时加入国民党的共产党员,统统污蔑为跨党分子,信口雌黄地说他们窃取了国民党的党权,破坏革命的统一战线和国民革命……阎锡山紧步蒋介石的后尘,也在太原成立了山西省清党委员会,对革命志士大打出手。不久,他们就派毕业于太原第一师范的王之瑞到崞县,组织了崞县清党委员会。该会一成立,就宣布接收崞县临时党部,并对进步学生横加指责。余振等人的革命工作进入了更加艰难困苦的阶段。

1927年暑假,余振正在东社家中阅读《独秀文存》,忽见好朋友、东社小学教员张化之(字学圣,同川沟里村人)风风火火地从外面跑来,一见面就气喘吁吁地说:"毓珍,不好了,他们要来抓你。"余振抓住他胳膊,急切地问:"到底发生了什么事?"张顾不得喝口水,就一五一十地讲述起来。原来,自崞县清党委员会成立后,对崞县中学进步学生的革命活动极为讨厌。尤其是对余振画马克思、列宁、孙中山像,画"中华次殖民地地图",殴打国民党右派分子,且在平时敢言敢语,讥讽老师,唯恐世界不宁。他们决定,利用暑假各学生分散居住之特点,实行突然逮捕。张化之不仅与余振二哥结珍是同学,而且与余振本人也十分友善。他曾以国民党东社区党部代表的名义参加了这次会议。所以,一开完会,他就急匆匆赶回东社来通知余振。他还告诉余振,住在崞县城内的王镜常和县城附近的张国权最先闻讯,这两个软骨头为减轻罪责,已经去县清党委员会自首。现在,他们正往上阳武、神山村去抓捕李三楼、贾荣宗,说不定很快就要来东社。余振闻言,大惊失色。

正在不知如何是好的当儿,从门外急匆匆又走进一个人,举目一看,原来是二哥李结珍。李结珍当时正在太原工业专门学校读书,他亲眼目睹了阎锡山搜捕共产党人的景象。听说三弟也是共产党员,怕他受害,急忙赶回来探望。事实果如其所料。经过密商后决定,余振本人立即动身去距此五里的枣坡村岳丈家隐匿。张化之则二返崞县城,看有没有什么新动静。张去县城没几天就返归枣坡村,面带喜色地告诉余振:崞中校方、崞县政府、崞县清党委员会三方又开了一次联席会议,已经作出新决定,不再逮捕他们。只不过将他们从国民党内开除出去,仅保留崞县中学学籍。他又说:"崞县清党委员会所发的逮捕令,遭到崞中校方及地方绅士的极力反对。"至此,这场不虞之灾竟化险为夷。余振等人虚惊一场。

余振在崞县中学读书期间,不仅认真广泛地阅读了马克思、列宁、孙中山、陈独秀等革命先贤的等作,积极从事革命活动,而且对自己所学的功课也抓得很紧。在所有的课目当中,他除了对数学、物理、化学不感兴趣外,对别的科目都十分喜欢,尤其喜欢历史、国文。中国文化自古文史不分,也许是受父亲的言传身教,耳濡目染,他从小就对中国传统文化兴趣极浓。这些都为他日后参与编纂《辞海》和从事文学翻译事业打下了良好基础。自从接触了马克思主义后,他的思想发生了深刻变化,认识到:只有社会主义、共产主义才能救中国。因此,在他平时的言行中,常常马列主义不离口,马列著作不离手。他的这些叛逆举动自然也引起一些思想陈腐因循守旧的老师的反感。余振所在班级的国文老师,前后换过4个,但大多迂腐不化。有一个姓袁的老师死了老婆,舍不得买白布、白鞋,就让女儿在鞋上擦了点白粉,算是穿孝。学生们私下里讥讽他为"神经病"。还有一个名叫姚小山(字季安)的老师,不学无术,腹中空空,却喜欢附庸风雅。他的寝室内,长年摆着一架古琴。学生们见他半年也不弹一次,上面布满了灰尘,就故意挑逗他说:"听说姚老师琴艺不错,今天可让我们开开眼,一饱耳福。"姚老师面红耳赤,支支吾吾地说:"今天不能弹,弦断了几根。"学生们听了都暗自窃笑。

当时,做作文挺随便,老师不出题目,学生想写什么就写什么。有一次,余振在作文中大谈马克思主义、唯物史观,那个姓袁的老师阅后大为恼火,认为是离经叛道,便在文尾批道:"马克思不是上帝,唯物史观不是圣经,该学生思想激进……"云云。因为他平时在课堂上爱讲《史记》,余振就在他的批语后针锋相对地批道:"司马迁不是上帝,《史记》不是圣经,该老师思想陈腐……"云云。还有一次,余振在作文中直言不讳地宣称:班级上没有一个好老师,希望能有个好老师来指导学生。那个姓姚的老师,平时最爱讲法国柏格森的唯心主义哲学。他阅后大为不满,挥动朱笔批道:"你这就是唯心。"余振复批道:"我觉得我的心不值一唯。"从这两件趣事不难看出少年余振具有多么强烈的反抗精神和革命意识。同时,也反映了民国时期崞县中学教育思想自由的一面。

附记：

　　2011 年春，我回原平造访族弟温峰著先生，在其书房内发现了崞县中学于民国十七年五月印梓的《崞县中学同学录》。从该书中，我第一次看到余振的字叫秀甫。也有的文章说他字秀川，不知源出何处。印刷该书时，余振等同学虽然被捕，身处太原狱中，但崞中仍将他们胪列册中，可见学籍并未开除。关于崞中学潮，崞中总务主任曹维梁(字度材)撰写的序文中也有所透露："本校由民国二年成立以来，岁招新生一班以为例。在校学生皆能体贴父兄之艰苦，恪守师长之教训，刻苦用功，不事浮华，故所学多有心得。虽近年教育卷入政潮漩涡，弦诵之地，风潮屡生。"

　　余振先生在晚年回忆说："崞县中学校风极好，同学们死用功，连上厕所小便都是一溜小跑，生怕误了读书。同学们学习累了，就去读《独秀文存》，这就是崞中学生独有的消除疲劳法。"陈独秀是中国共产党的创始人之一，余振年仅 16 岁就参加共产党，受陈的思想的影响应有绝大关系。余振晚年说："我十分钦佩解放以前的共产党，至于解放后某些共产党人的做法，我实在不敢恭维。至于 1986 年我 77 岁时要求重新入党，那也是完全基于我青少年时代对于党的信仰。"

余振传

五 炼狱两年

1927年暑假结束后,余振回到崞县中学。刚开始,他们还时常收到一些太原地下党组织托人送来的通告、指示。后来,大约是太原地下党组织被破坏了,再也没有什么文件送来。余振心想:在目前的白色恐怖下,党的工作已经无法进行。再说,近两年来,因为从事革命活动,功课拉了许多,不如趁此机会,好好学习,以便迎接即将到来的毕业考试和升学考试。为了表示自己决心中学毕业后投考北京大学、并且有信心有能力一定能够考上,就在练习本封皮上写了"北大候补生李毓珍",以抒心志。不料此事被同寝室的同学张维翰看见,报告了训育主任艾晋泰和右派学生头子张志智(字子明,宏道人)。他们捕风捉影地声称:崞县中学地下共产党组织的代称就是"北大候补生团"。

这年中秋节,花好月圆,余振和几个同学到学校附近的北河桥饭店喝酒。因为父亲的病久治不愈,他的心情非常郁闷,就多贪了几杯。醉酒后,浑身乏力,被同学们扶回学校。训育主任艾晋泰听说后,假眉三道前来探视。余振一见他,不由地怒火中烧,站在宿舍门口,双手叉腰,把他祖宗三代地骂了个够。艾晋泰,字鲁瞻,崞县同川西山底村人。他本来是国民党山西省党部委员兼商人部部长,因为崞中学潮迭起,省党部特意派他这个有名的"崞县通"来崞中,专门监视崞中共产党人的活动。他就是崞县清党委员会的太上皇。因此余振对他恨之入骨。不过,说起艾晋

泰与余振的关系,却颇有渊源:他是余振父亲李含雨的学生,余振二哥李结珍的同学,余振的姑妈是他嫂子。也许是因为余振喝醉了酒,再加上这几层关系,面对余振的诅咒,他一时未便发作,鼻子里哼了一声,转身走了。这件事,表面看起来,并没有引起什么风波。其实,在暗中,已为余振等人的被捕埋下祸根。后来,余振出狱后,仍对此事后悔不已。心想:这才叫打虎不成,反被虎咬。

　　1928 年 3 月 3 日,余振等人正在上课,崞县县长汪志翔带领 10 余名军警,突然闯进教室,声言要逮捕他们。余振等人不服,当面质问汪志翔:"我们犯了什么罪,为什么要逮捕我们?"汪答:"这是太原总部来的电令。"余振等人要求看电令,汪含糊其词,就是不答应。余振等人当即表示:"不让看,就是你汪志翔从中捣鬼。我们坚决拒绝上车,我们抗议!"汪不得已才从兜中掏出电文,大声念道:"崞县中学学生李毓珍、李兴唐、李三楼、贾荣宗、郭从周、张灵轩、白玉堂等 7 人组织北大候补生团,宣传共产主义,着即逮捕,解来总部。勿误!"余振等人这才如梦方醒,是训育主任艾晋泰出卖了他们。

　　他们在崞县看守所被关押了一夜,次日,起解太原。在路上走了两天。6 日押送至阎锡山总司令部,不久又送到太原地方法院看守所。看守所的管理并不严密,只要不跑,做什么事也没人管。那时,已经有各地的所谓"共产党嫌疑犯"关押在此。余振等人和他们一见如故,亲切交谈,交流思想,提醒注意之点。他们还一块研究决定,不管敌人怎样逼供,都不能承认自己是党员、团员或国民党左派。只要敌人抓不到真凭实据,就无法判罪。同时还要如实说明"北大候补生团"是为了报考北京大学而自愿相互学习的组织,并没有宣传过共产主义、社会主义。

　　余振等人虽然被关押在太原地方法院看守所,可审讯他们的却是山西特种刑事法庭。庭长韩生万,字甲三,是阎锡山的老幕僚。他助纣为虐,杀人如麻,人称"活阎王"。审讯那日,法庭布置森严,韩生万立眉冷眼,端坐正中。两旁差役,一个个挺胸腆肚,好不威风。审讯是单独进行的。当余振被带进来时,凶神恶煞般的韩生万一拍桌子,厉声问:"你叫什么名字?""李毓珍。""你是什么时候参加的共产党?""我不是共产党,只参加过国民党和左派组织西北革命同志会。"韩又一拍桌子:"左派就是共产党!"他见余振不吭气,随即演说似地讲了半天,说国民党本没有左右之分,左派是共产党造出来的。

余振绵里藏针,佯装恭顺地说:"在下孤陋寡闻,这些都没听说过。我只知道国民党是有左右之分。廖仲恺等同志就是左派,汪精卫、西山会议派就是右派。凡是拥护孙总理三大政策的都是左派,凡是反对三大政策的都是右派。"韩生万见他越讲越远,一转话锋:"不要讲了。我只问你,你们清党后搞了些什么活动? 你们艾老师打报告到省党部,说你们清党以后仍然执迷不悟。"余说:"清党后,我们被县党部开除了,连学生会也不让参加,能搞什么活动。""狡辩! 狡辩! 那你们这个北大候补生团是何居心?"余振心平气和地说:"因为在平时耽误了不少功课,准备好好温习功课,参加升学考试,投考北京大学。"韩生万第三次一拍桌子站起来,将艾晋泰的信在空中抖了几抖,厉声说:"共产党破坏革命。据艾先生讲,你们平时就不守本分,调皮捣蛋,宣传什么共产主义。可有此事?"余振面对韩咄咄逼人的气势,引经据典,针锋相对:"我虽然不是什么共产党员,但据我所知,共产党是不会破坏革命的。记得孙中山先生在《三民主义》一文中这样说,民主主义就是共产主义,一名社会主义。他还说:'共产主义是三民主义的好朋友。'至于艾老师信中所说,我们正要联名给他写信,请他证明我们在清党之后究竟有什么不法之举!"……审讯整整进行了一个上午,韩生万百般考问,余振对答如流。他见审问不出个子丑寅卯,只好宣布休庭。后来,韩生万对另外 6 人进行了

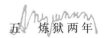

逐一审问,但因为他们早有准备,口径一致,毫无破绽。这使得韩无可奈何,颇为气恼。

那时候,关押在看守所的革命同志,有的判处 10 年或 8 年,最轻的 2 年。凡不值判 2 年的,都是关上一段时间后讨保释放。余振等"七个小孩"(狱内革命同志对他们的昵称),并无确凿罪证,是不够判 2 年的,不过,大老远的从崞县抓来,就这样白白放掉,既有点可惜,也有损于他们的尊严。韩生万等辈一筹莫展之时,正好这时湖南成立了一个"反省院"。他们受了启发,但为了避免雷同,就换汤不换药,改称"自省院"。不久,余振等人被判到自省院。不过,自省院空有名目,并无实际,院舍尚在筹备中,只好暂时寄押于山西省第一监狱。

第一监狱的"静字号筒""荒字号筒",共有 8 个单间,余振等人一人一间,另外一间住着一个叫李佩璜的青年。每个牢房有把锁,白天开,晚上锁,牢房顶上有铁丝网。白天可以交流活动,只是伙食太差,猪食不如,不管是窝窝头,还是小米粥,不是有虫子、沙子,就是有霉味。他们向干炊事的囚犯一打听,才知道好米好面全叫典狱长变卖贪污了。他们气呼呼地去找他理论,他一时着急无措,随口说:"你们嫌饭不好,就自己花钱包饭。"就这样,余振他们凑钱吃了几个月的包饭,有馒头、稀饭、咸菜……这一斗争的胜利极大地鼓舞了他们的士气。后来又如愿以偿地争取到了看书的权利。书大多是商务印书馆出版的,虽不是进步书刊,但在学术上、文学上有相当价值。其中《西厢记》和《苏曼殊诗选》,余振更是视若珍宝,朝抄夕诵,随身不离。他最喜欢苏曼殊的《以诗并画留别汤国顿二首》之一:"蹈海鲁连不帝秦,茫茫烟水着浮身。国民孤愤英雄泪,洒上绞绡赠故人。"

"静字号""荒字号"有两个看守,一个姓王,四五十岁,人很好,对犯人比较客气;一个姓袁,叫袁富尔,30 来岁,脾气极坏,天天骂犯人。余振等人对他的恶劣言行也是毫不示弱,针锋相对。一轮到袁上班,他们就放声高唱山西北路梆子《苏三起解》。等他走进号子,歌声哑然止息。他怒声问:"谁唱的?"谁也不吭声。"嚎丧的?"也没有回应。气得他大骂一通。等他一出号子,他们就又唱起来。气得他成天吱吱叫,却没一点辙,余振等人反以为乐。有一次,袁富尔动手打人,他们跑上去也狠狠地揍了他几个耳光。他要吹哨子(监狱里出了意外事,看守可以吹哨子,科长之类的人就会闻声而来),余振等人怕事态闹大,就横眉立目地咋唬他说:"你吹!你吹!是你先无理打人,我们才打你的,你敢吹!"他自知理亏,也就没敢吹。后来,著名作家赵树理等人也以"共产党嫌疑犯"被抓进第一监狱,"荒字号"住不下了,就把余振等人转移到了"母字号筒"。隔壁住的是已经判决的"共产犯",他们虽然没有交谈过一句话,但彼此心心相印。

这年夏天,天气特别热。看守们兴起一股做扇子的风气。扇子做好后,他们还想一面画个画,一面写几个字,冒充风雅。隔壁"总字号"内有个聂鑫森,他是太原国民师范的学生,中共地下党员,会画画。但看守们说"总字号"内没一个会写字的(意谓字写得不好),就来到"母字号"问:"谁的字写得好?"余振在朋辈中素有"秀才"之称,同学们就推举了他。就这样,余振被带到"总字号"与聂配合,一个画扇面,一个写字。看守不在跟前时,他们就互相介绍了各自的情况。就这样,余振等人同狱中的地下党"桃园支部"接上了联系。支部书记叫王大成。支部下发的文件——《工人运动》《农民运动》《青年运动》《妇女运动》《保密工作》等小册子,他们都可以阅读。余振还把马克思《政治学批判》的序言根据记忆背写下来,经过狱友们相互校订后,发给大家作为理论学习的文件。为了相互联系的安全方便,他们对看守人员采取了好的争取、坏的打击的策略。

有一次"放茅"(上厕所大便的时间),张灵轩在同"总字号"的同志接头时,被看守发现。他们就将张灵轩、余振等人送到陆军监狱临时法庭审问。好在敌人没有抓到证据,张、余等人又矢口否认,反告那个坏看守无中生有,诬赖犯人。法庭拿他们无计可施,只好再送回原监狱,关了一天黑房子算了事。后来,敌人有意派了个叫"典传师"的老头,每周来"母字号"几次,宣传"佛法无边,回头是岸",与人为善的佛教理论,企图软化瓦解他们的意志。余振等人正缺少一个寻开心的对象,偏偏"典传师"不识好歹,撞来凑趣。他们就和他唇枪舌剑地展开辩论,你一言,我一语,弄得"典传师"张口结舌,面红耳赤。这样较量了几次,"典传师"自知不是对手,便不再来现身说法。

1928年秋天,经过反复斗争,监狱长终于答应了余振等人每月在行刑场上做一阵"柔软操",并允许每月洗一次澡。这两个活动是狱中六七十个"共产犯"共同见面的好机会。有一次洗澡,他们传递纸条时被看守发现,当场抓住。主脑人侯丰利,盂县人。侯本来判刑8年,当即被送到省党部改判为无期徒刑。侯在纸条中说:崞县的"七个小孩"快出去了,出去后可让他们将"桃园支部"与太原市委联系。因此,余振等人受到一次前所未有的严厉检查,仅有的几本书和日记被全部没收。

这时,余振的三叔李灵雨来监狱看他。此时他正在河北省政府担任高级参议。河北省主席徐永昌既是他的老上司,也是崞县同乡,对他很是器重。他一到太原,才知道侄儿被捕。他不顾旅途劳顿,就急匆匆来看侄儿。接见室分隔为内外两室,中间墙上只有一个不满一方尺的小洞,洞上安有铁丝网,犯人在内,接见人在外。李灵雨一进来,就看见了余振,只见他蓬头垢面,形容枯槁。他一言不发,就呜哧呜哧地哭起来。余振见亲人这般伤心,也是珠泪欲滚。但又想:三叔本来悲伤,自己再一哭,岂不是悲上加悲,再说,让同志们和看守们看见,岂不笑话自己太没

23

有男子汉的骨气。于是,强作欢颜道:"三叔,你不用这样伤心,我们并没有犯下什么样过错,是他们无理取闹。我想,过不了几天,我们就会出去。"

李灵雨一出监狱,就找他的中学同学、国民党山西省党部的几个首脑人物——苗培成、韩克温、姚大海。李一见他们就以老同学、老朋友的关系,立逼他们放人。他们知道现在的李灵雨在河北省军界中握有一定实权,就答应了。但他们想:同案的有7人,都放掉,恐怕上面不同意,光放余振一人,又有点说不过去。最后,他们几个人绞尽脑汁商议了半天,才想出个万全之策:将余振从监狱调到省党部稽查队,然后再徐图方略。

却说稽查队里关押着一个人,他叫关陡,是中共山西省委的秘书长,曾经代表省委去崞县中学传达过上级指示,余振同他很熟悉。所以,余振一到稽查队,就仿佛见到久别重逢的亲人一样,跟关陡无话不谈。他哪里知道,关陡早已叛变,正在这里"钓鱼"。他不仅把他掌握的全省党员的名单交给了国民党省党部,而且把余振同他谈话的内容也详细作了汇报。苗、韩、姚诸人看在李灵雨的面子上,虽然没对余振施以重刑,但释放一事遂成泡影。后来,位于上马街狄梁公巷口的自省院正式开张,余振从稽查队调到了自省院。

阎锡山创办自省院的目的,就是企图用三民主义来感化这些"共产党嫌疑犯"。自省院院长非是旁人,正是原特别刑事法庭庭长、余振他们的老对手韩生万。余振等人去时,院内已有三四十名改造人犯了。敌人虽然把他们分散监禁,但他们也可以寻找机会接头、碰面。以后,自省院的人一天比一天复杂,同时发现了叛徒和自首分子,而党的组织没有建立起来,余振等人的革命工作更加隐蔽,更加谨慎。

自省院每天上三民主义课,教材有周佛海著的《三民主义的理论基

础》、孙中山的《孙文学说》《建国方略》等。主要讲课人是韩甲三的小舅子，他不学无术，滥竽充数。有一次，他问什么叫"托辣斯"，李三楼故意讥笑说："就是西洋的哈叭狗。"逗得大家哄堂大笑。还有一次，一个姓赵的科员来上课，向一个新来的"自省人"提问"该不该和苏联联合"的问题，此人答不上来，他就让余振回答。余振一点思想准备都没有，一时不知该怎样回答。一抬头，看见墙上贴着的《总理遗嘱》："联合世界上以平等待我之民族共同奋斗……"于是便说："他如果平等待我，就应该联合；它如果不平等待我，就不该同它联合。"这样的回答本来无懈可击，可赵科员仿佛非要在鸡蛋里面找几根骨头，继续追问："那它是不是平等待我？""不是！"余振斩钉截铁地回答。"为什么？"余振就自己所知道的事情打开比方："中东铁路本来是我们的，可苏联非要说是它的。双方争执不下，就打起了仗。"赵科员仍不甘休，又问："还有什么？"余振对他这样没完没了的追问有点反感，就粗声粗气地说："还有指使共产党捣乱！"赵科员不识火色，继续问："共产党为什么捣乱？"余振越发不高兴，就模仿某省党部委员讲课时的腔调说："为了赚钱呗！"赵科员显得很不高兴，觉得余振讲话洋洋洒洒，太目中无人，便冷冷道："怕没那么简单吧。"余振恼火而坚定地说："我看就这么简单。"他知道余振在跟他顶牛，等余振坐下，开始破口大骂。余振不服气，又站起来辩解："好几位老师都这么讲，说共产党就是为了赚卢布而捣乱的，怎么能说我说的不对？"他摆摆手，第二次让余振坐下，不许再发言。之后，赵科员连课也不讲了，显得挺激愤，指手画脚，一直骂，骂，骂，骂了差不多一个多钟头。顶撞赵科员虽没产生大的恶果，但却推迟了余振的出院日期。

在自省院，每3个月，院领导就要对"自省人"考察一次，自省得好的可以放出去。1929年春，李兴唐、郭从周、白玉堂被释放。同年秋，张灵轩、贾荣宗被释放。年底，天气已经很冷了，余振与李三楼才被释放。

25

出狱后,他俩结伴按照记忆中的地址,去找太原地下党组织,可惜,那个地址早无用了。

在第一监狱和自省院两年的牢狱生涯中,余振是"最不守规矩的四个人"之一。另外还有李三楼、李佩璜、王之璜,也就是赵科员常说的"二李二璜"。在此期间,他学会了唱《国际歌》《少年先锋队》歌。因为抽烟和英文字典的事,他被赵科员记过两次。关于英文字典事,余振晚年回忆说:"1928年,我被关在省自省院时,五弟席珍正在太原义和亨学徒。我给他写信,说想买一本英文字典。他给凑了25元送来,结果遭到蛮横的赵科员的反对。"在狱中,他常跟狱友们讲的,就是陈独秀的这句话:"走出监狱,就进研究室;走出研究室,就准备进监狱。"

六　在北平大学

　　余振从自省院出来后,就回了故乡东社村准备过春节。春节那天,别的有钱人家,锦衣玉肴,鸣放鞭炮,欢天喜地,而李家却是一片沉闷的气氛,余振本人更是愁眉不展。原来,一家人正为他继续升学的事发愁。按照当时李家的经济状况,是没有能力供他上大学的。父亲李含雨自1926年从大同因病返乡后,一直病痛缠身,不能教书赚钱不说,还经常求医治病,药罐子不离身。李家兄弟6人,除了大哥、二哥外,其他尚未成年。大哥、二哥虽说已经成年,在外面找下了工作,但因结婚成家,且收入不丰,实在无暇顾家。连上父母二老,一家6口人的生活,仅靠父亲先前的些许积蓄勉强度日,实在令人鼻酸。一家人正在为余振的前程唏嘘涕泪之时,恰好余振三叔李灵雨从太原回来看大哥。他说:"毓珍在村里能干个啥?种地刨土圪垃,能有啥出息?只有继续升学,才有出路。你们困难,没钱,我供他。"说着从身上掏出几十块钱。就这样,凭着三叔的一句话和那几十块钱,余振恋恋不舍地离开家乡,离开父亲、母亲、弟弟,来到北平。

　　因为在太原蹲了几年监狱,余振没有领到崞县中学的毕业证书,怎么办?他决定先好好温习功课,车到山前必有路,证书到时候再说。他本来打算报考北京大学中文系,因他老早就是"北大候补生"。但在1930年3月间,在上街时他看到一则北平大学法学院俄文法政系招收编级

27

生的广告,心里不禁怦然一动。俄国不仅是十月革命的故乡,也是革命导师列宁、斯大林的诞生之地。早在太原第一监狱坐监时,余振就看见一个已决的政治犯对俄文挺有研究,能够读懂列宁原著。从那时起,他就对学会俄文产生了羡慕之情。心想:什么时候自己也和他一样也能学会俄文。现在,机会终于来了,他立刻决定放弃投考北京大学的打算,去考北平大学学俄文。

当时,从自省院出来的李三楼、张灵轩、贾荣宗也先后来到北平,他们与余振时相过从。4人为了能继续深造,聚在一起一商量,就做了假证书,报了名,而且都考上了。在第一监狱先期释放的李兴唐、郭从周早在1929年暑假就考上了北平大学经济系。不久,李、郭二人也转到俄文法政系来学习。另外,政治系二年级学生王景泉,也是崞县中学的同学,与余振等人的关系甚好。不久,王将他的朋友孙鹏云、李克让从崞县也叫来北平,也考入北平大学俄文法政系。至此,从太原监狱出来的6人,加上王、孙、李共9人,一起就读于北平大学俄文法政系。这9位崞县籍学生经常生活在一起,学习在一起,结成了政治上、思想上、感情上亲密的一伙,史称"九穷"。后来,他们还一块上街照了张合影,取回照片后,余振在照片下方用俄文写了4个字:"九个穷人。""九穷"共同买了许多书籍,可是有的人借走常常不还。为了在书上留个记号,余振跟李兴唐上街去刻图章。"刻什么字呢?"余振边走边问。"刻个'九穷爷'吧!"李兴唐说。"爷字不好听,就刻'九穷'吧。"余振说。李兴唐想了想,同意了这个称呼,9个穷学生嘛,刻这几个字最合适,于是,就刻了个一寸见方的大印,名曰"九穷存书"。从此,"九穷"的称号就传开了。关于"九穷"的定义,王酬冠先生在《九穷史事梗概》一文中说:何谓"九穷"?就是本世纪30年代几个在北平大学读书的崞县籍穷学生的代称。"九穷"的"穷",不等于乡下的穷人——划分农村阶级成份时的贫下中农。他们多属于上中农、富农、地主兼营商业的人家，只是与在北平大学念书的富家子弟相比而相形见绌。客观地说，"九穷"不是一个有组织的社会团体，而是一个共同生活，有共同理想，互相帮助，互相砥砺的生活集体。当时，山西省主席、国民革命军北方总司令阎锡山，为了网络一批为自己政府服务的人才，对于外省或本省读书的山西籍本科大学生，每年度要颁发每个学生100元助学金，余振等人就是以此为生。此举，也从侧面反映了阎氏对于晋省人才的培养，颇肯下力。

　　法学院的房舍比较宽绰，因此规定每个学生住一单间。但管理松懈，他们就一间住两个人。并且在每个星期六晚上，集中在一个宿舍过"组织生活"，一起学习讨论，一起展开批评和自我批评，一起动手做饭，一起唱歌娱乐。他们自称为"九穷的礼拜六之夜"。他们还找到了位于太仆寺街东德东兴饭店，忙时就到那里吃饭，廉价饭菜有烧饼、酸辣汤等。后来有了信用度，还可以赊账吃。北平大学内有些思想落后的同乡同学，见他们气味相投，形影不离，就称他们为"九穷团"。同时，为了表示自命清高，他们也组织了一个叫"蕾红"的团体，与"九穷团"相抗衡。

　　那时，李兴唐（黎玉）是中共北平市委的负责人之一。他把"九穷"的宿舍当成党的附属机关，市委开会和接头，常在这里进行。另外，北平市委派到门头沟搞煤矿工人运动的同志回北平汇报工作，这里成了他们的安全招待所。有一次。李兴唐跟余振谈起恢复组织关系的问题，余振有点为难地说："我早就想恢复党的关系。但我想，现在马上恢复，俄文学习肯定受影响。好不容易得到一个学俄文的机会，我实在……既然分身无术，鱼和熊掌不可兼得，这样吧，等我把俄文学得告一段落，再恢复组织关系。"李兴唐同意他的打算，说："那也好，党外也有不少工作需要你做，有一些工作，党外同志做起来比党内同志还方便。俄文的确是以后需要的，你学得告一段落后要赶紧恢复。不过，即使这样，也时刻不要忘了自己是一个共产党员。"1935年余振毕业时,李兴唐等人都已离开北平,关系也再没有接上。尽管如此,在北平大学读书期间,余振以饱满的政治热情,为党和人民做了许多有益于革命的工作,没有辜负好友李兴唐对他的嘱咐和希望。

1930年8月1日,李兴唐、张灵轩、郭从周等同志奉上级指示,参加了北平和平门外的示威游行。因为组织方法有问题,三人不幸同时被捕。余振等人接到李兴唐从监狱捎出的求救信后,当时找关系托老乡,去找到崞县同乡、北平警备司令李服膺说人情:说李兴唐诸人是去访亲探友时偶遇游行队伍,在混乱中被捕的。这一招果然奏效,李、张、郭三人先后取保释放。

1931年9月18日,日本帝国主义无理抢占我东北三省,东北军将领张学良奉行蒋介石"攘外必先安内"的不抵抗政策,不战而逃,使大好河山沦陷敌手。此举激起了全国人民及广大青年学生的无比义愤。"九一八"事变第三天,国立中央大学学生就示威游行,并且像五四运动打卖国贼曹汝霖一样打了国民党外交部长王正廷。12月3日,由北京大学和北平大学等大专院校组成的南下示威团到达南京,借住于中央大学体育馆。4日一早,余振等北平学生来到国民政府门前,要求蒋介石领兵抗日,声称:"不答应出兵日期,誓死不离开国民政府。"由于天气很冷,是夜,学生冻倒多人。5日一早,余振等人豪情不减,轮流敲打国民政府门前的那口大钟,要求蒋介石会见学生代表。6日一早,一封"哀的美顿书"送到余振等人的手中。该书云:"……该所谓北大南下示威团抵京以来,扬言示威,拒绝劝告,行动离奇,言辞荒诞,昨竟印刷传单,污蔑政府'蹂躏拍卖中华民族'……最后且有我们非但不信任他,而且要打倒它之明显反动宣传,及'反对政府命令'之妄语,与共产党之口吻如出一辙……"余振等人阅后大愤。11日,国民党成立特种教育委员会,在国民党中央党部第一次会议上,决定各地学生请愿,由该会负责办理。15 日,余振等北方南下学生冲击了国民政府、国民党中央党部,并捣毁了外交部、《中央日报》社。后来,为了逼蒋抗日,他又和其他南下学生一块绑架了中央研究院院长蔡元培。蔡乃浙江人,与蒋介石同乡,颇得蒋之器重。进步学生的这一系列义愤之举,激怒了国民党国民政府。他们经过密议后,决定对进步学生的爱国行动,采取武力镇压。这天,余振等人手举小旗, 高喊口号, 押着载有蔡元培的洋车正在南京街头示威游行。忽然, 呼哨声四起, 警笛大鸣, 南京卫戍司令部出动了大批军警前来镇压学生。军警们一个个荷枪实弹, 横眉立目, 有的拿着军棍, 有的拿着水龙头。双方为争夺蔡元培展开了一场混战, 战斗非常激烈。但是, 赤手空拳、手无寸铁的学生怎么能斗得过握有坚枪利刃且训练有素的军警?不一会, 就有学生英勇倒在血泊之中。此时, 呼啸的子弹有如飞蝗一样,不时地从余振头顶"仁仁"飞过, 他见势不妙, 知道这样搞下去有损无益, 和别的学生商量一下, 放弃了蔡元培, 夺路转移……18 日, 国民政府明令制止学生请愿, 坚持用和平手段解决东北三省的问题, 不准学生请愿抗日。年底, 余振等北大学生乘坐军警的专车被送回北平。这次南下示威的情形, 余振后来曾说:"那情形跟杨沫《青春之歌》前几章里描写的一模一样。"

1933 年,李兴唐受河北省委的派遣,任唐山市委书记,重建遭受破坏的唐山党组织,不幸被捕,由石家庄押送北平东北军卫戍司令部军法处看守所。余振等人闻讯后,就请他们的东北籍俄文老师王之相先生去活动。王与东北军将领万福麟友善。万将军极具爱国心肠,听完王的讲诉,一拍胸脯说:"放心吧,王先生,此事包在我身上,只要是为了抗日,即使是共产党,我也敢担当。"他当即去找好友、北平东北军卫戍总司令王树常,果然,三言两语,一说就妥,李兴唐被释。同年夏,余振受同学雷任民(后任山西新军决死四纵队政委)的委托,去给张家口被捕的同志送衣物。

1934年,为了更好地宣传革命思想,余振与李三楼、张灵轩、贾荣宗等同学一块翻译了列宁著作《论民族问题》。由于资金不足,他们的俄文老师李绍鹏雪中送炭,代付印刷费出版。这是我国介绍列宁关于民族问题的第一本书。

在北平大学读书期间,余振等人还与母校崞县中学保持着密切联系。由于受他们的影响,崞县中学学生邢志尚、赵公佑经余振介绍,先后到门头沟找王景泉参加革命工作。新中国成立后,邢志尚曾任山西省忻县地区专员。1933年12月,崞县中学学生发动驱逐反动校长李兴林的运动时,他们又印发宣言支持他们。50年后,当时的崞中学生满怀深情地回忆说:"我们常常将大革命时期的进步学生余振等人作为自己学习的榜样,引路的明灯。每到假期,我们就去找在北平念书放假回来的他们,请他们讲革命道理,推荐进步书籍。"

七　毕业即失业

1935 年 7 月,余振由北平大学毕业。他虽然学习成绩十分优秀,但要在北平这座繁华的大都市里找一个合适的工作,也是比较困难的,尤其是学俄语的学生找工作更加困难,社会上有俄语即饿语的说法。他考虑再三,决定回太原,因为那里毕竟熟人多。7 月,他携新婚妻子温昭定来太原后,立即着手解决两个问题,一个是党的组织关系,一个是找一个可以维持生活的"饭碗"。

余振的一个同学的表姐夫姓胡,他知道胡先生以前是个共产党员,就通过这个同学的关系去找胡。因为是初次见面,又鉴于 1928 年在稽查队与关陡的经验,也没敢深谈。回家路上,余振巧逢同学智良俊,智说:"胡已叛变。"他再也没敢去找胡。至于工作,他决定先去找同村同学温宗祯。温乃国立北京大学中文系毕业,当时正在太原的一所中学内教书。余振想请他给找个教书的职业。温听了他的讲述后,一脸为难的样子:"现在学校里,师资并不紧张。"余振说:"我现在无饭可吃,还望老同学设法。"温说:"我们几个国文教员平时工作挺忙,要不,你就代我们批改国文卷吧,每月薪水 16 元。"余振答应了。就是这样一份收入并不丰的工作,也只干了两个月。

当时,阎锡山的机关报《新中报》报社内也有余振的两位大学同学——杜志邦、李汶。杜、李二人知他无正式职业,生活困难,且对外文

33

素有研究,就主动邀请他为该报翻译了西班牙作家尹本纳兹的一部长篇游记。这样连载了两三个月,每月可得稿费 20 元。

一天,余振正在海子边闲逛,忽然碰到 1928 年被关押于太原地方法院的同囚翟新亚。患难之交,久别重逢,分外情好。当时,翟正担任太原中外语文协会秘书,他听完余振的介绍后,对他的遭遇深表同情,立即介绍他去见协会的负责人杜任之。对于杜任之的大名,余振久有耳闻。他 1905 年 5 月出生于山西省万荣县七家庄村。15 岁,参加社会主义青年团。1926 年 9 月,以第三名的成绩考入上海复旦大学。1927 年 11 月,两次拜晤鲁迅先生,秘密参加了中国共产党。1929 年 1 月,到德国柏林大学德语学院学习。1931 年暑期,到巴黎学习法语。1933 年归国,任教于山西大学文学院、教育学院、师范学院,与山西省主席赵戴文关系密切。1934 年,与山西大学教授周北峰组建中外语文学会,出版《中外论坛》双月刊。1935 年春,与王毅哉、张季纯组建西北剧社,成立"艺术通讯社",主编《文艺舞台》,编演抗日剧目,提倡新文化运动。余一见杜先生,翟简单介绍道:"这是李毓珍,崞县人,是我过去在监狱里同时被关押的朋友。"接着,杜任之与余振亲密交谈起来。杜听说他还没有一个工作时,遗憾地说:"我在学会里每月有 30 元的车马费,可惜前不久给了别人。如果早认识你的话,给了你,可以维持个起码的生活。"余振说:"我在北平大学学的是俄文,不知有什么东西需要翻译?"杜当即回答说:"那很好,懂俄文的很少,给我们的刊物《中外论坛》翻译点东西,多少还有点稿费。"

《中外论坛》是一本带有革命色彩的刊物,几名编辑在国内颇有名气,除杜任之外,有侯外庐、张友渔、温健公、邢西屏(徐冰)。其中侯、张二先生还是余振在北平大学读书时的老师。过了几天,余振将翻译的《苏联货币》送到编辑部,张先生过目后,说:"译得不错。以后译出来,可以直接送到印刷厂。"后来,在杜先生的提议下,余振参加了该刊编委会,大家决定翻译《列宁全集》,余振还分到一卷俄文本。

中外语文协会还设有中外语文补习班,地址设在三圣庵晋阳饭店内,已开办的有英语、德文、日文三科。本打算设俄文班,让余振当教员,后来因为种种原因,没有成为事实。那时,余振也十分喜欢拉丁文,他给朋友们写信也喜欢用拉丁文,并且每每在信尾附言说:"若想看懂我信,只需一小时就能学会。"余振有一位朋友叫冀云程,山西省平遥人,1910年生,1934年冀在北平平民大学读书时,与余振时有往还。(平民大学与北平大学离得很近)。冀也是个拉丁文迷。因此,两人在太原相遇后,交情比先前更佳。山西省教育厅编有一本名为《乡村小学教育周刊》的刊物,冀是编辑,他利用此条件在这个刊物上连续著文介绍拉丁化新文字。阎锡山认为他这是宣传邪说异端,1936年3月,将冀逮捕后马上就枪毙了。中外语文学会本来准备开办拉丁化新文字学习班,由余振来教授。冀云程事件一发生,只好不了了之。有的人甚至说"李毓珍是冀云程第二",气得他把拉丁文书籍全扔到炉子里烧了。

1934年4月,南京革命政府给阎锡山命令:"查《中外论坛》专门翻译外国共产党的文章,宣传共产主义,混淆视听,应予查办。"阎在来文上批示"照办!《中外论坛》随即停刊,中外语文学会也跟着解散。这时,余振二哥李结珍的一位同学郭树常,正在太原经办"山西社会经济调查统计社",他见余振没有一个长期固定的职业,生活无着,就让他来社里顶一个编辑的名额,薪水30元。

1936年夏,阎锡山派军队协助蒋介石围攻陕北红军。为了维护地方治安,他就把手下的各种团体一律解散,另成立一个"左""右"混杂的"大杂烩"——主张公道团。中外语文协会和山西社会经济调查社被迫解散,有关人员分别归入这个组织。

余振传

"公道团"又称"好人团"。在召开成立大会上,阎锡山亲临会场,他说:"今天我叫你们组织'主张公道团',就是教你们拿出力量来制裁坏人,消除社会不平,建立社会公道,消灭公祸。"他又说:"共产主义不公道,共党号称有主义,有组织,其目的在推翻现社会。他们的组织挺严密,所以与军官对抗时十分顽强。我们要剿除共产党,不能和剿除流寇一样。他有主义,我们也要有主义,我们的主义就是'公道主义'。他有组织,我们也要有组织,我们的组织是好人团体。"阎的这一番话,就是该组织的宗旨。阎锡山自任团长,赵戴文为副团长。其内部人员共分三个等级:大公道每月薪水90元,中公道40元,小公道16元。杜任之为中级,余振为最低级。

"公道团"成立不久,就系统地编发了不少宣传材料,对共产党极尽造谣污蔑之能事。其中有一首《防共歌》最为著名,歌曰:"共党残忍如割草,无论贫富都难逃。贫人要觉悟,富人要知道,共党来了一起都糟糕。"对这种歪曲事实的胡说八道,杜任之、余振等进步知识分之自然是哑巴吃饺子——心中有数。杜任之也是"公道团"的领导之一,他把原来的中外语文协会、西北剧社、艺术通讯社的同志们,合组在他所领导的那一部分内。当时,余振因为妻子病逝,将昭定的灵柩送回老家,不在太原,杜任之就一再跟翟新亚打招呼,要把余振编进去。不久,余振回太原,跟他一块共事的有张季纯。张也是1935年北平大学艺术学院毕业的,乃著名戏剧家熊佛西的高足,新中国后成立后做了多年的北京市文化局长。

1936年夏,"山西青年暑假健身团"成立,地址在小北门国民师范学校内。"健身团"名义上是为了健身,实际上是薄一波倡办的一个准备抗日的政治学习团体。全团有十几个队,每队一百余人。训练内容有军事与政治。军事方面,主要是学习军事学科与术科。政治方面,名义上是阎锡山的那一套反共理论，实际上是宣传抗日救国。那时，余振刚从老家返回太原，翟新亚告诉了他杜先生的意思，他就参加了杜任之担任指导员的那一队。后期，余振忽患痢疾，身体一下子垮下来。向队长请假，队长不准假，他亲自去找杜先生，杜见他身体的确很虚弱，就说："你只管回去吧。你的行李，我托人送到你的住处。""健身团"的政治指导员，一个比一个过得硬。各队的队长，有的好，有的就不敢恭维。他们大多是些失业的中、下级军官，思想落后，脑袋顽固。余振等人在团里高唱《义勇军进行曲》，而队长带他们打野操时，却教唱："三国战将勇，首推赵子龙，长坂坡称英雄。还有张翼德，当阳桥上登，劈里嚓拉响连声，桥塌两三孔，吓退曹操百万兵，五虎将内称英雄！"

"健身团"临结业前，杜任之贴出一张发起组织"抗日救国同盟会"的海报，得到全体人员的赞同。后来，为了避免刺激日本人，改名为"牺牲救国同盟会"，并很快召开了成立大会。牺盟会同"公道团""健身团"一样，从它成立的第一天起，许多同情革命的领导干部就以坚决抗日而将革命群众紧紧团结在自己的周围。"牺盟会"会长名义上是阎锡山，实际负责人却是共产党员薄一波。薄担任该会的常务秘书后，就大刀阔斧地开展工作，在山西各地掀起轰轰烈烈的抗日救亡运动高潮。当时杜任之是该会的 9 个执行委员之一，他就把余振的名字也列在他所领导的那一部分上。这时，杜任之在会内办了个名叫《突击》的刊物，用木刻家李桦的一幅木刻《一个挣脱锁链的囚徒》作封面。余振为该刊翻译过一篇有关英国外交政策的长文。余振在太原的这段时间，由于薪水不高，稿酬也不多，生活实在难以维持，不得已，只好给好朋友薄右丞写了一封信，发了半天牢骚："我自北平大学毕业来太原后，打过多少铜门环，看过了多少铁面孔。炎凉世态，令我这个堂堂大学生为之鼻酸。我不等了，与其在这里忍辱含垢，为五斗米折腰，还不如回老家种田，终老此生。"薄右丞,山西省定襄人,曾任太原成成中学训育主任,时任山西省政府参事,是阎锡山跟前的大红人。他看了余振的来信后,也动了恻隐之心。他想:朋友身处异乡,生活困顿,自己岂有袖手不管之理,开始为余振的工作四处活动……没几天,余振就收到薄的仆人送来的一张名片,名片背后说:已经给余振在理化实验所(今太原文庙附近)找到一份工作,让余振去找所长王右章。余振依言而去,王所长很热情,说:"你就在图书室当管理员吧,一月薪水 30 元。"余振本来对文学和翻译感兴趣,对理化和数学一窍不通。但为了糊口,理化就理化吧,30 元就 30 元吧。

1931 年初,当年"九穷"之一的孙鹏云介绍余振到西北制造厂工作。这个工厂实际就是太原兵工厂,厂长张书田,主要为阎锡山的军队制造武器弹药。工厂实行军事管理,纪律挺严,每天八小时工作制,不能随便出去,因此,牺盟会开的会,他也没有办法参加。

在太原兵工厂,余振前后呆了差不多一年,担任该厂总务处文书科的文书工作。薪水每月 50 元,衣食总算无忧。总务处长彭述宗对他甚为关切,刚去时,他拿出几位文书起草的公文给他看,让他先熟悉熟悉公文程式。后来,彭见他的文学修养极好,就让他搞一点别的文书起草的文稿的加工润色工作。上海外国洋行寄来的英文信件,也是叫他译成中文。不过,余振本人非常喜欢文学,因此对此类工作颇感乏味。尤其令他难以忍受的是,另外几位文书在随便闲谈时尽是谈一些打麻将推牌九逛窑子逛破鞋之类的赌闻艳事,一心想当诗人或翻译家的余振既插不上嘴也懒得听。他只管闷着头写诗或读外国诗。一年时间内写下一大本,书其名曰"谋财害命集"。他还特意在封面上写了鲁迅的几句话,作为对书名的解释:"美国人说,时间就是金钱。我说,时间就是生命。无端地浪费别人的时间,无异于谋财害命。"余振认为:在这样的地方,干这样的工作，跟这样的人搅在一块，简直等于被人谋财害命，哪里有什么"希望""前途"可言。

1937 年 7 月 7 日，"卢沟桥"事变之后，日本帝国主义继占领北平后，相继侵占了我华北大部分地区，山西危急，太原危急。中日双方正式交战后，日军时常派飞机来太原，以兵工厂为目标骚扰轰炸。战争是需要武器的，兵工厂的工人们只好改为白天休息，夜间上班。余振为了安全起见，就搬到乡下去住，日夜跑来跑去，真是人心惶惶，疲于奔命。这天上午，余振下夜班回到家，因困乏至极，一躺上床就睡着了。刚迷糊了一阵，就听到刺耳的飞机空袭的警报。在战争年代，时间就是生命，他顾不得多考虑，从床上一跃而起，拖拉了一双鞋，就向门外冲去。这时，街市上已是人影攘攘，人声鼎沸。他随着沸腾的人流躲进防空洞。直到傍晚，空袭警报才解除。余振一口气奔回家中，这时他才发现：被他视为第二生命的那只手提箱不幸丢失。箱中存有他的大学毕业证、大学毕业论文、父亲遗稿、爱妻温昭定的像片及往来书信，还有那本诗集《谋财害命集》……不久，忻口战役失利，省城太原危在旦夕。太原兵工厂奉上级指示，西迁入陕。饱经忧患的余振的身影，也浮现在拖儿带女哀鸿遍野的滚滚流民之中。

八　在西北大学

　　1937 年 10 月，太原沦陷前，余振随西北制造厂到达陕西潼关，听说自己的大学老师李绍鹏在西安西北临时大学任教。他给老师写了一封信，希望能够到母校工作。李是个热心人，跟余振私交较好。他接信后，就去找西北临大的校长，校长跟他关系不错，一口应承下来。1938 年 1 月 10 日，余振由潼关到达西安，担任西北联大法商学院商学系（实际就是俄文系）俄文助教。

　　自"七七事变"后，我国北方大部分地区沦丧敌手，各大专院校的师生很难在沦陷区安心教读，为了避免日寇蹂躏，它们先后迁往南方或内地。北京大学、清华大学、南开大学迁往昆明，组成了西南联大，而西安西北临大则由北平大学、北京师大、天津北洋工学院三校联合组成。1938 年 3 月，西北临大迁至陕西汉中的城固县，又改名为西北联合大学。关于当年情形，余振的学生孙玮（孙绳武）后来回忆说："西北临大需要很多房子，西安是个古城，只好分散安排。城隍庙后街的一间小房子分配给商学系作办公室用。我在那里第一次见到余振（李毓珍）先生。他中等身材，面色微黄，穿了一件当时知识分子常穿的蓝布长衫，态度温和。他是山西人，1909 年生，1934 年北平大学商学系毕业。他是我们新生最初的俄语教师之一。1938 年夏天，炮火临近潼关，西北临大又迁往陕南汉中地区。除老弱外，师生上万人先到宝鸡，然后徒步翻越秦岭。到达汉中后,北平大学的法、商及女子文理学院被安排在附近的城固县小县城。"可以说,余振是西北大学的元老之一。而西北大学也是全国解放前唯一一所设有俄文专业的高等院校。

却说余振到校不久,就听说教师之间左右两派的斗争很激烈,甚至还演出过"全武行"。他虽然是个小小的助教,没有资格参加教授们之间的斗争,还是支持他的老师寸树声、曹靖华、李绍鹏、季陶达等左派教授的。

西北联大法学院长期没有院长,原来的院长白鹏飞去桂林做了广西大学校长后,左右两派教授就开始争着当院长。西北联大校方考虑到左右两方势均力敌,不敢贸然定夺,就由北平大学校长徐诵明暂时兼代。徐一身二职,很难兼顾,考虑再三,决定请文学院历史系教授许寿裳来任院长。他估计:许是鲁迅先生生前最好的朋友,左派当然拥护。而右派教授呢,会因为许先生德高望重不会发难。可惜,徐诵明想错了,就在左派教授召开欢迎许寿裳任职的欢迎会时,右派头子、政治系主任尹文敬马上去汉中乘汽车到重庆告状。国民党政府教育部部长陈立夫听了他的讲述后,即派党棍子张北海到汉中,汉中县党部书记长兼陕南党务督导专员张宝员明白了陈的指示和张的来意后,亲自到西北联大与校方联系。没几天,教育部任命张北海为西北联大法商学院院长,许寿裳、徐诵明闻讯,立即递上辞呈。张北海见缝插针,乘机上任。

许寿裳虽然在西北联大任职时间不长,但同余振很快就建立了友谊。余振素来钦佩鲁迅,在中学、大学读书时,他就非常喜欢鲁迅先生的作品。大学毕业在太原期间,他又时常听好友杜任之讲述鲁迅的奇闻轶事,现在,虽说鲁迅先生已经去世,但能与鲁迅的至友相识并相交,不能不说是人生一大快事。听说许先生要离开西大,余振甚为伤感。就在左派教师为许举行的饯行会上,他从怀中掏出早已准备好的宣纸,请许临

别赠言。许握笔在手,略作沉吟,就饱蘸浓墨洋洋洒洒写道:

> 惯于长夜过春时,挈妇将雏鬓有丝。
>
> 梦里依稀慈母泪,城头变幻大王旗。
>
> 忍看朋辈成新鬼,怒向刀丛觅小诗。
>
> 吟罢低眉无写处,月光如水照缁衣。

　　这是鲁迅先生的一首旧体诗,作于 1931 年左联五烈士遇害之时,许先生书此诗赠与余振,一方面表示了他本人对国民党反动派当局的极端憎恨,同时亦寄予了对余振的期许之情。许寿裳并不以书法名,因此他的字留传不多,手书鲁迅诗作也许更为少见。这幅鲁迅诗写得清劲洒脱,特别是多用古字这一点,充分表现了许寿裳曾师从国学大师章枚叔学习《说文解字》的遗痕,别具一格。1986 年 10 月,就在鲁迅逝世 50 周年前夕,上海华东师大图书馆馆长陈子善先生曾专门就此事采访余振。余振说:许先生书此诗当在 1939 年 8 月。除此鲁迅诗外,许先生还当场为我书写了一首陆放翁的七律。

　　却说张北海一到法商学院,左派教授就发宣言反对,因为在学校印宣言不方便,他们就委托余振拿着手稿,去他所熟悉的迁至城固的一家兵工厂刻印,然后分发出去……然而,胳膊岂能拧得过大腿,由于校方及城固国民党县党部的插足,左派最后还是失败了。张北海一朝权在手,便把令来行。被他解聘的教授有:沈志远、曹靖华、寸树声、李绍鹏等,共 13 人。学生中,有的逮捕,有的开除,有的记过。余振是个助教,自知人微言轻,平时唯谨唯慎,虽然未被解聘,但张还是把他叫到办公室,故意找茬儿狐假虎威地咋唬一顿,余振生性耿直,不吃那一套,据理辩论,张也无话可说。

陈立夫让张北海作前锋打入西北联大后,就发布了一道新命令:解散西北联大,以联大的文理学院和商学院组成西北大学,校长胡庶华。另外,以联大其他各个学院,分别组成西北师范学院、西北工学院、西北农学院,把原来的西北联大打了个四分五裂。然后,陈立夫恩威并用,各个击破,将上述各学院牢牢控制在自己手中。1940 年暑假,法商学院商学系,改为以英文为第一外国语的一般商学系,取消俄文课程,另外在文学院外文系设立外文组,余振就在此任教。在西北临大、西北联大、西北大学,他前后执教长达 9 年,是八年抗战中西北大学历史的亲历者、见证者。

(1)在重庆中央训练团

1937 年 12 月 13 日,日本侵略者侵占南京,国民党政府迁都重庆。在蒋介石、陈立夫的授意下,重庆中央训练团指示全国各高等院校派员前去参加训练。按照上级命令,西北大学要派四名助教。西北大学教师中,一些趋炎附势之徒闻讯后,认为这是"镀金"或捞取政治资本的好机会,他们百般钻营,摇尾乞怜。与此相反,余振则对此无动于衷,不屑一顾。余振正在一心一意搞教学的当儿,上级领导突然来找他,说是要派他去重庆参加训练团。余振深感意外,但又想到既然是上级命令,也不好断然拒绝,便答应了。不久,他从学校领了旅费,离开城固,在途中转了 4 次车,方抵达山城重庆。他一到中央训练团办公室,办事员就问他的国民党党证号码,他说:"我还没有入党。"办事员即递给他一张国民党入党申请书,让他填。余振实在不想填,可又想:人已到了国民党的家门口,如果坚决不填,岂不是自寻倒霉,他只好委屈地填了。出来向同事们一打听,才知道中央训练团已经开学 10 天。

所谓中央训练团, 实际上就是由蒋介石国民政府统治的教育和组织机关,设在重庆浮屠关。表面上是国民党中央宣传部与国民党政府教育部主办,实际上军事方面由军统派人训练;政治上有中统 CC 派人掌控。生活与行动都要军事化,绝对服从命令,遵守纪律。内务整洁,铺盖都要叠出角角,连放鞋都有规定的方式,必须一律;作息必按规定时间,起床号一吹,5 分钟就得穿好衣服叠好铺盖准备集合,熄灯号一吹,5 分钟就得一起睡下。穿的是发给的黄军衣,一律剃光头,每日要受两次军事操练,无非是稍息立正报数,喊着"一二三四"跑步。思想政治化,每日有党政军大员来团讲话,蒋介石有时也来作"报告"。蒋介石来讲话时,更是花样多,尚未进大门就有人吹信号,陈立夫等就叫全体肃静,而后命大家在"领袖"入场时肃立,当其登台时便狂呼"蒋委员长万岁",越狂越好,把帽子扔到天花板更好。

中央训练团把这帮文人分编成大队中队小队,各队成员由队长节制。半天搞军事训练,半天听国民党高级官员的讲话。所讲内容大都是蒋介石平时所讲的那一套攘外必先安内的陈词滥调。余振对此深恶痛绝,硬着头皮往下混。一下课或星期天,他就独自一人跑到中共主办的新华日报社和苏联粮食出口协会,因为这两个地方卖俄文书刊。在这里,他先后买下心仪已久的《列宁选集》《俄国文学史》等书。与他相反,从山西来的阎锡山的亲信梁化之则奔走钻营,与大特务头子戴笠打得火热。

余振在训练团只训练了 10 来天,就害了疟疾。病情发作时,恰好日本飞机来重庆骚扰轰炸,同事们就把他抬到防空洞暂避,一直等到警报解除,他才被送到医院……训练快结束时,他还在医院,训练团负责人跑到医院告诉他,结业典礼那天,蒋介石要亲赴现场讲话,所有参加训练的团员必须到场。这时,余振的病基本痊愈,便于典礼那天回到团内。学员们席地坐在大操场上,每个人手中拿着一个牛皮纸袋,内装牛肉干、面包等食物。果如负责人所言,不一会,蒋介石"驾临"会场,点名后,蒋开始讲话,无非是要大家在此国难当头之际,精忠报国。临去时,又送给每个学员一张蒋的"标准像",算是"格外恩怜"。余振回到城固后,他指着国民党党证和蒋的像片,对同事们笑着说:"谁敢说我反对国民党,倾向共产党。这就是我的良民证、护身符。"在以后的岁月,他即以此掩护,积极从事进步活动。

（2）保人

大约从 1941 年起,西北大学的一些进步学生,有的在离校前就突然被捕或失踪。久而久之,人们就摸到了西大当局的"脾气"。不少进步学生快毕业时,就不辞而别,预先走掉,以免不测。

人们知道,由于张北海等人在西北大学实行"家长式"的独裁统治,西北大学师生对此颇多怨言。而这种名声对西大当局来说,并不见得光彩。于是,他们就改变办法,对思想有问题的学生,要他们从学校教师中找 3 个保人,保证他们思想纯正,没有参加任何"反动组织"或非法活动。如发现有上述情事,唯保人是问。不少学生素知余振思想激进,就找他来保,余振不知详情,问:"我的职称只是个讲师,不知学校凭不凭？"他们说:"校长和张北海都说讲师也行。"这样,余振先后保过的学生有孙绳武、张景宪等。新中国成立后,孙长期在北京人民文学出版社担任外文编辑室主任,在文学翻译上颇有建树。

（3）警告信

大约在 1942 年至 1943 年间,西北大学校方对思想"不纯洁"的教师,特别是教俄文的教师,开始了特务式的侦察,办法是由特务学生报告老师在课堂上讲些什么。余振所带的班上没有特务学生,军训教官王佐强秉承主子的旨意,就假意提出要跟他学俄文,要求到余振班上来听课。余振一眼就看出他是黄鼠狼给鸡拜年——别有用心。他淡淡地说:"我水平一般,想来听课就来吧。"从此后,只要有王佐强在场,他就一句闲话也不讲。王本来想找点破绽,以博取主子的欢心,可学了一个月,也一无所获,只好失望而退。后来,他去余振家中闲坐,发现茶几上放着一本《红楼梦》。他拿起一看,哪是什么中国文学古典名著,分明是俄文,还是列宁写的,他不由地暗自窃喜,这回可有功可邀了。一出余振家,他就小跑着直奔院长办公室去找张北海,信誓旦旦地保证:"李毓珍就是共产党。"张北海经过慎重考虑后对他说:"仅靠一本书,就定他为共产党,就治李毓珍的罪,恐怕证据不足,再说,李毓珍狐朋狗友挺多。打手,脚也会痛,一旦引起不必要的麻烦,如何处置。你再侦察一段时间,看他是不是还有别的不轨之举。如果有,再收拾他不迟。"王又暗中侦察一段时间,发现余振变得比以先前更加谨慎,结果徒劳无功。

俄文教授徐褐夫性情刚直,经常在课堂上大骂那些拍马逢迎之徒。中文系教授杨晦(杨慧修)也常在课堂上讲些讽刺国民党的话。王佐强听后,就直接跑到国民党汉中警备司令部去报告。警备司令祝绍周闻讯后,很是生气,直接给徐、杨二教授寄来警告信,信一开头就说:"查该员在课堂上常有反动言论……"徐收信后,专门买了个镜框,把此信装潢起来挂在家中,如果有人来访,他首先请客人欣赏此信。他常说:"这是中国教育史上的奇耻大辱!"

(4)青年军

1944年,国民党当局要招收一批年轻教授和学生要组织什么青年军,有识之士一眼就能看穿他们葫芦里卖的是什么药。西北大学的领导虽然思想落后,但广大师生还是同情革命、向往革命、支持革命的,所以报名参加的极少。续任校长刘季洪为了巩固其地位,邀取上司的青睐,就想了一个妙法。在学校召开的教职员大会上,刘季洪首先登台,讲了几句"国家兴亡,匹夫有责"的豪言壮语后,又猫哭老鼠似地流了几滴"爱国者眼泪",要大家踊跃报名。他的话音刚落,地理系主任殷祖英就带头冲上台。他块头大,声音洪亮,一边上台一边喊:"有血性的男子汉,上来报名!"大部分讲师、副教授、教授慑于他们的淫威违心地报了名。唯独余振、徐褐夫、季陶达"没有血性",冷眼旁观,坐着未动。

他们三人事先也不知道开的什么会,干什么,会上也不在一起坐着。可是,他们的思想却是不谋而合,他们的风骨真正地卓然不群。当然,他们这样明显地不支持不配合上级领导的工作,自然使刘季洪等辈更把他们视作眼中钉、肉中刺。

(5)牛汉事件

牛汉,原名史承汉,因在上学读书时常将"承"字写错,遂易名史成汉。1923 年 10 月,出生于山西省定襄县的一个清贫的知识分子家庭。由于受父辈的影响,牛汉 13 岁就参加了山西的抗日组织"牺盟会"。1938 年在甘肃国立五中读书时,参加了中国共产党。1944 年考入西北大学后,在西安八路军办事处领导下,秘密从事学运工作,组织"真理卫队"。牛汉的新诗写得不错,20 刚出头,就以《鄂尔多斯草原》一诗享誉文坛。由于他常在国内的一些刊物上发表进步诗作及文章,这就引起了西大当局对他的极端讨厌。1945 年校方借故取消了他的贷金。牛汉的家在沦陷区,取消贷金就等于开除。余振等外文系老师认为:牛汉英才可造,让他退学太可惜了,就请系主任李贯英去找训导主任蓝文征,希望能够撤销对牛汉的处分。蓝文征与刘季洪穿的是一条裤子,就是不答应。正好这时,俄文组学生要求余振给他们加开一门课,他第二次去找李贯英,说:只要学校取消对史成汉的处分,我不但马上开课,而且不要一分钱的加课费。李贯英也十分同情牛汉,就亲自去校长刘季洪,刘一意孤行,就是不答应。于是,学生们一次又一次地找李贯英要余振上课。李贯英没办法,只好二次去找蓝文征,磨破了嘴皮子,依旧是劳而无功。他一回到系办公室,就把讲义往桌子上使劲一摔,气得半天说不出一句话来,最后愤慨地说:"他妈的,在那些王八蛋眼中,系主任还不如一条狗,老子不干了!"他与朋友们写信,要另谋出路。大约一个月后,朋友来信,说已经给他找好工作。这时,李的火气已下去大半,但不便食言,也顺便要给蓝文征个难看,就离校而去。至于牛汉,由于校方的一再反对,没法在西大立足,只好休学离校。在他取消贷金至离校期间,他的生活费,就靠余振、徐褐夫、魏荒弩等进步教授从工资中取出一部分来提供。

20 世纪 80 年代初,已经身为《中国作家》《新文学史料》主编、副主编的牛汉先生,在写给好友山西大学中文系教授马作楫的信中,深情地回忆说:"西北大学外文系分作两个组:英文与俄文。我进入西北大学时,俄文组一个年级不过六七个人。外文系订有几种俄文刊物,我看了不以为然,觉得写得与普希金同样好的只有莱蒙托夫,我特别喜欢莱蒙托夫的《童僧》(余振译,另有人译作《不做法事的小和尚》),我都能背。马雅柯夫斯基也很有时代激情,节奏感强。尼克拉索夫,叶赛宁,我都喜欢。我钟爱俄罗斯的文学,才选这个系。每天到汉江边大声用俄语朗诵。那时我的名字叫史成汉,可许多人都叫我'谷风',好朋友干脆叫我'大汉'!因为我是全校第一个高的人,光头,穿大衣,冬天光脚穿草鞋,昂首阔步地走路;穷困却不消沉,自得而愉快地写诗,画画,还酷爱游泳……我们俄语专业的学生把李先生视作最可信赖的导师,那时学俄文其实是一种人生与政治的追求,不是单纯的学语言。"他又说:"这许多年,我努力写作,也是先生的精神影响了我,使我不敢消沉,不能辜负先生的恩泽。"

(6)"三位一体"

1946 年春,在国民党特务导演下,全国各地掀起了一股反苏逆流。由国民党学阀控制的西北大学,当然要紧步后尘。首先由城固区党部主任委员、理学院院长赵进义发起并起草了一份反苏宣言,准备以西北大学全体教授的名义发出去。

这天晚上,差不多 9 点多快 10 点的光景,屋外下着牛毛细雨。一位工友来找余振,他说:"李先生,赵教授起草了一个东西,要所有的教师签名。"余振接过清稿,先看尾页,见已有不少教师签了名。返回头再看内容,看了一两页,就知道是什么货色,便借故说:"时候已经不早了,我来不及细看。对不起,请你拿回去,明天再说。"第二天课间休息时,这位工友又到办公室来找余振,他又看了几页,婉言道:"实在对不起,我马上要上课,等下课后再说。"该工友到此时才明白余振的真实心事,但又不便强横,只好怏怏而退。工友又去找季陶达,季同余振一样,也想法子推脱掉了。徐褐夫生性刚直,一见这东西,不由地火冒三丈,说:"你一个小小的工友懂得什么,这分明是一些人胡闹,你却跟着起哄。"该工友被徐训斥的面红耳赤,不知所措。后来,宣言发出了,由于余振等进步教授的抵制,也不能用"全体教授"的名义,只用了"赵进义等教授×人"。

这样,一年一年、一次一次地累积起来,西大当局简直把余、季、徐三先生恨死了,但因为他们在教学上各有所长,在生活中政治上也没有太过激的举动,只是有理有节地进行斗争,校方也拿他们无计可施,只能在背地里骂他们是茅坑内的石头,又臭又硬!广大西北大学师生见他们三个不管对待什么事都态度一致,就戏称他们是"三位一体"。

(7)纪念普希金

1945 年岁末,地处偏僻山城的西北大学酝酿着一场暴风雨,俄文组的同学们很活跃,高年级的卢永福、齐斌儒和史成汉等进步学生组织了一个纪念普希金的晚会,他们特邀自己的恩师余振、徐行(徐褐夫)、魏荒弩教授参加了这次晚会。晚会是在西北大学图书馆举行的,会场内悬挂着学生们自己绘制的普希金画像,国民党反动派在校园外鸣枪恐吓,可是同学们镇定无畏,一方面保护老师们,一方面借着汽灯的光亮,由卢永福、齐斌儒为几百名师生分别朗诵了普希金的《自由颂》《致恰达耶夫》等激荡人心的诗篇,气氛热烈,激动人心。后来魏荒弩教授说:"这可能是旧中国高校中举办的仅有的一次普希金诗歌朗诵会。"牛汉晚年亦回忆说:"在西北大学学俄语的学生绝大多数思想都比较进步。1945 年冬,我们举行普希金纪念晚会,还朗诵普希金的诗,我画了普希金的头像(一张白报纸那么大)。斗争很紧张,约二三百人在学校图书馆开会,会场外面国民党特务在放枪。星社的壁报白天贴,晚上被国民党特务撕掉。我们随时准备被捕。这些活动很重要。"

(8)学生运动

1946 年 3 月,在国民党特务指挥下,各地搞起一阵反苏大游行。西北大学也不例外,要照猫画虎。学校当局命令学生游行,学生们说:"游行可以,但应当由我们自己来领导。"并提出成立学生自治会的要求。西大当局知道在学生中,有不少是思想左倾、倾向革命的,就坚决不答应,还把刚刚成立起来的学生自治会的几名负责学生开除。这一举措,立即引起西大学生的强烈不满,他们开始罢课。

往年西北大学、西北工学院等校的山西籍学生都要搞一次聚合,欢送毕业同学。这一年,西北工学院的同学邀请西北大学的同学去他们的学校,余振从没去过古路坎,就决定去一次,一方面同西北工学院的进步师生叙叙旧,一方面顺便观览一下那里的自然风光。在古路坎开完会,余振又住了四五天,才回到城固。几位好友前来看望他时说:自他走后,西北大学一些别有用心的人造谣说:"余振去西北工学院是鼓动那里的学生也罢课,支援西大学生运动。"不久,西北大学当局果然硬把学生罢课的责任推在余振等人身上。他们在校门口刷大标语,贴匿名信,进行人身污蔑与攻击,称他们是"害群之马""庆父不死,鲁难未已"。余振等人对此无耻行径极端愤慨,就和别的教授联名写了一篇文章《从国民立场来看东北问题》来回击,并寄到西安民盟的机关报《工商日报》社,该报对此文极为重视,于 3 月 24 日在社论的显著位置发表出来,作者署名:李毓珍(余振)、徐褐夫、季陶达、王守礼、王衍臻、原政庭。这份报纸在社会上公开发行,送达城固时,正巧遇上学生们开大会,大家抢着看这篇文章,称他们是不惧淫威的"西北大学六君子"。

学生运动坚持了一个多月,而且越闹越凶。4 月 15 日,学生们包围了校长办公室,要刘季洪批准学生自治会立案,收回开除学生的成命。在群情激愤下,刘被逼无奈,只得一一答应,马上签名盖章出布告。刘季洪觉得自己敬酒不吃吃罚酒,有损颜面,就赌气说:"我不干了,我要向教育部提交辞呈。"学生们对他十分憎厌,就顺水推舟说:"你别拿辞职威胁人! 你自己不想在,我们也不想让你在,请你滚蛋!"当时校长办公室正开会,院长、系主任一大堆,他们大多是刘季洪的"走狗",他们见刘已经难以在西大立脚,就树倒猢狲散似地跟在刘的屁股后面,灰溜溜地一齐滚出了西大。余振的宿舍就面对着校门口,他从玻璃窗内望着刘季洪们滚出西大的狼狈样,真是痛快至极,大有暑天啖雪之概。但是,痛快是痛快,余振的脑中也闪现过几丝隐忧。当晚,学生自治会的同学向他报喜时,他说:"你们把刘季洪赶走了,可你们知道不知道他临走时,把学校的钱全带走了。他走了,你们吃什么? 喝什么?"几句话问的学生们无言以对。他又说:"刘季洪抱着国民党的大腿,后台硬着哩,岂肯善罢甘休。"没几天,事实就证明余振的担忧不无道理,自从刘季洪被赶走后,进步学生因为无饭可吃,只好典衣卖书。而一些坏学生则组织成立了所谓的"护卫队",顿顿猪肉大米的吃,以此来打击瓦解学生自治会。刘季洪们到汉中后,也是密谋于暗室之中,蠢蠢欲动,许多迹象表明:山雨欲来风满楼。

余振认为:学生运动虽然取得了初步胜利,但刘季洪们一定会借着国民党反动政府的势力,东山再起,卷土重来。到那时,自己这个"罪魁祸首"恐怕没有好果子吃。所以,他决定未雨绸缪,提前离校,准备去太原的山西大学。他先到西安,碰到在陕西商专教书的大学同学邢润南,邢说:"山西是土皇帝阎锡山的天下,暗无天日,在那里怎么可能活下去?"他劝余振就在商专教书,静观势态如何发展,还当即给他下了个"草聘"。余振正在犹豫不决时,西北大学同事、老朋友魏荒弩教授也从城固来到西安。他说:余振刚走不久,刘季洪就在几十名军警的保驾下,气势汹汹地回到了西大,并对进步师生进行了残酷的逮捕……军警们临走时,足足押了一汽车人。魏荒弩直夸余振有先见之明。他又说:"自你走后,西北大学的谣言更盛,提的调门也越高。他们说先前以为城固的共产党头儿是徐褐夫,现在才知道搞错了,城固的共产党头儿非是旁人,就是李毓珍。他做贼心虚,先跑掉了。"余振闻言,不禁失笑。同时,他想:西安与城固同属陕西,地理位置不甚遥远。即使在商专教书,刘季洪们也决不会善罢甘休,一定会兴风作浪,伺机报复。他这才下定决心,立即动身去太原。

余振在西北大学任教期间,常跟至友们讲的话是:"将来全国解放,活捉了蒋介石,就作一个特大号的玻璃缸,将蒋介石放在里面,用酒精泡上,然后用车拉上到全国各地去展览,说这就是那个杀人放火无恶不作的蒋介石。"2012年8月,原西北大学学生、百岁老人穆嘉琨在《回忆城固时期的西北大学》一文说:全国解放前夕,原西北大学校长刘季洪逃到台湾,曾任台湾政治大学校长。他又说:在李毓珍、徐褐夫执教西北大学期间,为祖国培养了许多俄语人才。其中,孙绳武在新中国成立后长期担任人民文学出版社外国文学室主任编辑。苏农官,1950年毛泽东第一次访问苏联时,随行担任俄语翻译。齐越,在1949年10月的开国大典上,作为播音员,就在天安门城楼上,现场直播了开国大典盛况。

九　在山西大学

　　山西大学校长徐士瑚(字云生),1907 年生,山西五台人。崞县同川与五台紧紧毗邻,余振同他算是小同乡。20 世纪 40 年代,徐在西北大学呆过一段时间,与余振相识,颇有一些交情。徐回山西当了山西大学校长后,几乎每年暑假都要给余振写信,请他去山西大学任教。余振考虑到一动不如一静,所以一直没有去。这一年,徐士瑚又一次来信邀请,余振感到自己在陕西已难安身,便决定回山大。余振一到山大,徐士瑚就拿出教育部的通令让他看,内容是:西北大学校长刘季洪呈请教育部通令全国各大学不得聘任余振等人。徐说:"咱们山西自古就是独立王国。我不理他,他管不到我。"于是,余振就把西北大学解聘的徐褐夫、季陶达、王文光等教授介绍到山大来。

　　余振到山大的第二天,就前去拜访时任山西大学法学院院长、好朋友杜任之,多年不见,一旦重逢,当然都十分高兴。不待余振询问,杜先生就对他详细介绍了太原及山西大学各方面的情况。并特别告诉他,当年的朋友哪些一直很好,可以交往,哪些已经变坏,不可再同他们交往。杜任之还同当年一样,在这些重要关节问题上依旧十分热心。

　　余振在山大先教了半年外文系的第二外国语俄文。不久,阎锡山害怕大学教师利用教俄文宣传列宁主义革命思想,就取消了俄文课。俄文不能教了,余振只好去教他不甚喜欢的政治经济学,教材内容有浓厚的资本主义色彩。他不讲这些，反而在课堂上大讲马克思主义政治经济学。校长徐士瑚怕他带害，就让他去教"经济地理"课，这个，他也不喜欢。用他的话讲就是"瞎凑合"。有一次，在课堂上，他戏问同学们："我讲得好不好？"同学们一齐回答："好!"他笑道："好个屁，我要是你们，早把李毓珍赶跑了。"后来，他又兼任了《山大学报》编辑。

回到山大后，余振居住于侯家巷教职员宿舍第三排。杜任之居住于后边不远的"白杨树院"。因为离得很近，他一有空就去找杜先生闲聊。1947年暑期，余振、季陶达、李贯英、刘毓秀应杜任之之邀，去旅游胜地晋祠休养。晋祠属于晋源县，县长是杜的学生，为他们在晋祠租了一所小四合院，派了一名厨师给他们做饭。他们的生活很规律，又轻松又愉快。每天上午读书，午睡后到河里去洗澡，晚上大家在一起"神聊"，上至天文，下至地理，谈的更多的是国家大事与学校情况，有时争论得面红耳赤，有时哈哈大笑。暑假将尽，他们返回学校。不久，山西大学教授王文光也由南方探亲返回。他的夫人在南京中央大学工作，跟民盟中央委员刘王立明是好朋友。王文光由刘王立明介绍，到上海去找另一位民盟中委周新民，并由他二人介绍参加了中央民盟，他们还当即给王下了个任务：回太原后在山西开展民盟的工作。

20世纪40年代，王文光也曾供职于西北大学。在西北大学时，余振与王文光就交情颇深。王从南京一回到太原，就请余振同他一道工作，余同意了，还向他建议说："首先应当把杜任之介绍进来，杜先生在太原工作多年，认识的人多，各方面情况熟悉，他参加进来，工作肯定会顺利得多。"接着，余振又向王讲了抗战前他与杜的关系。过了几天，余振去看杜任之，杜问："王文光跟你谈过什么吗？"余说："谈过。关于建立民盟太原秘密支部的事。"杜说："王文光的嘴随便说，要注意他乱说乱道。"余振知道，由于当时环境险恶，杜先生有着很强的警惕性。这样，他们3

人就建立起山西最早的民盟组织。形式上，王文光负总责，杜任之负责组织工作，余振负责宣传工作。组织工作中原来是想大发展的，对象有教育系学生马作楫等。后来，由于蒋介石下令取缔民盟，校外盟员已有被捕的，为了避免给大家带来危险，减少不必要的牺牲，他们决定暂时不作组织上的发展。但在工作中大家都是方向明确的。王文光在《五十年来的经历与目睹》中讲："至于张额、马作楫与我们办《北风》诗刊，引为同道，却不知我们是搞民盟工作的。"李毓珍 1989 年 1 月 13 日致马作楫信亦说："我当时没介绍你入盟，是因为民盟已被宣布为非法组织，万一出了事怕连累了你。"

余振的崞县同乡、老同学、好朋友郭从周，是阎锡山高级将领王靖国的女婿。王文光与余振商议后，计划通过郭游说王靖国反正，酝酿和平解放太原。可是，当余振去找郭细商此事时，郭认为不切实际，时机也未成熟。他说："阎锡山在山西的势力挺大，仅靠一个王靖国，孤掌难鸣，很难奏效。再说，我的岳丈是个脑袋很顽固的旧式军人，阎锡山对他倚重有年，恩惠殊深，我考虑他至死也不会反戈一击。不但办不到，反而怕受害。"王文光听完余振的讲述，仍然未死心，他通过郭从周认识了王靖国，一有空就去王家闲坐。后来，见希望不大，只好作罢。

当时余振的老同学、老朋友张灵轩在北平办了一个《世界与中国》的刊物。这是一个专门刊登政治经济学文章的刊物。每期出来后，他总要寄一份给余振，在信上总要写上同样一句话："朋友，给我们译点东西！"一次，两次，三次……时间长了，余振觉得对不起老朋友这样的盛情邀约，心里老捉摸着为这个刊物译点什么东西。这时，他正好从一份俄文报刊上看到一篇两万多字的的文章——《美帝国主义的独占资本》。看了一遍，觉得写得挺好，就拿定主意把它译出来寄到北平。译好不久，还没等他寄发，山西省政府机关报《复兴日报》社总编辑刘士毅

（崞县人,亦名志弘)来余振家,他看见后就抢了去,非拿走不可。余振知道:现在国民党政府正跟美国打的火热,这样的文章一见报,势必会遭到阎锡山反动当局的猜忌,因此特别嘱咐说:"你一定要拿,也可以。不过,发表时把美帝国主义几个字改为美国,免得太刺眼。另外,全文最好一次登完,未完待续就意思不大了。"刘满口应承。结果,他拿回去一发表,"美帝国主义"并未改为"美国"。这样,两个嘱咐一个承诺,只剩下半个。果如余振所料,阎锡山见报后,大为恼火,他打电话将刘士毅叫去,让他跪在地上,大大训斥了一顿,厉声问:"你吃的是共产党毛泽东的饭? 还是吃的国民党阎锡山的饭? 无用的东西!"余振在西北大学时就"不安分",来山西后又"言行不检",阎锡山对"李毓珍"三字是早有耳闻的。但考虑到各方面的原因,他一时还不便对山西大学的教授下手,只有伺机报复。

　　1947年11月下旬的一天,余振准备出城去买米,刚走到新南门城门洞,守卫就说他走错了路。当时,城门洞拉了三条绳子,每根绳子头边立着个木牌。分别写着:"军警路线""公教人员路线""商民人等路线"。余振走的是公教人员路线,并没有错。城门守卫见他穿着件褪了色的旧衣服,就问他:"你是干什么的?要走公教人员路线。""我是个教书匠,难道走错了?"又问:"为什么不穿制服?"余振反问:"你们规定教授应穿什么衣服?"他们故作惊讶道:"哟哟哟,瞧你这破破烂烂样,还恬不知耻地自称教授,对不起,请你把工作证掏出来让我们瞧瞧。"余振从身上掏出工作证,心说:这回总该无话可说了吧。岂料事与愿违,城门守卫一看"李毓珍"三字,脑海中顿时闪现出上级对自己的指示。他脸色一变,二话没说,扬起巴掌朝他迎面打来,余振毫无防备,一下子栽倒在地。另外几个军警也围上来一阵拳打脚踢,直打得他头昏眼黑,口鼻流血。然后,将他"刺刺刺"拖到城门洞外的一个地下室里,"咣当"一声关上门。过了好一会,余振才苏醒过来,他挣扎着站起身,使劲拍打门板。不一会,那个首先动手的守卫走进来,气势汹汹地问:"你捣什么乱?共军趁机进来,你负责?滚!"余振气愤地接过布袋,扭头就走,守卫戏弄道:"不买米啦?""我不吃饭了!""知道你就是来捣乱。"

余振回到学校后,就让妻子去找校长徐士瑚和国民党中央通讯社太原分社主任、好朋友郭从周。徐校长听说他出了事,马上打电话叫来太原警备司令。警备司令一到余振家,就再三鞠躬,连声道歉,称自己对下属管教不严。不一会,郭从周也来了,身后跟着一批记者。余振躺在床上,当众表示:非要跟他们闹到底不成!他们这样欺负人,太不像话了,不活了。郭从周见他被打得鼻青脸肿,气性这么大,就说:"你是大闹还是小闹?要大闹,我马上回去发电报,发到全国,连延安也知道。要小闹,警备司令也在,我们几方面谈谈解决方法。"他接着附在余振耳边,低声说:"我们当年可是打过红帽子官司呀。"他这句话指的是1928年在崞县中学,他与余振同时被捕,在太原蹲监事。余振马上心领神会,他清楚:一旦大闹起来,延安共产党一定会对阎锡山大加挞伐,而事情也会变得更加复杂。如果阎锡山新账旧账一齐算,说不定自己当下就吃亏,于是,便缓和了口气说:"你们同校长商定吧。"这时,郭从周、警备司令、徐士瑚三人商定:除由警备司令当面道歉外,由警备司令部登报道歉,保证不再发生类似事件,同时把打人的守备逮捕,按军法办理。杜任之、王文光闻讯,先后前来探视,他俩一进门就放声大哭:"由他们这样为所欲为,灰折腾,我们还有活路吗?"余振说:"刚才已经商量好怎样处理了,事情已经完了。"杜、王说:"你别以为打的是你一个人,他们打的是山大教授,我们要争民主,争人权,保证我们的人权不受侵犯。你同他们完了,我们不会同他们完,山大的教授也不会同他们完!"二人一回去,马上召集全体教师开会,宣布罢教。一些学生知道后,也召集全体学生开会,宣布罢课。同学们在大礼堂柱子上直竖了一块黑板,上写"声援李毓珍先生!""教授罢教!学生罢课!"12月1日,课停了下来,愤怒的人们聚在一起纷纷议论着,准备举行大会。2日,高效曾同学和巩象巽商量,请王文光先生在会上报告时,不要过分激动,以免暴露身份,且注意让大家多说,以便更广泛更深入地发动群众。3日上午开大会,杜任之以教授会理事长的身份宣布:山西大学师生员工罢教、罢课运动开始了!接着王文光在大会上作了"反饥饿""反内战""争民主"的报告,教授代表董季兰、余光达相继在大会上发言。他们在报告和发言中,愤怒地指出:物价飞涨,全国皆然,而处境特殊,太原为甚。更为恶劣着,特务横行,殴打山大教授,严重损毁了我省最高学府之尊严,这是绝对不能允许的。大家一致要求提高工资,增加公费。会后,以杜任之、王文光等教授为首,通电全国各大城市的高等院校,在新闻界发布《罢教宣言》。5日,《大公报》发表了山西大学教授会的"反饥饿宣言",并获得了全国进步舆论的声援。这场声势浩大的群众性运动,持续了一个半月之久,极大地震撼了阎锡山统治区。特务头子梁化之等人纷纷到山大,通过他们控制的同志会、国民党和三青团进行追查,后来又威胁群众,让其复课。学生们说:只要李先生在大会上讲几句话,我们知道他也主张复课,马上就复!

当时,山西大学也同别的大学一样,派系挺多。有些同徐校长不睦的教授,企图利用运动把校长赶下台,以达到取而代之的卑劣目得。余振听说这些内情后,心想:自己与徐先生交好有年,当初在西北大学不能容身来山大,也是多亏徐先生鼎力相助。现在,一些心怀不轨之徒企图利用运动一逞私欲,我于心何安,我决不能让这样的阴谋得逞。再说,群众运动已经取得了惩罚凶手、增加薪金、提高公费的胜利。再这样一直罢下去,也太没意思。因此他决定亲自出面向山西大学的师生们表明自己的态度,因为脸被打得肿的不像样,他不便去,就写了几句感谢山大师生的书面发言,托人在大会上读了一下,学生们这才复课。事后,山西大学训导长张子佩对季陶达说:李毓珍挨打,主要是因为发表在《复兴日报》上的那篇文章。

1989 年冬,当我拜谒余振先生时,他详细讲述了自己被打事件的经过。我说:"在咱们家乡长期流传着这样一种说法,说你上街去买菜时,因为穿着一身破烂不堪衣服,城门守卫以为你是乞丐就动手打你。当你自报姓名、身份后,他们吓的跪在地上连声求饶。"余振闻言,哈哈大笑:"那是咱家乡父老美化我。其实,城门守卫打的就是我李毓珍这个大学教授。"

却说就在余振挨打之前,为了更好地开展山西民盟的宣传工作,余振在杜任之、王文光二先生的大力支持下,决定创办一个小型刊物《北风诗刊》,以便更好地宣传山西民盟的宗旨:争取民主,反对内战。刊物由《复兴日报》社印刷,黄河书店发行。主编余振,山西大学教育系学生马作楫除撰稿外,还负责刊物的编排校对、发行。

马作楫,1923 年生于山西省忻州市。少年时代就喜欢文学,尤其喜欢新诗。抗日战争爆发后,山西全境沦陷,他徒步走到兰州,入甘肃国立五中读书,与著名诗人牛汉是同学。1946 年 7 月,考入山西大学教育系,因为爱好文艺,遂与余振相识。1948 年 1 月 15 日,《北风》创刊,该刊除了发表一些余振的译作和马的新诗外,还先后发表了杜任之、王文光、李贯英(字孟雄,河北怀安人)、郝树侯、张额、牛汉、曲珍瑞、田际康诸先生的作品。余振的译诗《波尔塔瓦》发表时,《阵中日报》主编、诗人田际康还专门为他刻了一个普希金的木刻像。

当时的国内形势是这样的:抗日战争早已结束。国共两党、两军剑拔弩张,内战爆发。而《北风》就传达了人民反对内战、争取民主的正义呼声。这些带有明显政治色彩的文章、诗歌,自然引起了阎锡山反动当局的恐怖与讨厌。特务头子梁化之让山西大学训导长张子佩捎话转告余振说:李某人办这个刊物,如果有什么用意那是另外一说;如果没有什么用意,劝他早点停了吧。这说明梁化之虽然知道余振不是共产党,但办了一个与共产党一个鼻孔出气的刊物。后来,梁化之见市面上仍有《北风》发售,就威胁说:难道李某人忘记了前不久发生的买东西被打事件!迫于来自上面的种种压力,同年 6 月 11 日,《北风》诗刊出至七期,便告夭折。1988 年,事隔 40 年后,马作楫在怀念余振的文章中,深情回忆说:

> 1947 年,余振、杜任之、王文光三位教授,在山大建立起中国民主同盟在山西最早的组织。一天,余振约我到他山大教职员宿舍,商量要办一个小型的单页诗刊,取名"北风",刊物的基本调子是以诗的形式争取民主,反对内战。创刊时,李先生有过想法,刊物不称为第几期,而用一年 24 个节气作为"期"的名号。比如"立春号"、"雨水号"、"惊蛰号"等。我也不知为什么,《北风》出刊时却用了"期"的名称。《北风》没有经费来源,全靠杜任之、王文光、季陶达等著名教授资助。徐士瑚校长也捐过纸。《阵中日报》副刊主任田际康、《复兴日报》社长刘志弘、青年诗人张颔,进步文艺青年温秉钊、山西大学图书馆主任柴作梓,他们或捐纸,或捐钱,都为《北风》诗刊鼓与呼。在《北风》诗刊上,李毓珍教授译过普希金的《皇村怀古》,还有西蒙诺夫的《悲欢离合》。我在《北风》诗刊发表《预言》《春神》与《诗人和我走出了村庄》。我还以野苓的署名写过《守岗者》一诗。在稍后的一些日子里,李毓珍教授以《北风》诗社的名义,

为张颔出过诗集。我的第一本诗集《忧郁》也是以诗社名义于
1948年由上海光华出版社出版的。每办完一期刊物,余振先
生都要约我到教职员第三宿舍(1—2号)他家里纵情畅谈。他
拿出半瓶汾酒,我也买半只熏鸡。有次,先生拿着译好的莱蒙
托夫的诗《帆》读给我听:

> 下面是比蓝天还清澄的碧波,
> 上面是金黄色的灿烂的阳光……
> 而它,不安的,在祈求风暴,
> 仿佛是在风暴中才有着安详!
> 那情景,真是幸福而甜蜜!

在此期间,余振与青年诗人张颔关系甚密。余振的译作时
常在张颔主编的《工作与学习》上发表,张颔的诗作也常在余
振主编的《北风》诗刊上发表。余振翻译的俄诗人普希金的小
说《射击》,张颔还根据这个文本,创作了长篇叙事诗《西里维
奥》。1948年5月15日,该诗以北风丛书的名义由北风社出
版,余振还为这部长诗写了序,他说:"《西里维奥》之所以能改
作的这样好,固然主要是因为普式庚原作写得本来就很好,但
是,我们也不能不惊服张颔先生改作技巧底高妙,我想,假如
普式庚这篇东西原来就用诗体写出来, 也不过就是这个样子
……无论如何,是值得向读者推荐的。

关于《北风》的创刊及终刊情况,《山西大学百年纪事》(2002年中华
书局出版)一书也有详细记载,兹录如下:

创刊号共 4 版,刊头为《北风》第一号,余振(李毓珍)主编,通讯处:太原国立山西大学。创刊号上发表了蓝青的《呼喊》,孙芝秋的《北风》,马作楫的《北方,北方啊!》。《北风》的呼喊,并非仅限于山西,而是我们整个的祖国。因为那诗刊的投稿人,来自北平,来自西北,来自天津、上海,在思想沉闷的山西,吹进了一阵清凉自由的风。6 月 11 日,第 6、7 期合刊出版,这是终刊号,头版刊有步星夜的《没有》,谷风的《生活的花朵》,梅青的《醒来的时候》。《没有》写道:"白天,没有太阳;夜晚,没有灯光。吃饭的时候没有饭,穿衣的时候没有衣。寻找工作,没有工作,需要自由,没有自由,没有,没有! 这里——凡是你所需要的,都没有。"至此,我们也就明白了这个刊物为什么会遭到封禁。

2004 年 9 月 10 日,山西民盟网站亦云:

《北风》诗刊是民盟太原秘密支部于 1948 年创办的宣传刊物,以诗的形式反对内战,争取民主。这份诗刊为半月刊,8 开纸双面印,每期 500 份,由李毓珍教授主编,山西大学教育系学生、青年诗人马作楫编辑。诗刊以发表宣传民主、进步的诗歌创作、译作和短论为主。《山西民盟发起人简介》云:王文光(1897—1963),山西省汾阳县东赵村人。19 岁考入燕京大学,毕业后赴美留学 5 年。先后任西北大学、山西大学等七所大学教授。其著作有《庚子赔款的经济问题》《孔子的经济理论》《大学元升道》,及小说《墙头草》等。杜任之(1905—1988),山西万荣人,1927 年加入中共。1928 年赴德国留学。1944 年任山西大学法学院院长。1948 年任北平华北学院政治系主任,参加和平解放北平的工作。解放后,任山西省人民政府委员兼山西大学财经学院院长。晚年任中国社会科学院研究员。

李毓珍,笔名余振……

十　在兰州大学

　　因为一篇文章被特务殴打,《北风》诗刊又被迫停刊,使余振预感到:再在阎锡山统治下的世界里生活下去,怕就会有掉脑袋的危险,就于1948年6月离开太原到甘肃兰州大学。早先,著名教授徐褐夫经余振推荐,从西北大学到山西大学任教。徐在太原只呆了一个多月,就由好友董爽秋介绍去了吉林长春大学。后来,董又去了兰州大学当了教务长,就又把徐从长春大学调到兰州大学。徐在兰州大学听说余振先生在太原的日子确实不好过,就向董介绍余振来兰大,董同意了。山大校长徐士瑚听说他要离开山大去兰大,一再挽留说:"李先生,请放心。有我的脑袋在,就有你的脑袋在,请退回兰大旅费。"余振知道:徐虽说是阎锡山的内堂侄(其堂姑徐兰森乃阎之如夫人),但阎锡山在反共的道路上一意孤行,徐一介书生,对他的举措绝无左右之能力。

　　兰州大学始建于1889年。1909年演变为法政学堂。1913年定名为甘肃公立法政专门学校。1928年改名为兰州中山大学。1930年改为甘肃大学。1946年与西北医学专科学校合并为兰州大学,设文、理、法、医四院。余振去兰州大学不久,俄文系一个进步学生陈仙洲很快就同他接近起来。陈详细介绍了俄文系的一些情况:原来,兰大俄文系只有两位俄文老师,一位是系主任沐允中,另一位是李萃麟。学生有40多人,一半是好的,进步的或比较进步的;一半是坏的,思想比较落后的。其中有一个职业特务,叫贾水生。好学生都把陈仙洲当作领头人,坏学生都把贾水生奉为头头。陈仙洲等好学生常到余振家,贾水生等坏学生则常去李萃麟家。

提到李萃麟,这里特别需要倒叙一下:这个李萃麟非是旁人,正是余振三十年代初在北平大学法商学院读书时的同学。那时,余振只知道他叫李秉才,但并无多少交往。后来,余振到西北临时大学任教,他正在陕西工商学院当助教。他给余振写信说:也想到西北临大教书。那时,余振刚去西北临大,各方面的工作尚属草创阶段,再则,对李萃麟的情况也是一知半解,不便举荐,就婉言拒绝了他。后来,西北临大迁城固,先后改名西北联合大学和西北大学后,他又一次给余振来信,说他还希望来西北大学。这一次,余振答应了,开始为他的事到处说项奔波。不久,他便来到西北大学。

余振本来对他抱有很大希望,希望同学二人共同把西北大学俄文系的工作搞好,另外再共同搞一些文学翻译之类的。但是,李来西北大学不久,余振很快发现:李没有自己想象的那么好。他不仅不对教学与翻译感兴趣,而且品质不佳,成天跑来跑去,来西北大学不多久,就结识了许多狐朋狗友。余振对他很失望,同时也看出:李萃麟不是那种坐下来专门搞学问的人,反而对官场与金钱倒比较热衷。因此,两人的关系日渐疏远。

李萃麟,吉林榆树县人。因为他长得脑袋小,眼睛大而突出,人送外号"蚂蚱"。他虽身为大学教授,却不喜欢看书,就凭早年在东北学会的那点俄文口语混饭吃,所以西北大学俄文系的学生对他的教学并不怎么满意。与他相反,余振从来西北大学后的第一天起,就刻苦学习,认真教学,还经常利用课余时间,搞点文学翻译,发表在当时的进步刊物上。因此,学生们很是喜欢他。这样,李萃麟不甘心坐冷板凳,就把余振视为眼中钉、肉中刺,进行恶意中伤。在1946年春那场学生运动中,李萃麟明显地站在校方一方,助纣为虐,摇旗呐喊。他不仅反对学生运动,而且还在暗中搞破坏。他对余振过去的一些情况比较了解,比如太原坐牢、南京请愿,等等,他就大造谣言。余振之所以被西大反动当局目为"城固的共产党头儿",李萃麟发挥了不少作用。西北大学学生运动失败后,余振、徐褐夫、季陶达、魏荒弩等进步教授被解聘,他高兴至极。不过,由此俄文组的教授也只剩下他一人。俄文系的学生被捕的被捕,开除的开除,每班只留下一两个学生。这充分说明,西北大学校方对他这条"哈巴狗"还是青眼相看的。因为,如果把学生们开除得一个不剩,他李萃麟还有饭可吃吗?可是他从心里对西北大学校方的这种恩惠并不十分满意。因为西北大学外文系还有一个英文组,系主任历来是搞英文的教授担任。他看到在西北大学,蹦跳得再欢,也没有什么"发展前途",当不上系主任,就于1947年离开西大到了兰州大学。因为兰大好歹有个俄文系,李萃麟来兰大后,为了培植和加强自己的羽翼,就把他在中学念书时的老师沐允中从上海调来。沐允中人品不错,学问也好,不久便被兰州大学任命为俄文系系主任,这使得李萃麟只有暗中含悲。真是"不是冤家不聚头",不久,徐褐夫来到兰大,紧跟着,余振也来了兰大。不过,徐褐夫与他冲突不大,徐不再教俄文,在中文系教中国文学史和考古学。余振还是教俄文。余振还没到校,李萃麟就放出许多闲话,说余振的俄文如何如何地不行,根本教不了课,简直是误人子弟。系主任沐允中知道他与余振共事多年,见他这样说,真担心余振来了后,真的教不了怎么办?为此很伤脑筋。但又想:余振既然是校方出面聘请的,即使真的教不了,也与自己无涉。

就在这年暑期,由于李萃麟从中挑拨,沐允中与徐褐夫在法院打起了官司。李有他的小算盘:沐、徐二人谁败了也好,两败俱伤更好。他可以从中得渔翁之利。校长辛树帜以为他同两方面都有交情，就托他出面调解。李萃麟哪里是在调解，分明是火上浇油。他一头挑着火罐子，一头挑着水罐子，既点火，又灭火，既灭火，又点火……结果，他越调解越没办法和解，反使沐、徐矛盾更加激烈。余振实在看不下去，就在一个晚上去了沐允中家，边闲聊，边说明原委利害，只用了 20 分钟时间，就使沐、徐二先生言归于好，撤销了在法院的案件。真相大白后，李萃麟在兰大师生面前彻底暴露了他的真面目，一直抬不起头。

却说余振刚调到兰州大学时正值暑假。后来，暑假结束，开学上课。前二节是余振的课，后两节是李萃麟的课。上课铃声一响，余振就迈着矫健的脚步走进了教室。这时同学们还乱吵乱叫，有的还在黑板上写字。他一声未吭，就挤到教台上开始擦黑板，有的同学还在他身边写，陈仙洲认识他，就在下面喊了一声"老师来了！"学生们东张西顾，找不见老师，都把他当成了来擦黑板的工友……

余振开始讲课。因为他从部分师生口中知道了李萃麟针对自己所散布的谣言，为了对他的谣言作一个有力的反击，他事先就对教授内容作了充分的准备。只见他不看课本，不带任何参考资料，口若悬河，不慌不忙，侃侃而谈，学生们都为他那循循善诱的讲课艺术听得着了迷。下课后，群情大哗，学生们聚在一起议论说："李萃麟说李先生教不了，什么也不是。看来，他是造谣。相反，李先生讲得很好，不知比他强多少倍。"有的学生还建议："自己不行，还说别人不行。罢他的课，咱们不用他教了。"下两节正好是李萃麟的课，学生们果然就罢了他的课，罢课，一直罢了好几个礼拜。

校长辛树帜知道李萃麟的水平虽不及余振，但毕竟在高等院校从事俄文教学多年，底子还是有的。他亲自出面威胁学生说："再不复课，就全班解散。"学生们这才上了李萃麟的课。这时，坏学生贾水生还是天天到他家,替他买菜,替他抱孩子。李萃麟还有一个好朋友,是东北老乡,姓薛,在兰州警官学校当教官,是个地地道道的职业特务。他与李萃麟臭味相投,打得火热,经常来他家,一来就是半天不走。

关于余振的课堂教学情况,后来他的高足——南开大学教授臧传真这样回忆说:

> 余振先生教书,备课十分认真。他的钻研精神十分惊人。比如,为了给同学们讲好"俄罗斯诗歌"这门课,他不惜耗费大量精力把诗歌的原文,精雕细刻地抄录一遍,其中包括《叶甫盖尼·奥涅金》。他的俄文字体绰约匀整,婉秀可爱。他讲课时,从不抬头看学生,他讲课的声音,抑扬顿挫,琅琅悦耳,使同学们的注意力一下子凝聚起来。课文讲解完毕后,他又把原文翻译一遍,他出口成章,即兴成诗。词句雅致清丽,情韵激越。他教书,一向是与自己的科研和读书结合在一起的。因此,他的课是很有深度和广度的。他讲的文学课,总是把自己的感情和作品中人物的感情交融在一起,那脉脉的思路,那淡淡的哀愁,令人终身难忘。余振先生还教语法课和阅读课,这些课均以明白易懂著称。他的学生都记的,跟他学习俄语,一年之后,就能看一般书刊。两年之后,就能自如地阅读文学作品。尤其是文学作品,大家都有深刻的理解。不仅对语言结构,并且对作品的风格,均能体会深透。这也是余振先生引以为自诩的地方。

1949年暑假,人民解放军的先头部队进入兰州附近地区,甘肃马步芳当局极为震恐。虽然明知失败的局势已定,但仍要孤注一掷,做垂死挣扎。他指使手下的军警、特务,开始大肆搜捕中共地下党员及民主爱国人士。一时间,兰城古城,刀声霍霍,血雨腥风。也就在这时,兰州大学学生陈仙洲、龙家瑞突然被捕。陈、龙被捕的第二天天刚亮,俄文系学生徐肇辛就急匆匆地来找余振,手中拿着一个信封。他说:"李先生,这是刚从老师您门口捡的。"余振接过来,沉甸甸的,拆开一看,原来是一封匿名恐吓信,上书六个字:"小心你的脑袋!"信封内还装有两粒黄澄澄的子弹。徐肇辛见老师脸色严峻,便说:"狗急了跳墙。兰州局势岌岌可危。值此大厦将倾之际,马步芳当局什么坏事都有可能干出来,我和同学们已经在乡下为您找了个避身之所,请先生跟我们一块去,以免遭他们的毒手。"余振略作沉吟,说:"我老婆孩子一大堆,我走了,他们怎么办?"徐说:"这个我们早考虑好了,请他们也跟您一块走。"余振说:"这样太牵连你们了。是捕是杀,我听天由命。你们快走吧。"徐肇辛见老师主意已定,只好含泪说:"老师,珍重!"依依惜别。

没几天,人民解放军直逼兰州,炮声听见很近。这时,那个李萃麟,自从开学以来也没有来过余振家,现在却每天早上来看望,看他在昨天夜里有没有被特务捕去。一进门,见余振还在,好好的,就非常失望。坐下来,也没有什么话好说,只是嘿嘿带笑地问:"你怕不怕?你怕不怕?"余振不冷不热地回敬:"是福不是祸,是祸躲不过。身在阎罗殿,还怕小鬼捉。"李萃麟一连几天,天天早上来观察动静。余振知道,他已经通过贾水生和姓薛的特务,向反动当局报告过多次,就等那些杀人不眨眼的刽子手来,将自己捕去杀掉,以解他的心头之恨。余振怀疑:那封恐吓信,就是姓薛的特务所为。

幸亏人民解放军来得挺快,兰州只包围了一个礼拜,马步芳反动当局就在解放军的强大攻势下土崩瓦解。8月28日夜,兰州解放。次日天刚亮,徐褐夫来找余振,一见面,两个正直的知识分子紧紧搂抱在一起,抱头痛哭。徐说:"真没想到,我们还能看到解放。"余振说:"我们终于熬出来了!终于看到了曙光!"猛然,他挣脱徐褐夫,搬了把椅子站了上去,将挂在墙壁上的蒋介石的标准像一把扯了下来,"嚓!嚓!嚓!"撕了个粉碎,说:"我再也用不着他来保护了!"相反地,李萃麟呢,再也没来过。不久,甘肃省委宣传部长赵守攻(山西原平人)告诉余振,说他看到了马步芳留下的一本"赤色分子"名册,上面就有余振与徐褐夫的名字,名字上有的画圈圈儿,有的画点点儿。这说明,如果兰州解放得慢一点,余、徐二位也要遭殃。

兰州解放后,军管会就派军代表辛安亭(山西离石人)等人进驻兰州大学。在他们的领导下,兰州大学开始选举"学习委员会",余振当选委员。没多久,他又参加了"兰州人民代表会议"。兰大校务委员会、兰州中苏友好协会成立时,余振分别当选为委员、副总干事。余振即搬到兰州中苏友好协会去住,负责日常工作。

回头再说陈仙洲,他被捕不久,就被马步芳手下的特务活活地用刺刀捅死,然后装进麻袋扔进了黄河。1949 年 10 月 16 日为纪念解放前夕被国民党特务杀害的陈仙洲等 7 位地下党员及进步学生,学校举行"兰州大学死难烈士追悼大会",全校师生及来宾 1000 余人参加了大会。1950 年镇反时,贾水生被人民政府逮捕。他承认:陈仙洲是他陷害的,也向反动当局报告过余振多次。对他执行死刑时,余振的学生、兰州人大代表刘让言亲自去监刑。

1949 年 10 月 31 日,兰州大学召开建国后第一次校务委员会议,与会者有辛安亭、李毓珍、徐褐夫、陆润林、骆秀峰等。从此,余振走上建设新中国的道路。

十一　在清华大学

　　1949 年 10 月，甘肃省委宣传部收到中共中央组织部的一份电报，要调余振到北京工作。省委宣传部负责人因为兰州刚刚解放，百废待兴，亟需像余振这样勤勉能干的同志，来搞兰州的文化宣传工作，回电说："工作离不开。"这年年底，中央组织部第二次来电要余振进京，省委宣传部负责人又未与余振商谈，擅作主张回电说："本人不愿去。"1950 年初，中央组织部第三次来电，甘肃省委宣传部知道顶是顶不住了，只好来找余振以实情相告。余振闻讯，心情十分高兴，他自然愿意到祖国的政治经济文化中心首都生活工作。说到这里，读者也许会纳闷，甘肃省委宣传部的负责人为何这般大胆，敢隐瞒中共中央组织部的命令？原来，这个省委宣传部负责人并非旁人，正是余振刚结交不久的密友兼同乡赵守攻。

　　赵守攻，1912 年生于山西省崞县北三泉村，17 岁考入太原进山中学，1934 年夏被北平大学和燕京大学同时录取，他先入燕京大学，觉得富家子弟多，读书风气不正，后改入北平大学。1935 年加入中国共产党。1937 年"七七芦沟桥"事变后，经中共北方局介绍，入延安党校学习，1940 年任中共北方局宣传部干部教育科长。1947 年初，调中共中央晋绥分局。1949 年 8 月，他随解放军进入解放后的兰州，任军管会委员、甘肃省委文教委员会主任、兰州中苏友好协会会长、甘肃省委宣传部部长。赵一来兰州,就与余振相识并相知,俩人既是崞县同乡,又是北平大学的前后同学,且都十分喜爱文艺与围棋。正因为关系非同一般,所以,赵才将中共中央组织部的调令,擅自处置。他主要的意思也就是不想让余振走,好与他共同工作,长相厮守。据余振讲:因为赵不想让他去北京,为此,还扣了他的一副日本围棋。当赵拿着中央组织部的调令来商量此事时,余振当然想去北京工作,赵见余振执意要走,只得给他开了一份证明身份的通行证:

　　兹有本会副总干事李毓珍同志奉调前往北京文化部工作,并有眷属女三人男二人偕行,随身携带书箱行李九件,特与护照证明,敬希沿途军警公安负责同志核验放行为荷。

兰州中苏友好协会筹委会
1950 年 3 月 3 日

　　当时,兰州开往北京的飞机不定时,也许两三天来一次,也许半月十天来一次。余振每天一早,就起床打包好行李,挈妇将雏去兰州机场等候,可等到傍晚也没有看见飞机的影子,他只好回家将打包好的行李再解拆开。一连几天,天天如此。他实在等得不耐烦了,就决定搭乘汽车先去西安,再到北京。余振一路旅途劳顿,于 3 月中旬到京后,就去中共中央、国务院所在地中南海,去找中央组织部联系工作事宜,组织部负责人听了他的介绍后,就让他去找毛泽东的俄文秘书师哲,当时师哲正负责全国的俄文工作。次日早晨,余振去找师哲时,师哲刚起床,正在里屋刷牙。余振在外屋的沙发上刚坐下,就听见他在里屋自言自语地说:“怎么调了他几次都没来。”不一会,师哲走出来,脸上有点不悦,问:“你怎么才来?”余振忙将事情的前因后果解释了一遍。早在余振到京之前,他就在兰州收到过两份私人电报:一份是中共中央翻译局沈志远的,一份是中央文化部编译局曹靖华的。他以为沈、曹二人的电报跟中央组织部的是一回事。师哲听完他的陈述,声色俱厉地问:"中央大还是沈志远、曹靖华大? 你的工作安排,要等中央最后决定!"余振见他对自己态度冷厉,有点窝火,就跟他顶撞起来,说:"这不能比,没有可比性。"师哲气得走出了屋子。这时,师妻刚起床,听见丈夫跟客人争吵,赶忙走出里屋劝茶劝烟打圆场。不多一会,师哲的火气消下去一些,踅回来,一进门就说:"李先生,请别见怪,刚才我发了点小脾气。"就同他客客气气地交谈起来,临别时,师哲还送出老远。事后,余振才知道:中央组织部这次调他进京工作,还以为他是党员,所以,师哲对他的要求挺严格。余振虽然早在 20 年代于崞县中学读书时就入了党,但他在 30 年代北平大学毕业后就同党失去了联系。尽管如此,作为一个正直的知识分子,为了祖国人民的解放事业,他还是奉献了大量的精力与心血。

按照师哲的指示,余振去找中共中央马、恩、列、斯编译局负责人张学畴。张在安排他的工作时,余振毛遂自荐说:"我虽然对俄文比较精通,但最有感情的要算俄苏文学,我教了十几年的书,是个教书匠出身,还希望再登讲坛,培花育人。"张问:"你想去哪所大学?"他说:"我的好朋友魏荒弩在北方交通大学工作,就去那里吧。"张答应了。余振到交大仅仅干了三个月,就由西北大学老同事、法文教授盛澄华介绍,调到了清华大学俄文系。余振离开交大的原因挺简单,晚年的他回忆说:"交大教材都是讲些火车、汽车、铁路、公路之类的东西,而我特别喜欢的只有俄苏诗歌。交大的同事们见我刚来交大几个月就调到清华大学,都说是'人往高处走,水往低处流,水浅养不住大龙'。"

余振在交大任职期间,有一天,他去北海公园游览,在公园门口,与老友杜任之不期而遇。两人兴奋至极,并肩走进北海公园,找了个茶座,叙谈起来。余振先简单地把到兰大的情况谈了谈,然后又详细地讲述了在中南海与师哲发生误会的事。杜任之这时正担任中国民盟总部宣传委员、民盟北京市支部宣传部长,他认为:不该计较领导同志谈话的态度,这样一来,恐怕要影响组织问题的解决。又说:"今后应当争取早日恢复党籍或重新入党。"杜的这一席话,使余振端正了对待组织问题的态度。

1950 年 6 月,余振调到清华大学外语系,该系以英文为主,俄、法、德、日为第二外语,余振即在俄文组任教。不久,由京调晋任山西省人民政府委员、省财政经济委员会秘书长的杜任之和时任山西省民盟主任委员的王文光分别从太原给余振来信,要他参加清华大学民盟组织的各种活动。这样,在两位好友的鼓励下,余振不仅参加了清华大学民盟组织,亦参加了北京市民盟组织。1950 年 11 月 12 日,北京民盟支部盟员在《人民日报》联名发表了一个"抗美援朝保家卫国的宣言",余振亦与其中。除他外,尚有社会知名人士吴晗、潘光旦、余冠英、季镇淮、柳亚子、史良、周建人、沙千里、邓初民、沈志远、罗隆基、张伯驹、马叙伦等。余振在清华大学初期的生活,可以用"两点一线"来概括,即从家中到学校,从学校到家中。系里也很少开会,他除了认真教学外,就是利用课余时间节假日,埋头翻译苏联作家多勃罗沃尔斯基的长篇小说《三个穿灰大衣的人》。这部小说通过对复员大学生维克多的描写刻画,反映了战后苏联大学生的生活。

1952 年 1 月,"三反"、思想改造运动相继开始,这才把余振从书斋中拉出来。清华大学外文系主要负责运动的是德文助教严宝瑜和学生中的高望之,系里只有他两个是党员。严、高二人早就从报纸上知道了余振是北京市民盟和清华大学民盟委员。二人商量后,就决定请他来领导清华大学文法各系民盟小组的工作。这项工作比较难搞,因为余振所领导的这个小组不同于别的小组,清华全校批判的重点对象潘光旦、费孝通、吴景超都在这个小组。众所周知,此三人在我国的文化教育界、学术界,均成就显著,声名显赫。为了把小组会开好,余振常常与党员们商量到深夜,即使如此,工作的效果也难如人意。费孝通、吴景超在他们的帮助教育下,倒是肯实事求是地讲自己的问题,潘光旦则不然。

潘光旦(1899—1967),字仲昂,江苏宝山人。1922 年清华大学毕业后留学美国,归国后,历任吴淞、东吴、光华、大厦、暨南、复旦、沪江、清华等校教授。1927 年参与筹设新月书店。1941 年参加中国民主同盟。他生性洒脱,你批他,他嬉皮笑脸地跟你讲笑话,他说:解放前,我同几个朋友坐在一起打牌。有个朋友对我说,说我肯定输,我说:"那不一定,为什么?"他说:"你名字不好,光旦,光旦,穷光旦,什么也抓不住。"我说:"我的名字不好,姓却好,三番,我连赢你们三番。"逗得在场的人哈哈大笑。光旦的"尾巴"虽然不好抓,总算把他的问题搞完了。余振去找上级领导请求辞职,说:"带长字的事我不干了,也干不了,我不是干领导的材料,请你们另选高明。"在他的一再请求下,上级领导决定小组长一职由周一良来接任。

在外文系,李绍鹏也是个重点批判对象。他虽然是余振在北平大学念书时的老师,西北大学任教时的介绍人,但余振对他过去的历史并不了解,比如在苏联的情形,以及抗战胜利后的表现……总之,他的历史问题很复杂。尽管如此,余振也不能过分庇护他,但也不能太不讲情面。余振和同志们就采取委婉的方式来对他进行批判教育。事后,李老先生对他这种和风细语式做法挺感激。

在这次运动中,余振虽然不是被批判的对象,甚至还是批判别人的人。但在搞通别人思想、问题的同时,他自己的思想觉悟确实提高了不少。第一,解决了原先思想中存在的业务与政治相矛盾的问题。第二,他深深认识到一味地躲在书斋中著书立说是不对的，只有到实际斗争中去锻炼，才会有所作为。清华大学领导认为他这两点收获对大家可能有点参考价值，就决定在全校大会上让他做一次典型报告。会后，大家反应还不坏。不久，余振就向严宝瑜提出入党申请，他知道自己已经脱党20年，不敢奢望也不敢要求什么恢复党籍，只是要求重新入党。严宝瑜对他的申请，给予了肯定和鼓励，随即去找清华大学校党委书记何东昌。何听了他的汇报后，经过慎重考虑，让严转告余振："你曾经是党员，脱过党，要求重新入党，应当比别人更严格些。还应当在实际斗争中，继续抓紧好好改造。"严临走时又说："你先别太心急，再考验考验。"

当时，北京有一所马恩列斯学院。学院负责人杨献珍曾在山西工作多年，他知道余振对俄文素有研究，就请在学院工作的张鱼来请他，张乃余振的学生，两人感情挺不错。张说："在马恩列斯学院工作的一些外国专家讲课时，经常涉及一些还没译成中文的列宁著作。我们人手少，希望先生能过去帮忙。"余振听完张鱼的来意，脑海中顿时闪现出二十年前老友李兴唐讲的那句话："俄文将来也是有用的。"他慨然应允。自此，余振在清华大学工作的同时，每周去马恩列斯学院一天，为他们翻译列宁、斯大林的著作，以供学员们参考。这个工作一直兼任了两年，同事有艾思奇、陈昌浩等。

1952年夏的一天，余振从书店买书回到家中，妻子兰亭告诉他："刚才王之相先生来过，看样子挺着急，不知道有什么事。"余振闻言，顾不的吃饭，转身就朝王老师留下的地址奔去。王之相是余振北平大学念书时的老师。余振来北京工作后，一来不知王先生的确切住址，二来呢，工作实在太忙。现在听说王先生屈尊降级先来探望，心中甚感歉疚。等到一见面，余振才知道：王先生供职的中苏友好协会办了一个俄文夜校。因师资较缺，特请他帮忙，余振答应了。临别时，王老先生紧紧拉住他的手,说:"在我所有的学生中,你的成就最高。还是那句话:有状元学生,无状元老师。你虽然在文学翻译和教学上取得了一定的成就,但仍需百尺竿头,更上层楼。"

俄文夜校校址就在著名的五四运动的发祥地——北京大学红楼。余振第一晚去夜校,因为是接的别人的课,事先一点准备都没有。他拿起教材一看,原来是《中苏友好同盟条约》。匆匆浏览一遍,没有不认识的字。讲完这个,学生们看他态度谦和,纷纷拿出随身带着的俄文书报请他讲解。余振拿起什么讲什么,旁征博引,举一反三。学生反响很好。

这时,北京大学俄文系的学生晚上无事时,也来旁听他的讲课,都认为讲得不错。不久,北大学生岳风麟、巴铁梅代表北大外语系来找余振,说:"我们想请李先生去北大任教。"他说:"当初我刚来北京就想去北大,可你们的负责人曹靖华说,俄文系中国先生够了,缺的是洋先生。我是受到拒绝才到清华的。北大,我不好去。"岳、巴一回去,就联系了俄文系不少学生去找曹靖华,一致要求调余振来北大。曹难违众愿,不好意思亲自来找余振,说:"调余振来北大,我本人没意见,我再跟别的教授研究一下。"就这样,余振在北大兼了一年的课。

十二 在北京大学

1950 年至 1960 年初,中苏关系正处于蜜月时期,引进苏联文学成了"浩荡的洪流"。据统计,1949 年到 1985 年我国翻译俄苏作家的作品超过 5000 部,其中多数是五六十年代翻译过来的。这个时候正好是曹靖华先生创建北京大学俄文系的时期。过去的北大俄文系长期停办,1951 年才恢复系级建制,所以这次算是复办,但并不是简单的恢复,而是全新的语言与文学并重,复办后的俄文系全称为 "俄罗斯语言文学系",属全国第一次尝试,其他院校都只称"俄语系"。当时,与其他院校不同,北大俄文系负有文学翻译的任务。建系方针既定,第一条就是筹组一流的师资队伍。凭曹先生识人的眼力和经验,加上作为名翻译家的个人魅力,此事很快奏效。学界一些旧交新友迅即投奔其麾下,形成一支以六大教授(曹靖华、余振、魏荒弩、田宝齐、王岷源、龚人放)为基干的教师队伍,分别在文学史、文学名著选读、翻译、语法和俄语实践课担纲讲授。在此过程中,发生了不少有趣的故事。据作家郭锡诚回忆:

> 50 年代初刚解放,俄文人才奇缺,尤欠高水准者。翻译家余振很快被发现,即刻奉调从西北入北京。他手执中央人民政府人事部的调令,本应该到中央编译局报到的。不巧的是他已先两天答应了曹老,因此只好去该局说明原委。当时,局长师

哲听了不悦,问他:"是中央大,还是北京大学大?"李答:"这不能比,当然是中央大。我不过是已经答应了他们,不便更动。"遂前来北大担任副系主任,成为曹先生的副手。同样,诗人兼翻译家魏荒弩先生也是谢绝了北平铁道管理学院(北方交大前身)的领导职务而来北大的。当年院方命他筹组新系而去延聘曹先生,反被曹说动而转来北大,就任俄罗斯文学教研室主任。此外,还有俄语语言教研室主任田宝齐教授、龚人放教授。

这里需要说明的一点是,郭说与余振本人的自述差距甚大。(见山西省《原平文史资料》1994 年 12 月总第四辑,李毓珍著《我的自传》。)

1952 年秋,中央人民政府在三反、思想运动的基础上,开始对全国原有的高等学校院系进行全面调整,包括院系合并、院校增设、专业调整等,并由中央统一调配师资、校舍、设备等。1952 年 9 月 24 日,《人民日报》刊发了《全国高等院系调整基本完成》的消息,称:"这次院系调整工作, 是有计划有步骤地改革旧的教育制度……是新中国教育史上具有革命意义的大事。"自此,清华文学院连同其他文科院系一起,风流云散,飘落各处。余振则有幸正式从清华大学调到北京大学俄罗斯语言文学系,居于北京大学燕南园 61 号。燕南园占地 48 亩,按照当时所有中外教室住宅的编号顺序,燕南园的住宅被定为 51 号到 66 号,燕南园的建筑以"洋式"为主,多为两层小楼,附带一个小花园。室内装饰具有典型的西洋风格:铺设木地板,楼梯设在屋内,屋里有供冬天采暖的壁炉,上下两层楼各有独立的卫生间。燕南园乃北大名师荟萃之地,当时北大流传着这么一句话:"知名学者不一定住燕南园, 住燕南园的一定是知名学者。"由此可知当时余振在中国教育界的学术地位。

北京大学俄文系主任曹靖华,1897 年生于河南卢氏县, 原名曹联亚，笔名亚舟，鲁迅又称其古安华。1920年留学于苏联莫斯科东方大学，1922年归国。1927年8月，他再赴苏联，先后在莫斯科中山大学、列宁格勒东方语言学院、列宁格勒国立大学任教。在此期间，他应鲁迅先生之约，开始翻译苏联进步作家绥拉菲摩维支的长篇小说《铁流》。这是一部反映苏联卫国战争的小说。《铁流》中译本经鲁迅自筹经费出饭后，在黑暗的旧中国引起了强烈反响。1933年秋，他再次归国，执教于西安西北临时大学、西北联大、西北大学。30年代后期，余振在上述三校任职，即与曹相识，缔结了友谊。

余振来北京大学不久，曹靖华让他担任了俄文系教研室主任一职。由于俄文系刚刚建立，百事待举。一时间，什么是系里的工作，什么是教研室的工作，很难划分。加之曹靖华住在城内，名气大，社会活动多，不常来学校。这样，余振实际上就成了俄文系的主要负责人。他既教学，又开会，又处理日常琐事，一天到晚忙个不亦乐乎。后来，他向曹靖华建议：把外系俄文分出去，另成立一个大学俄文教研室。曹靖华看他累得确实够呛，脸都累瘦了，就同意了。这样，虽比先前好一点，但仍够忙乱的。1953年，他又向学校建议，把俄文系教研室分为俄罗斯文学教研室和俄罗斯语言教研室两个，学校接受了他的建议，任命他为俄罗斯文学教研室主任。但三个教研室分开后，各司其职，各管其事，系里的事又没人管。曹靖华没办法，只好再次找余振，要他兼任俄文系副主任。鉴于前一段时期的忙乱，余振婉言谢绝了。曹靖华心想：李毓珍呀李毓珍，你想偷懒，没门。你不给我面子，我自有办法对付你。他去找马寅初校长，请马校长出面恭请余振。马校长的面子总不能不给吧。这一招果然灵妙，马校长亲自来找余振，他果然没办法拒绝，只好答应下来。这样，他又恢复了过去一样的忙乱。因为行政工作占去的时间太多，他不但没功夫搞自己喜欢的业余文学翻译，甚至连担任的课也教不好。他深感苦恼,就去找北京大学副校长江隆基,请辞俄文系副主任一职。江副校长听完他的诉苦,也没答应,要他勉为其难。后来,他虽多次向曹靖华发牢骚,也均无结果。不过,牢骚归牢骚,工作归工作,余振还是以极大的热情全身心投入到工作中去。

1956 年 6 月 16 日,国务院全体会议第 32 次会议通过了《关于工资改革的决定》,由此奠定了中国此后长达 30 年之久的劳动工资制度的基础,并使"级别"一词成为中国除农民外各类社会人群政治经济生活排序的重要标准。根据此决定,当时全国各高等院校将教授分为三级:一级教授月工资 345 元,二级教授月工资 280 元,三级教授月工资 240元。在当时,这份月工资收入亦算一个不菲的数目。在那时,一个普通工人的月工资也就是三四十元。

有一分耕耘,就有一分收获。北京大学鉴于余振在教学、领导工作中取得的突出成绩,1956 年 9 月,高教部调整工资时,特聘任他为二级教授。在北京大学与他并列二级教授的有侯仁之、杨晦、吴组缃、高名凯、金克木、闻家驷、周一良、邓广铭……

另外他还在繁忙的工作之余,早起迟睡,抽时间翻译出版了六七位俄苏作家的作品,并参加了中国作家协会。这年夏天,北京大学党组织让他去庐山休养,余振闻讯后,打电话给校长办公室,说:"系里还有许多事情没有做,我想利用暑假好好备备课,以免开学时手忙脚乱。"办公室的人回话说:"我们希望李先生还是出去休息一下吧,这个名额很难得到,是部长级待遇,我们学校只争取到两个名额。我们经过考虑,你跟段先生(数学系主任段复礼)自院系调整以来确实太辛劳了,应当出去休息。"不久余振就去了庐山。

庐山,又名匡庐,山中群峰林立,飞瀑流泉,林木葱笼,云海迷漫,素有"匡庐奇秀甲天下"之称。庐山的夏季凉爽宜人,是著名的避暑胜地。

白天,余振去浏览名胜古迹:小天池、大天池、白鹿洞、仙人洞、五老峰、香炉峰、文殊台……夜晚,他独对青灯,认真阅读随身带来的俄苏文学名著,以备将来教学、翻译之用。这年的五一节、国庆节,他两次登上天安门观礼台观礼,亲眼目睹了人民领袖毛泽东的丰采。他是北京大学党组织的重点培养对象。

当时,北京大学中文系的学生们成立了个北大诗社,诗社有时也会请余振给他们讲学,时任《北大诗刊》副主编马嘶(马守仪)回忆:"北大诗社出版油印的《北大诗刊》,开始为不定期的散页,由学生自己刻印,不大讲究装帧,后来改出 16 开本刊物,由誊写社承印,印刷精美,便于保存。《北大诗刊》团结了校内外广大诗歌作者和爱好者,在大学生中很有些影响,校内外都有些订户。诗社经常请一些著名的诗人、学者来讲学,那几年中,先后请了王瑶、何其芳、艾青、田间、谢冰心、贺敬之、李季、牛汉、光未然、冯雪峰、余振、白桦等人来讲学。这些活动一般都在大阶梯教室里进行,也有的是在小礼堂和大饭厅里举行,由校领导来主持的。"

郭锡诚说:"我的几位俄文启蒙老师都是名家,是我国俄语和俄国文学界的老前辈,如刘泽荣先生、曹靖华先生和余振(李毓珍)先生。那时我们不仅没有收音机、录音机、复读机,等等,就连俄汉字典也没有。实在不懂了,就去查一本日本人八杉真利编的《露和词典》(即俄日词典),通过日本的通用汉字去猜测词义。"

1957 年 4 月,中共中央决定在全党进行一次反对官僚主义、宗派主义和主观主义的整风运动。谢天谢地,余振满以为党员们忙于整风,没工夫开系里的会,这下可以松口气,静下心来搞教学和文学翻译了。岂料事与愿违,此次整风不单要在党内进行,而且一般群众也要进行整风。

4月25日,北大党委召开干部会议,学习毛泽东于同年2月在最高国务会议上作的《关于正确处理人民内部矛盾的问题》的报告。参加会议的有党委委员、各行政部门的党员负责干部,并邀请校务委员、系主任,民主党派、工会、学生会负责人等150人参加。会议的主要任务就是要大家本着"知无不言,言无不尽;言者无罪,闻者足戒"的精神,揭露学校中存在的"三害"(主观主义、宗派主义、官僚主义)问题。

北京大学是五四运动发祥地,民主风气素来浓烈。1957年5月19日下午5点左右,在大饭厅东门右侧贴出了历史系三年级学生许南亭的第一张大字报,无标题,内容是:"全国开团代会,清华有代表,北大有没有? 是谁? 谁选的?"另有一张新贴的大字报,火药味更浓,标题为《自由论坛》,提出了"取消党委负责制,成立校务委员会,实行民主办校","取消秘密档案制度,实行人事档案公开","取消政治课必修制,改为政治课选修","取消留学生内部选派制度, 实行考试选拔制度","开辟自由论坛,确保言论、集会、出版、结社、游行示威的自由"等五项主张,这一下可炸了锅。因为是开饭时间,同学们里三层外三层地围观,不少人是端着饭碗边吃边看。

不久,北京大学党委召开扩大会议,布置安排整风工作。会后,分设了好几个小组。俄语系与东方语言系的部分教师合成一个小组。到小组开会那天,余振提前吃午饭,打算吃了饭先进城到东安市场逛逛旧书摊再去开会。没想到刚刚拿起筷子,俄文系另一位副主任尹企卓就来到家中,要等他吃了饭一块去开小组会,真是想躲也躲不脱。

尹企卓,辽宁锦县石山镇人,1919年生。他出身贫寒,早在1939年延安时期就加入了中国共产党。1942年春到1945年底,他一直在延安外国语学校攻读俄语。全国解放时,他供职于哈尔滨外专干部处。1952年,他主动要求去北京师范大学进修教育学。此后不久,即调任北京大学俄文系副主任,是俄文系为数不多的党员之一。他虽与余振同为俄文系副主任,但他的权力有时比曹靖华还大。因为在那个"党领导一切"的年代,他这个党员干部,就仿佛是北大俄文系党的化身。系主任曹靖华在工作中,处处倚重余振,他难免醋意暗生。他这次来找余振,就别有心机。

在以前的几次小组会议上,余振总是一言不发,这一次,他依然故我。尹企卓对他说:"同志们已经讲了很多,你也讲几句吧。"他说:"我没意见,没什么好讲的。"尹说:"你好歹是个副系主任,是个领导,哪里能没有一点想法,讲几句吧。"余振见他一再催促,心想:提就提,共产党不是提倡民主嘛。他站起来,清清嗓音,一共提了两点:"第一,我性格内向,不善于交际,请求上级领导免去我副系主任的职务;第二,系里的年青党员同志对老年教师尊重不够,态度生硬,使老同志感受不到一点温暖。"(据有关资料显示,当时东语系教授季羡林也在场。会后,他对人说:"李毓珍讲得好,也是我的心里话。李毓珍把肚子里的意见都说出来好。"——《季羡林研究资料》。)

古人说:"沉默是金""祸从口出",有的人就怕你不讲话,一讲话就有把柄可抓。尹企卓闻言,知道余振讲话的矛头是针对自己的,便站起来首先发难,他说:"余振同志一再要求辞职,是嫌有职无权,是向党要权,要挟党。第二,余振同志说年青党员对老年教师尊重不够,是突出宣扬资产阶级的温情主义,调和阶级斗争。"余振不甘示弱,又站起来据理反驳:"我提出辞职,主要是自己能力有限,并不是向党要挟。众所周知,咱们的系主任曹靖华什么事都不管,把系里的事全推给我,我本来是有职有权的。但是,我权也不要,职也不要,只想把课教好,有点剩余时间在家中搞点文学翻译之类。第二,尊老爱幼、尊敬老人自古是中华民族的传统美德,我请年青党员同志尊重老年教师,我觉得并不为过。"尹企卓又说:"余振同志,你讲得好象头头是道,句句有理,其实不然。你说你提出辞职不是要挟党,但骨子里反党。第二,党正在搞整风运动,你提倡尊老爱幼,这就是提倡'温情主义',妄图以个人感情来混淆是非。"余振还想辩驳,尹企卓粗暴地将他制止了。紧跟着,追随尹企卓的几条"尾巴"也先后站起来发难,余振身单势孤,百口莫辩。不久,他就被打成了"右派"。又因系里有一些人支持他,为他鸣不平,尹企卓们又说他是系里的"右派头头"。以后,系里就召开批判会,揭发他的各种问题。除了上述的已定性的两条外,他们又罗列了十几条罪状。第一条,余振出生于地主家庭,从小接受的是一整套资产阶级的教育方式,近朱者赤,近墨者黑。第二条,余振别有用心地咒骂"郭沫若无耻"。是对党的文艺界领导人的恶毒攻击。第三条,余振是一个反党反社会主义"反革命分子"。证据是他的学生牛汉是"胡风反革命集团"的主要成员之一,有其师必有其徒。另外,反动作家胡风曾经在谈话和文章中称颂余振的的译文是如何如何的优美。受到反动文艺理论权威的吹捧与欣赏,也一定不是什么好文章、好人。第四条,解放前,余振在西北大学教书时曾参加国民党中央训练团,加入过国民党,是隐蔽在革命队伍中的"特务"⋯⋯

最使余振痛心疾首的是,就连多年好友魏荒弩也加入了批判自己的行列。余与魏自40年代在西北大学相识并相交后,积极支持进步学生运动,并在斗争中结下了深厚友谊。在长达十几年的时间里,两人相濡以沫,关系一直挺好。

1989年冬,余振先生曾就他被打成"右派分子"一事对笔者讲过他的一面之词。2005年年底,魏荒弩给我寄来他的回忆录《府藏胡同纪事》,笔者才对余魏交恶之事的来龙去脉有了一个大致了解。原来,早在1955年反胡风运动一开始,魏荒弩就首当其冲,成为北大俄文系的第一个被批判对象。他的回忆说:

每当早晨六时，无远弗及的高音喇叭就轰鸣起来，有时那种声音真叫人惊心动魄，格外瘆人。有揭发的，有批判的，有声讨的。虽然不指名道姓，却也能对号入座；最刺耳的、也是最精彩的，是一位老诗人的政治讽刺诗，其言语之犀利，可以直逼马雅可夫斯基，那真是慷慨激昂，字字千钧，箭无虚发，箭箭中的，形势跟得最紧。运动过后，此人不久便入了党。在那个年代，这都是题中应有之义，我为他老人家立场转变之快表示祝贺。对我的逼供信，仍在俄文楼的一间小教室里进行着。对我与胡风的关系，已经无多少话可说了。于是转而来批判我的资历。我确实无有什么辉煌的学历与文凭，而这也成了我的一大罪状。我深知自己"不学无术"容或会"误人子弟"，但我服膺"勤能补拙"的真理。从国外名牌大学镀金回来，自然不乏饱学之士，但业务一般者也不在少数，要么，让他开的课他开不了，要么，他要开的课学生们不愿去听。如今面对拥有名牌大学学历的斗士们的挖苦讥讽，我自愧弗如，呜呼，复何言哉！复何言哉！

　　运动仍在进行。我已蛛丝马迹地知道，已经揪出了两个"胡风分子"。一个是东语系的刘××；一个是中文系的进修教师顾牧丁，还有一个便是我，而我还未公开点名，似乎还在可划与不划之间，划与不划据说全在我的"表现"了。奇怪的是，主持斗争会的不是什么党的领导干部，而是翦伯赞先生等两位系主任。他们是做学问的行家里手，主持这样的会，他们怕还是破题儿第一遭，虽也都疾言厉色，慷慨激昂，但终觉得倒像是两个相声演员。高高的讲台下，左边低头站着东语刘××，右边低头站着中文系顾牧丁。我则尚"混迹"于台下俄语系群众的队列之中。开会之前就有个别党员悄悄动员我,让我上台揭发他们,"立功赎罪"。我坚决表示,该交代的都交代了,已经再没有什么可说了。因为我坚持不上台表态,就动员与我关系密切的副系主任李××上台发言,不指名地要与我划清界限,自然也是慷慨激昂,激动得上气不接下气。如此这般,大会过后,我随即也被定性划为"胡风分子"了。经过一个多月的"隔离审查",本来我就得了高血压症,每日昏昏沉沉、晕头胀脑、浑身无力,睡眠也不好……

当了一年"胡风分子",得了高血压症,狂热的头脑虽然冷静下来,但仍然不懂"政治"。及至整风反右,遂下决心三缄其口,专心在家养病,不出家门一步,绝对服膺"只要不开口,神仙难下手"的血的教训。总支书记、工会正副主席先后三次"动员"都被我顶住了。但当权者心犹未甘,为了完成预定"计划",于是一计不成,又生二计:遂派我当年好友(后来也未幸免)来好言相劝,我终因道行不深,一时犯傻,这第四"口"未能缄得住,终于被推入预设的陷阱之中,从此全家过上了长达二十四年的贱民生活,几致家破人亡。

魏先生在文中提到的"我当年好友"和"李××"即指余振。

关于这段历史陈账,余振先生在 1989 年也曾向笔者提及:

1955 年反胡风运动中,俄文系的魏荒弩首当其冲。从上世纪 30 年代末开始,我与魏的关系就一直不错,在西北大学,我俩都是坚定地站在进步师生一边的。反胡风运动中,我们共同的学生牛汉成了"胡风分子",有的人就以此为借口,对魏兴师问罪。我心里很清楚:魏荒弩是个好人,在历史上并没有什么重大问题,与胡风本人也没有什么关系。但是,上级领导几次三番地要我检举揭发魏,我实在拗不过,只好在批魏大会上,敷衍了事地说:"魏荒弩不是大学学历,他之所以能进西北大学,主要是由一个牧师引荐的。"也就是因为我的这句话和别的原因,魏先生被打成了"胡风分子"。我对魏先生是心存愧疚的。一年后,魏先生的问题平了反。我与他和好如初,对他无话不谈,岂知魏先生已对我记恨在心,将我说的一些不合时宜的话,偷偷记录在一个小本子上。待到反右派运动发生,魏先生将它端了出来,时间、人物、地点,一应俱全。证死了。

说到此处,余先生又总结性地对我说:"你最好的朋友,也就是你最危险的敌人。反胡风运动中,我端了魏先生一脚。反右派运动中,魏先生回端了我一脚。这就叫冤冤相报。不过,知己毕竟是知己,我和魏先生的关系太深了。粉碎"四人帮"后,我与魏前嫌尽释,我每次去北京开会,就住在魏先生家中。他最近写了篇文章叫《余振二三事》,就发表在广州《随笔》刊物上。

他又说:"我之所以成为右派,与魏的检举揭发有一定关系,更主要的是俄文系另一位副主任尹企卓对我的打击迫害。我的一生当中,就是东北人和我过不去,李萃麟是东北人,尹企卓也是东北人。针对在大会上尹企卓等辈强加于我的污蔑不实之词,我也一一作辩论和解释。我说,'我的家庭出身虽然是地主,但家庭出身谁也无权选择。据我所知,我们党的不少高级领导人就出身于地主、资本家、大商人家庭,但他们照样相信革命,走向革命。我作为一个小小的普通教师,自然不敢与这些伟人相提并论,但我自认为自己从来没有干过有损于革命的事情。我的父亲虽说是晚清秀才,但他也从事过反清斗争,为进步势力出过力。第二条,有人说我骂郭沫若'无耻',这不是我讲的。事情的原委是这样:有一个俄文系的学生去我家谈论现代文学。他自恃才高,目空一切,说郭沫若加茅盾乘以2,也不及鲁迅的一半。他又说:'郭沫若在解放后尽写些舔屁股的奴才诗词,奴才文章,水平不及一个中学生,真是无耻之极!'第二天,我跟同事们谈了这件事,还发表感慨说,这个学生未免太狂妄了!你们怎么可以张冠李戴呢?第三条,我为什么要反党反社会主义,要反,总有个目的。难道我还想恢复旧社会,还想让国民党迫害我、殴打我、逮捕我、解聘我?至于说牛汉,他虽然是我的学生,同我关系不错,但是,他是他的问题,我是我的问题,怎么能像封建年代那样株连九族。再说,关于我与牛汉的问题,早就在反胡风运动中讲得一清二楚了。第四条,我在重庆参加国民党,请问:在国民党的家门口我还有别的路可以走吗?说白了,参加也得参加,不参加也得参加,不参加很可能自取祸殃。这样做,你们也许骂我是贪生怕死的软骨头。但我想,就这样无谓地死了,岂不是徒死无益。当年司马迁忍辱含垢忍受腐刑,是因为写《史记》。我之所以参加国民党,说得好听一点,也就是为了保全性命,能够翻译介绍俄苏进步文学……欲加之罪,何患无词。针对我的辩驳,尹企卓等人除了说我不肯认帐,巧舌如簧外,也自有一套歪理来回击。"

双拳难敌四手,只虎难斗群狼。在尹企卓等人的策划主持下,北大俄文系接二连三地召开批斗大会,要余振认识错误,交待问题。后来,北京大学民盟支部的委员们也召开会议批斗余振,说他是钻在民盟内部的"蛀虫"。批呀,斗呀,斗呀,批呀,在众口烁金无休无止的口诛笔伐面前,余振开始屈服了。他挖呀,挖呀,挖呀,终于挖出了自己反党反社会主义的根源所在,终于同尹企卓等人的意思取得了一致,也终于在最后一次大会上,年近知命之年的他含着眼泪作了两小时的检查。他说:"我对不起党对我多年的教育和培养，我已经深刻地认识到自己错误的严重性，我是个彻头彻尾货真价实的反党反社会主义的资产阶级右派分子，我罪该万死。"1958 年春，北京大学党委对余振的问题做了如下处理决定：右派，四类，撤消一切职务，包括北京大学校务委员，北京大学俄文系系务委员，北京大学俄文系副主任，俄文系文学教研室主任、教授，民盟北大支部委员，民盟北大俄文系小组长。所有的职称几乎一捋到底，只保留了民盟北大的盟籍。另外分配待遇较低的工作。

余振被迫停职了。一下子由"三反运动"的积极分子一变成为"反右"运动中的"资产阶级右派分子"，他的心情万分沉重。他尽管在大会上痛哭流涕痛心疾首地作了近两个小时的检查发言，可细细回顾自己 40 多年的生命历程，仍然百思不得其解：他 16 岁开始参加革命，18 岁入党，在太原坐过阎锡山国民党的监牢，三十几岁在城固西北大学、山西大学、兰州大学保护、支持进步学生，几遭不测，四十几岁在清华、北大兢兢业业，努力工作。并且在几十年的教学生涯中，利用业余时间，翻译介绍了俄苏革命诗人普希金、莱蒙托夫、马雅可夫斯基等人的重要诗作……他越想越困惑，越想越迷惘，越想越痛苦，越想越怀疑。他恍恍惚惚觉得这不是自己的过错，但是，这究竟是谁之过？谁之错？谁之罪？他思索寻找着答案。

因为被打成了右派，好朋友和同事们都不敢同他来往了。每天上午下午，他不是腋下夹本书去北京西郊的香山排遣苦闷，就是待在家中翻阅俄苏革命诗人的作品。他想：既然中国人中已没有一个人敢跟自己交朋友，那么自己就去找那些已死的但又是不朽的外国诗人交朋友吧。这期间，他常吟诵的诗作是莱蒙托夫的《1831 年 6 月 11 日》：

声名，光荣，它们算得什么东西，

我被人诽谤,我孤寂地独自一人。

人世上没有一个人把我来敬爱,

我漫不经心地给自己招来苦痛。

我无情又高傲,在人们在眼中,

我甚至是一个恶徒,但是它,哀伤,

难道就应该大胆地闯进我的心房。

高傲的心灵在这生活的重压下,

决不会冷却,也不会疲倦和消沉,

命运决不会这样快得扼杀了它,

而只能激发起它那反抗的激情。

人生是这般苦闷,假如没有斗争。

我把往事仔细回顾,

在生活里也认不清多少事情……

我需要行动,我希望把每个日子,

都能化为不朽的时刻,

好像是伟大的英雄的幽灵,

我根本不能理解,

休息到底是怎么一回事情。

好像有一个什么东西在我心中

永远沸腾着,成长着……

我觉得人生本来是短暂的,

我时时害怕,来不及完成一件

什么工作……在我心里,

生的渴望比命定的痛苦更强烈!

余 振 传

中国翻译家与俄国大诗人的心灵是相通的。莱蒙托夫的这几节诗，就是余振此时心灵与心情的真实写照。

就在余振被打成右派不久，他的弟子、俄语系四年级的学生杜嘉蓁，因以"杜真"之名写诗《组织性和良心——致林昭》和《是时候了》，驳斥"向左、向左"者，也被打成右派，发配上海。

记得在 2001 年春天，笔者曾经对余振长子鸿谟发感慨说："上世纪 50 年代，全国高教界被评为二级教授的，山西籍的没有几个。如果先生不被打成右派，至今先生还在北大教书哩！"鸿谟说："先父若留在北大，在'文革'中，不死也得脱几层皮。你看看季羡林、魏荒弩在'文革'中遭的那份罪，就知道了。"

十三　在《辞海》编辑所

　　1957 年的一天,毛泽东主席在中南海颐年堂会见湖南同乡、时任中华书局负责人舒新城。毛泽东说:"《辞海》我在 20 年前就使用直到现在,在陕北打仗的时候也带着,后来在延安敌情紧急的情况下,不得不丢下埋藏起来,以后就找不到了。现在这部书太老了,比较旧,希望修订一下。"舒新城听了毛主席的指示后,说:"我在 1936 年就主持过旧《辞海》的编辑工作,重新修订《辞海》,可谓轻车熟路,可惜工程浩大,我一没钱,二没人。"毛泽东说:"没钱,你找市委。没人,我给你解决,一些大学教授成了右派,书不能教了,调他们来参加修订《辞海》的工作。"根据毛泽东的指示,1958 年 5 月,上海市共开了 50 来个"右派"教授的名单,准备通过中宣部、高教委从全国各地调来。余振便是其中之一。与余振同时调来的著名学者有:陈望道、傅东华、刘大杰、徐森玉、谈家桢、谭其骧、周信芳、徐铸成、赵超构、贺绿汀、苏步青、蒋学模、周谷城、耿庸、严北溟……据说,大右派大学者费孝通也在名单之列,因原单位不放,而未能成行。

　　1958 年 6 月底,北京大学俄文系副系主任尹企卓找到余振说:"上海中华书局准备成立一个新单位,叫《辞海》编辑所,上面准备从北大调你去那里工作。你意如何?"他说:"身为右派,有什么工作可以挑剔。"他同意了。临别时,尹企卓猫哭老鼠假惺惺地说:"到上海后,人家知道

93

你的身份,当然不会热情接待你的,你可不要多心。另外,自从院系调整以来,前后五六年,你在教学改革上做了不少工作,这个,党是不会忘记的。"离京前,余振去医院看望曹靖华。反右运动一开始,曹凭借他多年的政治斗争经验,觉的势头不对,就称病住了医院。曹靖华一见余振,十分感伤地说:"我本想,我们俩人携起手来,把系里的工作搞好。你不好好改造,落到这步田地,有什么办法?调你到上海去,你也愿意去,好吧,那就去吧,你要好自为之,希望不久能听到你的好消息。"余振面对多年的老上级、老朋友,无言以对,只有默默垂泪。他又去找老同学、老朋友李兴唐。李说:"一个人犯错误是难免的,关键是知错必改。不要灰心,摔了跤子,爬起来,继续往前走! 路是自己走的,谁也救不了你,只有自己才是自己的上帝。到上海后,换了个地方,千万不能再犯错误,好好工作,在工作中抓紧改造,领导和群众是长着眼睛的。"

余振到上海辞海编辑所后,编辑所领导李俊民、陈落对他并不歧视。一见面就热情接待,请他坐,又倒茶,又递烟,跟他在北大时又是另外一种对待法。目睹此情此景,顿时,余振的精神感觉轻松了许多。他暗下决心,一定不辜负上级领导及老友李兴唐、曹靖华的厚望,好好工作,好好抓紧改造,尽早地回到人民队伍中来。

余振在辞海编辑所,先在文艺组工作了一年,1960 年调到词语组,从这时起到 1976 年间,他只是所内的一名普通编辑,直到粉碎"四人帮"后,他才被任命为《辞海》编委、《辞海》语词分册主编。他在辞海编辑所(后改名上海辞书出版社)工作 20 余年间,不管上级领导安排什么工作,他都是勤勤恳恳,兢兢业业,不敢有丝毫懈怠。

辞海编辑所是个新成立的单位,有的人没有经过肃反运动,所以,上级领导决定在 1959 年补一下课。余振虽然在北京大学已经参加过了——即 1955 年反胡风分子那一次,但也要同大家一道补一下。

　　运动一开始来势很猛。编辑所"办公室"原是一个小型戏院,大家都坐在池子里办公。戏台上安了个大喇叭,不停地喊:"坦白从宽,抗拒从严",声音大得震耳欲聋。没几天,公安机关就逮捕了"右派分子"陶亢德、燕义权。物伤其类,兔死狐悲,余振望着呼啸而去的警车,内心别说有多惊惧、多忧伤。他由京来沪,本打算努力工作,认真做人,万没想到刚离狼窝又入虎穴。长期以来,他自认为自己是一个一心一意跟党走的进步分子。自从反右后,他才认识到自己是一个罪该万死的反党反社会主义的右派分子。对党的政策,他以前虽不敢说认识得怎么深,怎么透,但也认识得差不多。自从成了"右派"后,对党的政策的认识似乎有点模糊了。所以,自从陶、燕被捕后,他以为党对右派分子们将要一个个都捕去,必要时还要一个个都枪毙掉。有了这种顾虑,他每天去所里上班就准备着晚上回不去,精神压力非常之重。所领导陈落见他整日魂不守舍,紧张兮兮的,有点不大对劲,就善意的开导他说:"一个人是一个人的问题,为人不做亏心事,半夜不怕鬼叫门,不必太紧张。"余振的心情这才有所好转。

　　为了取得上级领导的信任,余振决定暗地里写"交代"。他以为:运动一个比一个深,要求也一个比一个严。过去交代过的问题,在新的运动中不能炒冷饭,应当交代新的问题,也就是一次比一次交代得多,交代得高,交代得深。他心里很清楚:自己一生虽然相当复杂,但"罪行"也不是多到罄竹难书擢发难数永远交代不完的程度。同时,他也清楚:该交代的交代了,还交代什么?怎么办?如果炒冷饭,上级领导就会以为我的思想政治水平没有提高。看来只有在"冷饭"上"添油加醋"。也就是根据过去的事实,再编造一点,再提高一点。他想起1927年暑期,崞县清党委员会要逮捕自己,二哥李结珍及好友张化之替自己着急,替自己想法子的那件事。他决定扩大为向张化之和二哥出卖党组织和同志。这样编造了一番,当然是"提高了",增加了"新的东西",但与原本事实却有很大出入。幸亏当时的上海市委实事求是,没有把他定性为"叛徒",而只是说"严重丧失立场"。这时候,他深深感到:党的政策真的是坦白从宽、抗拒从严。也从内心里以为,对自己的问题"加油添醋"这种做法的效果还是不坏的。

1959年国庆节,正好是新中国成立十年大庆。上海市出版系统要给全系统改造得比较好的"右派分子""摘帽子",这是上海市第一次给右派摘帽子,全系统共挑出四个人。辞海编辑所领导认为:在所内的10来个右派分子当中,余振是改造的比较好的,决定给他"摘帽子"。就在国庆前夕,因为家庭琐事,余振同爱人兰亭吵了几句,邻居金云峰听到了,就汇报了上去,他的名字就被临时取消,改换了别人。1960年国庆节,出版社又要给4个右派分子摘帽子,其中又有余振。他是上海出版系统最早摘掉帽子的8人之一。可见余振在上海编辑所两年来的工作还是不错的。他本人也明显的感觉到:到上海后改造得比较快,主要是因为换了环境,不像在北京大学时那样"孤立"。压力减轻了,心情轻松了,工作愉快了。摘帽前,上海出版局党组织的领导同志找他谈过一次话,说:"你的情况,我们都知道,本来是一个多年的进步教授,本来是一个好同志嘛,只是在整风运动中说错了话。知道错了,改了就好了。希望你以后继续抓紧改造,千万不敢放松。"余振听了,心上感到十分温暖,可见党一直没有把他丢在一边,自己改造得多少有点收获,就用这样热情如火的话来鼓励。

那时,辞海编辑所的人每星期四都要参加劳动。余振摘掉帽子的第二天下午,全所工作人员在花园拔草,一个叫钟吉宇的编辑大声喊到:"李毓珍——同志! 李毓珍——同志! 这里草多,过这里来!"这是他三年来第一次听到"同志"这一亲切的称呼,眼睛不由地湿润了。第二天,他特地上街买了许多漂亮的信封、信纸,给外地工作的朋友报告了这一喜讯,他激动地说:"我的帽子已经摘掉了。在过去的三年里,我很馋'同志'这两个字。"

余振的帽子虽然摘掉了,但他的问题并未得到真正的解决,还是个"摘帽右派"。他清楚地记得刚到上海时自己跟自己发的牢骚:"教育和翻译会跟政治发生关系,这回调到辞海编辑所,语词大概跟政治没有关系了吧。政治碰我没办法,我不碰政治还不行!"其实不然,后来的一连串事实证明,语词同样也会跟政治发生关系。比如:解释词语的出处需要举例,就要涉及一些历史人物,就有儒家、法家、左倾、右倾之说,一不小心,就又碰到了政治。

1961 年 2 月,《辞海》编委会召开了具有历史意义的各学科召集人扩大会议。两个星期后,全国 140 多位专家学者集中到上海浦江饭店,对已经完成的《辞海》二稿进行修订。半年之久的"浦江集中",是中国知识分子智慧的一次大展示、大奉献。祝鸿熹回忆他在辞海编辑所工作的情形时这样说:"我对面坐着北大外语系主任(应为"北大俄文系副主任"——笔者),是个摘帽右派。笔名余振,真名叫李毓珍,从事外国文学翻译,国学功底也相当了得。"

树欲静而风不止。1966 年 5 月,史无前例的"文化大革命"开始了,来势比任何一次运动都凶、都猛。6 月 6 日,余振从汾阳路 152 号家中去单位,刚走到辞海编辑所的大门,就看见大门上张贴着一副对联:"庙小妖风大,池浅王八多",再往里走,只见所内贴满了五颜六色的标语和大字报,就连狭窄的过道内也是"琳琅满目",走路得用手批开才能过去。已成"惊弓之鸟"的余振,望着这阵势,心说:"糟了!这一次多半活不出去了。"同时,多年的政治运动经验也告诉他:要想活出去,活下去,唯一的出路就是老老实实规规矩矩地"交代罪行",交代到上级领导和同志们满意为止。

当所内的一些同志还在北京搞串连的时候，他就开始坐下来低头写"交代"了。有个同志看见了，奇怪地问："怎么这么早就写？"他说："反正没事干，早点写吧，迟早得写。"不过，这一次他改变了指导思想：他看到"文化大革命"来势这么凶，这么猛，"加油加醋"恐怕是不行了，应该来一个彻头彻尾的"大创作"，这样或许可以顺利过关。拿定主意后，他又想：与别人有关的事不能"创作"，以免株连。最好选择一个与别人无关的事来深挖细掘。绞尽脑汁，想来想去，想到的还是1927年的那件事，这时，张化之已经死去，二哥李结珍虽然活着，但已80多岁，神志不清，如风中残烛。他开始像写小说一样把一切详情细节，甚至三人的对话大大编造润饰了一番。仿佛只有如此，才算是深挖"肮脏灵魂"。当时，所内还没有造反派，材料写好后也没个交处，只好交给党支部的个别领导，领导好象有点不愿意收，但他交来了只好收下。"文化大革命"的发展，果如余振所料。在"横扫一切牛鬼蛇神"的口号下，一大批党政军领导干部，"三名""三高"人物，专家、教授，成了众矢之的，被斥作"牛鬼蛇神"，陷入了"群众专政"的汪洋大海之中。今天斗这个，明天批那个，一时间，《辞海》编辑部腥风血雨。余振在翻译界名气很大，且有"右派"前科，自然也成了群众专政的对象，"牛鬼蛇神"的正业就是写交代。写完交代，再写交代的补充，写完补充，再写补充的补充。后来，实在补充不来了，怎么办？他想：自己既然是"反革命分子"，"反革命分子"的一生，应该是罪恶的一生，他开始搜索枯肠，细细思索自己的一生，哪怕有一点与革命情趣不相吻合的地方，也应当写出来，以求得造反派们的批判指正。

在牛棚里，余振与著名文学家傅东华同居一室，同坐一桌。

傅东华，原名傅则黄，笔名伍实。1893年生于浙江金华，1912年考入中华书局任编译员，1929年任上海复旦大学中文系教授，1933年起，任生活书店编辑，主编《文学》月刊。他虽然与鲁迅同乡，但俩人关系并不和谐，文学见解也颇多隔膜。20年代，他著《休斯在中国》一文，对鲁迅进行中伤。因此，鲁迅对他本人一直没有好感，常在文章和友人信中对他进行砭斥。新中国成立后，鲁迅先生在文化界的地位如日中天，而作为当年鲁迅论敌的傅东华自然日渐萎顿。不久，被打成右派，参加了辞海编辑所的工作。傅写的"交代"也不少，但造反派仍嫌他写得不多。有一天对他训斥说："你看李毓珍写了多少，你几天也写不出一份来，不老实！"傅一脸苦相说："李毓珍牛牛地不停地写，几乎每天就能交一份，我不行，我比不了李毓珍！"他说的确系实情，在辞海编辑所，余振是写交代最勤最多的一个。他几乎三天两头就向造反派交一份材料。以致到后来发还他东西时，累积起来的材料差不多有半尺厚，总有数十万字，足可印一本相当厚的书。

　　傅东华是一个非常幽默的人，有一晚，年逾七旬的他因为着了凉，睡在地板上不住地放屁，余振嫌臭，乜斜了他一眼。他觉察到了，也回报似的乜斜了余振一眼，意思是说：做了右派，连放屁的自由也没有了？

　　什么是"触及灵魂"？老实说，余振至死也没有明白。但当时的造反派夸奖他，说他已经"触及灵魂"了。原所党支部书记庄献之在"文革"中被打成走资派，造反派嫌他交代得不深刻，训斥他："你就是不触及灵魂，尽写些鸡毛蒜皮的屁事。你看，李毓珍就能触及灵魂，所以他的头发全褪光了。"在造反派看来，余振的头发能够在运动中褪光，就是触及灵魂的明显标志。庄献之看看坐在一边的余振，说："李毓珍能褪成光头，我褪不了头发，有什么办法。假如女同志褪光了头发，成了个什么样子？不就成了尼姑了吗？"

　　当时，余振的头发在造反派看来的确是个顶好玩的东西。冬天天冷

余振传

戴着帽子看不清,春天来了,天气一转暖,就不戴帽子了。人们就在暗中欣赏他的头,造反派们还假装严肃,看见了,还假装没看见,不敢轻易笑,都转过脸去偷笑,且互相转告:"快看李毓珍的头。"余振看着他们窃窃私语鬼鬼溜溜的形样,也觉得有几分好笑,却也不敢笑。他的头发一开始全褪光了,后来不知怎么又稀稀拉拉地长出一些头发。又过了一些时候,不知怎么,白头发又变呀,变呀,变呀,变成了黑头发,他心里说:难道这就是人们所说的返老还童?至今,余振还给我们留下一张他在满头白发时抱着小孙孙的照片。

在辞海编辑所,除胡风骨干分子郑柄中(耿庸)外,余振的罪行最大,头衔是"老右派""大叛徒"。今天批,明天斗,后天写交代,他怎么想怎么也活不下去。辞海编辑所花园内东南角上有一棵黄杨树,树上有一根树枝不粗不细、不高不低,正好上吊。他想:老舍、傅雷都不甘蒙辱自杀了。实在没办法时,这棵树就是最后解决问题的最好地方。产生此种想法后,他就开始夜以继日地用小楷毛笔抄写先前翻译的莱蒙托夫的诗。他想:自己劳累一生,也没有什么奇珍异宝留给后代,留给后代的也只有这些译诗。花了近半年的时间,共抄诗三百多页(其手迹之工整,差似印刷品),然后手订成册。他将此手抄本寄给远在山西省原平县工作的长子李鸿谟,他说:

这是我过去译的莱蒙托夫诗的一部分。给你们留下,将来你们兄弟姐妹们如果用批判的态度看一看,就知道我过去造过多大的罪孽。这都是毒草,只能当反面教材看。给鸿谟。父名不具。

读者诸君千万别被余振瞒过,这就是在那个年代人们常常使用的

100

障眼法，也就是他常说的正面文章反面读法。如果他真认为这是大毒草，就不会将它遗给后代了。在那个特殊的年代，头顶黑帽的"吃屎分子（即知识分子）"有几个敢说真话。这样做，不过是害怕子女因为自己的问题遭受株连而已。就在这一年暑期，他把他在外地工作的孩子们——儿子、女儿，还有孙子、外孙都叫到上海来。心想：自己临死也见见孩子们。

辞海编辑所后来成立了个"抗拒从严，坦白从宽"集训班，选了所内十几条"牛"参加，余振亦在其中，集训期一个月。他们住在单位的一个大房间，夜里就睡在地板上。经过多年政治运动的洗礼，他清楚地意识到：名曰集训，其实并不那么简单。他又拿出他的看家本领——写，写，写。写什么？把以前交代的全部推翻，说那还没有把"要害"交代出来，他又编造了不少新东西，说这才是真正的"要害"。果然，不满一月，集训班召开大会，宣布他是交代得好的典型，应区别对待，让他提前结业，可以回家。又说：每天早晨不必提前上班。管劳动的人也不管他了，由他自己去花园里拔拔草就算。至于一天早、午、晚三请罪，也不要他排在"牛鬼蛇神"的屁股后面，由他找一幅毛主席的宝像，鞠个躬，读一段最高指示，再鞠一个躬就可以了。余振自从成了"典型"以后，别的"牛鬼蛇神"有的羡慕，有的嫉妒，特别是那些所谓的"走资派"们更是愤愤不平，他们想：李毓珍是老右派、大叛徒，怎么可以区别对待呢？我们这些在战争年代出生入死的共产党员反而被隔离、被批斗。余振呢，自然感到轻松，好象天也变了颜色，太阳比先前亮了许多。这时，自然把上吊的打算全部取消。

可惜，好景不长，工宣队又来了。他们不承认造反派宣布的典型为典型。这样，他就又归了"牛鬼蛇神"的队。1969年春，他接到上级通知，要他与别的"牛鬼蛇神"一道去上海市南面的奉贤县南桥镇"五七干校"

去接受贫下中农的再教育。临行那天,家人都为他来送行。他特意在褂子的里面缝了一个大口袋,里面就揣着古代哲学家老子的《道德经》。1970年春,余振等一些老弱病残被特赦回沪。在一年多的"流放"生涯中,他常常偷偷诵读《道德经》中的如下篇章:

> 天地不仁,以万物为刍狗;
> 圣人不仁,以百姓为刍狗。
> 上善若水。水善利万物而不争。
> 夫唯不争,故无尤。
> 知其雄,守其雌。知其荣,守其辱。

他还常常朗诵普希金的这首诗:

> 在西伯利亚的矿坑深处,
> 请坚持高傲的忍耐。
> 你们悲壮的工作、崇高的思想,
> 决不会落空。
> 沉重的枷锁会掉下,
> 阴暗的牢狱会倾覆,
> 渴望的日子,必将来临……

在此期间,他自己也创作了一首无题诗,以咏怀:

> 正是春暖花开时,微风习习雨丝丝。
> 人人高唱两只歌,处处飘扬五星旗。

有幸逃过万言书,无端陷入三篇诗。

偏爱吴越文身地,北望云天泪沾衣。

　　冰河渐渐解冻。1975 年 1 月 8 日,中共中央十届二次全会在北京召开,选举邓小平同志为中共中央副主席、中央政治局常委。1 月 13 日至 17 日,四届人大一次会议在京举行,周总理做《政府工作报告》,提出向四个现代化进军,国家开始有了转机,工农业生产要大上,文艺政策要调整,教育、科学要整顿。一批在"文化大革命"中受到冲击、靠边站的"牛鬼蛇神",被落实了政策。而余振这个曾经做过改造较好"典型"的"牛鬼蛇神",反倒成了"牛棚"中最后"九牛"之一。有一天,军宣队的同志——这是所内的最高领导,工宣队也得听他的指挥,把他叫到办公室,要他为自己的材料提供几个证人。他说:"张化之死了,我的二哥还活着,证人只有他一人,别人都不知道。我就是最有力的证明人。"这样,只好根据他交代的材料,定为敌我矛盾按人民内部矛盾进行处理。

　　1976 年 10 月,以江青为首的反革命集团被一举粉碎后,全国各行各业都在致力于纠正冤假错案。上海编辑所也成立了复查组。复查组盛天明等同志叫余振去谈话,他还不敢坐,好像自己只能站在一边低头认罪,听他们训斥和批评。盛天明看着他缩头缩尾的样子,就开导说:"对自己的交代要实事求是,有什么就承认什么,把编造的全部推翻。"这时的余振还心有余悸,害怕再来一次"反击右派翻案风",如果那样可实在吃不消。再说,许多材料都是自己"创作"的,已经当作"人民内部矛盾"处理了,如果再承认这些都是假的,他觉得:一个 70 多岁的人说假话,其可耻程度比"敌我矛盾当作人民内部矛盾处理"还要严重。新中国成立 20 多年来的政治斗争经历使他错误的认为:某些单位的个别领导"整人",常常要被整的人畅所欲言。你不讲,不行。你讲了,就在你的话里"揪辫子""找茬子"。当初,余振在北京大学所遭际的情形就是如此。后来,所领导又找他谈了多次,说:"赶快把问题解决了,好轻装上阵。"余振不知道"赶快把问题解决了"的含意,更加固执己见,一直坚持自己交待的都是真的。所领导见他如此固执,如此心有余悸,无可奈何地说:"别人交待问题时如挤牙膏,挤一点,交一点。你倒好,恰恰相反,复查问题时,是挤一点,否认一点。"这时,中央第一机械工业部副部长李兴唐到上海视察。他来看老友余振,问:"怎么样?"他说:"能怎么样,由大右派成了大叛徒。"李奇怪地问:"为什么?"余振把经过情形详细告诉了他,他说:"我们在一块共事许多年,彼此情况都比较了解。你要那么交待,有什么办法?我回去给你写个证明吧。"以后,李兴唐回北京,就将证明寄来了。所领导更清楚了他的情况。有一天,他们这样问余振:"你知道阮有秋吗?"他说:"知道。他是叛徒、特务、现行反革命,全套的。""对!就是这样一个全套的,已经恢复党籍了。"他这才知道:复查是真复查,承认真的,推翻假的。不是"钓鱼",钓出来了,再打翻在地。他这才拿定主意把自己的问题真正交待清楚,这项工作前后搞了几个月。辞海编辑所党组织把历次运动中强加于他的一切不实之词全部推翻,承认他1928年被捕后在狱中表现尚好,脱党后有进步表现,未做过有损于党的事情。至于右派问题,经北京大学党委复查,于1979年1月17日也作出决定,称:"原划李毓珍同志为右派分子属于错划,现决定予以改正。撤消原撤职降级处分,恢复原工资级别,即高教二级,工资补足287.5元。"在右派问题复查期间,余振很担心原北京大学俄文系副主任尹企卓会从中梗阻,好友魏荒弩对他说:"这次是大势所趋,他是阻拦不了的。"

据阎桂勋先生《北京大学右派分子改正考——反右五十五年祭》一文称:"1980年4月2日,校党委向上级领导机关报送《关于北京大学落实政策的情况汇报》。《汇报》说：在1957年反右斗争中，共划右派716人，其中教职工120人（教授、副教授12人）、学生596人。经复查，其中属于错划的683人，有严重政治错误但也应改正的13人，改正与否需报上级有关部门研究、审批的14人，因其逃往国外不予复查的2人。"文章最后说："请读者注意，这些被错划成右派的北大人，都是具有'独立之精神，自由之思想'的北大精英，都是有独立见解、创新精神的人。可惜都给毁掉了。这是北大的耻辱，民族的悲哀……这是极左分子犯下的罪行！"而余振就是当年北大12个右派教授之一。

生命的秋天已过，心灵的春天终于来了，一个崭新的时代开始了！余振，这个年逾七旬的老人，又开始以饱满的政治热情豪迈地走向未来。1979年9月，《辞海》最后发排时，他以《辞海》编委、语册分册主编的身份参加了修订。发完稿，他对领导说："我本来是个教书匠，不是搞编辑的料。我还是想去教书。"所领导考虑后，同意了。余振曾经这样调侃编辑，说编辑工作就是一把剪子加一瓶浆糊。

《辞海》在修订的最初几年，所有参与写作、定稿的人，分文不取。后来考虑大家太辛苦，给一些主要编纂者发了200元的补贴。但是，很多人又将这点钱交给了本单位的组织。1979年，《辞海》修订版正式出版时，有了稿费。然而，这个数字说出来让人有点心酸：1000字5.5元。一个条目只有几十个字，最多一二百字，也就几分、几毛钱，而花去的时间是几天，甚至几个月。在《辞海》编辑所，曾经有人戏言道："如果要惩罚一个人，那就让他去编《辞海》。"

十四　在上海华东师范大学

　　华东师范大学是国家教育部直属全国重点名牌大学。作为新中国第一所社会主义师范大学,1959 年学校就被中共中央确定为全国 16 所重点院校之一。1978 年学校再次被确认为全国重点大学。学校地处上海,校园占地总面积 3100 余亩,分别坐落在上海市闵行区和普陀区,校园环境幽美,美丽的丽娃河将校园分成东西两半,素有"花园学府"之美誉。

　　华东师范大学中文系主任徐中玉,1915 年生,江苏省江阴市人。中央大学中文系、中山大学研究院毕业。历任中山、山东、同济、复旦、沪江等大学教授。新中国成立后,长期在上海华东师范大学任教。"文革"期间,曾参加《辞海》的编辑、修订工作,与余振也算是老相识。

　　1979 年暑期,上海华东师范大学中文系外国文学教研室准备招收研究生,因为没有足当此任的师资,教研室主任倪蕊琴很是发愁。徐中玉对她说:"我在《辞海》所工作时,有一同事名叫李毓珍。他是原北京大学、清华大学的俄文系教授,俄文造诣极深,请他来帮忙,绝对没问题。"倪蕊琴听从了徐中玉对她的指示,亲自来请余振,希望他能给他们的研究生兼任一门课,余振征得《辞海》所领导的同意,答应了。后来,教研室的同志都希望他正式转到华东师大,所领导也同意了。

　　1980 年 3 月,余振正式办理了转职手续,成为上海华东师范大学的专职教授。该校中文系外国文学教研室,主要以俄苏文学为研究方向。研究生共 6 人,3 人由倪蕊琴指导,专题:托尔斯泰生平及其创作;3 人由余振指导,专题:俄苏诗歌。实际上只讲普希金、莱蒙托夫、马雅可夫斯基的生平及其诗作。

1980 年 4 月至 5 月间,余振赴湖北武汉大学参加"马雅可夫斯基逝世50 周年纪念会"。与武汉市文联副主席、原平籍老诗人李冰相识。7 至 10 月间,赴山西大学外语系、兰州大学外语系讲学,讲授有关外国诗歌的翻译问题,并先后看望了老友兼学生的山大中文系教授马作楫和兰州大学教授刘让言,并与山大外文系中年教师、同乡陈怀义结成忘年之交。在山大期间,山大校长甄华和教授巩象巽诸先生当面邀请他重回山大,他婉言谢绝了。1981 年,他给山大温秉钊写信说:"我回山大事,困难很多。我老了,身体又这样,回去也不能上课,人家要这个包袱干什么?我也不愿把包袱再丢给人家。甄华,去年谈起,他也有野心把学校搞好,但与徐士瑚时代不同,那时徐可以自己做主,现在事事要听领导的话,不得自己做主。学校办好,第一是教授,第二是图书,第三才是建筑。甄只管第三,不抓第一、第二,办不好。不过,抓也抓不上,不由他。"他曾经这样对笔者说:"大学者,大师之称也,非大楼之谓也。"

1980 年底,余振从兰州返回上海,心脏病恶化,住上海华东医院治疗,进去、出来,又进去、又出来,到 1982 年为止,前后住过四次院。1982 年,病情基本好转后,仍带研究生,仍以"诗歌翻译"为方向,以病弱之躯勉强带下去。

1986 年,同事、朋友兼弟子王智量入党。这件事对余振的思想震动很大。他想:早在 30 年代在北平大学读书时,老友李兴唐本来要自己恢复组织关系,但考虑到想把俄文学得告一段落再说,没有及时恢复,以致铸成终生大错。以后一直找党、找党、找党……在三四十年代的艰苦

107

的斗争岁月里,党在地下,很深的地下,一直没有找到。新中国成立后,党当然找到了,但因脱党很久,党要再考验考验。结果,考验来考验去,在 1957 年被考验成个反党反社会主义的右派分子。入党的问题更无从谈起。他又想:共产主义理想,自己从 18 岁起就坚信不疑。家乡的人和朋友们都知道自己是共产党。如果后来知道自己不是了,那人们一定以为自己在脱党后不知道干了些什么坏事。为了向乡人及友人们作个交待,也应该入党。王智量曾经也是右派,他改正后能够入党,我为什么不能重新申请入党呢?第三,自己年纪虽然大了,但心脏病基本好了,还可以在有生之年为国家和人民贡献点余热。第四,自己在 1930 年没有及时恢复组织关系,以至铸成终生大错。数 10 年来,就像一个失掉母亲的孤儿,无依无靠,受了多少孤苦伶仃和恓惶。老年时再回到母亲——党的怀抱,也是莫大的幸运。

基于上述种种想法。1985 年 11 月 28 日,余振在王智量等人的鼓舞下,决定向上海华东师大党组织提出重新入党的申请。华东师大中文系党总支对这位 76 岁的老教授的申请极为重视。1986 年 10 月 31 日,通过他为中共预备党员。1987 年 10 月 31 日,又通过他为中共正式党员。余振终于在垂暮之年,又回到母亲——党的怀抱。

1986 年 10 月,华东师范大学批准余振光荣离休。因为外国文学教研室的两个研究生还没有毕业,只好又把他返聘回来,继续工作,以完成他教导研究生的任务。1987 年 8 月 23 日,西山苍苍,汾水洋洋,合门同庆,山高水长。余振夫妇携子女由沪至晋,在太原西山,参加了东社"尽鲠二公族并后人合影"。合影者 108 人。尽、鲠二公,乃指他的大祖父尽臣公、祖父鲠臣公。1989 年暑假,最后两位研究生——李定、陆钰明毕业,余振这才真正离休,此时他已整整 80 高龄。

关于余振在华东师大的生活,据王智量的弟子王志耕回忆:

在这些日常事务中，我做得最多的是为余振先生取书信等物，那时余振先生已退休，年龄大了，不便来校，这些事原来一直是智量师自己在做。从学校到汾阳路余振先生家骑自行车要半个多小时，乘公交车就更慢，因为要换乘。而智量师多年来就一直为余振先生跑腿。自从我接了班后，每次去智量师处取东西给先生送去，都要在二位先生处闲聊一番。余振先生晚年耳背，常常听不到敲门声，智量师就告诉我使劲用脚踢门，甚至拿砖头砸。好在余振先生住处的外门是块破木板做的，否则即便是好门也被砸坏了。但就是这样，也往往是把邻居都砸出来了，先生还是没听到。因此，我和老先生的聊天其实就是我在听他讲过去的事。而我对余振先生本人的更多了解还是从智量师那里得到的。他给我讲过这样一件事：余振先生的老伴在家里掌有财权，且过日子极为节俭，因此余振先生尽管拿着文革前二级教授的高工资，却常常"身无分文"。一次智量师把一点稿费偷偷给了余振先生，说不必告诉师母，老头当时很高兴地赶紧把钱揣起来。然而第二天早晨天还没亮，余振先生就来敲门，他一脸疲惫地说："智量啊，你这点钱把我闹得一宿没睡好，我把钱放在棉裤里，怕被你师母发现，就把棉裤枕到头下，你师母问，我说枕头低，垫高点，又怕你师母怀疑，这一宿没睡着啊！钱还是给你，由你去交给师母吧。"无奈，智量师只好再直接把钱送给师母。余振先生在家里吃得简单，师母也不擅烹调，智量师就时常找机会请他到家里或外面吃饭，每次余振先生都是憨憨地笑着说："又过了一回年。"我在读期间，智量师主编的自考教材审稿，还专门请余振先生在华东师大招待所住了三天，由我陪同，伙食是包在那里的，规格很高,那几天把我的胃都吃坏了,怪不得余振先生当时也跟我说:"这不是天天过年吗!"从智量师和余振先生的关系中,我深深地感受到师生间那种一生相伴的真情,并真切地体会到,如果能有机会做些什么来报答老师的恩情,那是一种很幸福的事。

关于在华东师大的生活思想历程,余振自己曾说:"我一到华东师大,身体就一直不好,可以说没有尽到自己应尽的责任。我常想,身体好的时候,1957年至1977年,我都是在帽子底下度过的。现在已经是一个快死的老头子了,才调来华东师大,实际上给人家调来一个包袱,让人家来养老!几年来,这个想法老离不开心头,也向华东师大中文系的领导谈过。领导说,不应有这种想法,年老了,这里不养,别的地方也应该养,反正是国家养着。我说,尽管如此,华东师大也不是养老院,是不是把马路上要饭的也收容过来?我建国以来,真正花大气力努力工作的地方是北京大学,那时我才40多岁,年富力强,忙来忙去,可结果落了个'撤消一切职务'的反党反社会主义右派分子,让我滚蛋!我觉得北京大学对不起我,我对不起华东师大。"

他又说:"回想自己的一生,真是感慨良多。国民党时代当了国民党二十多年的反动分子。建国以来,我只在1950年至1956年,舒眉展眼地活了七年。从1957年起,我又当了新时代的反动派。旧时代的反动派虽然不好当,但我心里明白:我是正确的,政府是反动的。新时代就不然了,特别是在我思想深处,也认为自己是反党反社会主义的反革命,认为自己罪该万死。这个痛苦劲儿,只有我自己知道。想起自己悲惨的一生来,有时不由地黯然泪下。"

十五　魂归故里,学界同悲

老牛明知夕阳晚,不用扬鞭自奋蹄。

1989 年 7 月,余振离休后,本应无所用心,安度晚年,但是,他是一个天生闲不住的人,尽管他早在 1987 年译完苏联诗人甘扎托夫的《无题诗 100 首》后,就多次提到封笔的打算,但总是积习难改。

余振共有子女 6 人,长子鸿谟在太原工作,次子鸿才在天津工作。以前由于公务缠身,他很少同这两个孩子团聚。7 月,他离休不久,即在亲属的陪护下,携带了很多的书籍,来到太原。这时,《无题诗 100 首》刚刚由北岳文艺出版社出版。他对山西大学教授马作楫说:"我的新书印出来,请你在山西的报刊上做个广告。"很快,马就写了介绍这部译作的文章,发表在 1989 年 8 月 30 日的《太原日报》上,题目是:记余振师——从《无题诗 100 首》想起。在太原期间,他多次去看望老友、书法家张颔。老友张颔在闲谈中,为庆贺余振八十寿辰,特用光绪庚子年京都松华斋木板印联纸书对联一副:"君子恒德勤著译,先生黎寿得清知。"

不久,他北上北京,看望老友魏荒弩及当年西北大学在京的学生们。为了庆祝余振 80 诞辰和从事文学活动 50 周年,他那些均年逾花甲的学生们特地举办了一个庆祝会。望着自己的弟子们一个个学有所成,在文化教育界各展长才,老人真是欣慰至极。他们在欢宴后合影留念。

111

余振由于有点耳背,与诗人牛汉的合影仿佛猜拳。余振曾对我说:"我在大学里教书 50 多年,与西北大学的学生感情最深。"后来我分析,他这样说应该包含有 3 个原因:1.在风雨如磐的旧中国,他们这些追求光明的进步师生们亲身遭受了黑暗势力的迫害摧残,而在战斗中结成的情谊是最值得珍惜的。2.同余振后期的学生相比,西北大学的学生的年龄与他最为接近,年龄差距也就在 10 岁左右,也就是时下所说的缺少代沟。3.新中国成立后,当年的这些亲共亲苏的西北大学的学生们大都进入到文化教育界工作,他们在工作中互相帮助,互相支持,更加深加固了这种友谊。

1993 年,余振心脏病突发,人事不醒。经上海华东医院的医护人员竭力抢救,总算化险为夷。最后,医院决定给他安装一个美国生产的心脏起搏器,价格 28000 元。华东师范大学按规定给他报销了 19000 元,他自己花销了 9000 多元。面对如此高额的医疗费用,他对老朋友马作楫发牢骚说:"近日上海报上出现了一个新的形容语。凡是形容一个人没出息,日子过得很可怜,就说:'穷的像个教授'。妙哉!……这一下背了一屁股外债,穷的比教授也穷了!呜呼!"1994 年春,年已 85 高龄的他,不顾体弱多病,再一次回到太原。他与朋友兼弟子马作楫朝夕晤谈,情谊笃厚。同年夏初,余振从太原回到上海不久,由于长年的辛勤劳作,心脏病复发,他又一次病倒了,又一次住到上海华东医院,接受治疗。病情稍有好转,他就让家人从家里带来许多书籍。病情基本痊愈后,他嚷着要出院。当时正值 7 月,正是上海天气热得要命的时候,家人考虑到家中的环境不及医院的条件好,就劝他再住一段时间再说。

这天,余振到洗手间洗手。不料,地下有一滩水,他没注意到,一脚踏上去,当即摔了个仰面朝天,昏迷不醒……医生、护士闻讯,急忙将他抬到急救室抢救……不幸中的万幸,命总算保住了,但 85 岁的他经此一跌，元气大伤，身体状况大不如前。举手投足，变得异常艰难。就是在这种情况下，家人为他雇了一个 30 多岁的浙江籍蔡姓女子，来照料他在医院的日常生活起居。病情稍有起色，他又要家人给他带来纸和笔，说要写有关"九穷"的回忆文章。

1996 年 8 月 7 日零时 10 分，余振终因长期医治无效，在上海华东医院溘然病逝。就在余振先生逝世的前几天，他的学生、华东师范大学教授王智量前去医院看他，他躺在病床上对王说："我昨天做了一个梦，梦见我们把普希金的作品全都翻译出来了，印了 100 万本！"他老人家就是带着这样一个美好的梦想离开人世的。

8 月 8 日，上海华东师范大学成立治丧委员会，发布讣告云：

中国共产党党员、中国民主同盟盟员、《辞海》编辑委员会委员、《辞海》语词分册主编、中国苏联文学研究所理事、中国翻译工作者协会名誉理事、上海翻译工作者协会理事、中国作家协会会员、俄罗斯语言文学翻译家、上海华东师范大学中文系教授、离休干部李毓珍（余振）同志，因病长期医治无效，不幸于 1996 年 8 月 7 日零时 10 分，在上海华东医院逝世，享年88 岁。

定于 1996 年 8 月 15 日上午 10 时在上海龙华殡仪馆松鹤厅举行李毓珍同志追悼会。

谨此讣闻

上海华东师范大学李毓珍治丧委员会

1996 年 8 月 9 日

8 月 10 日，上千份讣告像雪片一样飞遍上海，飞向北京、天津、太原、杭州、陕西、兰州、原平、武汉、河北、江苏、福建、河南等地……散居于全国各地的余振亲属、生前友好及学生闻讯后，无不悲伤满怀，纷纷以各种方式来表示对这位译坛巨子的深切怀念。原上海师范大学教授、现迁居香港的郑铮先生，特意从香港赶回，来向自己曾经患难与共的老师作最后的告别。

1996 年 8 月 15 日一大早，余振亲属及友人、同事、学生先后来到上海龙华殡仪馆松鹤厅，向这位译坛巨子准备作最后的告别。走进松鹤厅，只见大厅中央放着灵床，上覆锃亮的水晶棺罩，余振先生双目微闭，安详地躺在里面……在先生的遗体周围，摆满了许多色彩绚丽的鲜花、翠柏。在先生的脑袋左侧、耳根旁，端放着先生生前倾注了大量心血翻译的两本译作：《普希金长诗全集》《莱蒙托夫抒情诗全集》。灵柩上方及周围摆满了上海华东师范大学、上海辞书出版社等单位及来自全国各地的亲朋好友送来的花圈、挽幛、挽联。其中有一幅格外惹人注目：

> 毓珍我兄灵右
> 针芥久相亲，爱我许如荀御李；
> 箕维今独往，哭公何意叶知秋。
> 愚弟胡邦彦率子及孙同执挽。

胡邦彦（1915—2004），文字学家、书法家，字文伯，一字彦稣，号蹇翁。江苏镇江人。1939 年任复旦大学文书主任兼中文系助教。1941 年任中央银行文书主任，为银行高层捉刀撰写应酬文字，如寿屏、挽联、贺幛等。1960 年参加《辞海》语词分册的编辑；1963 年调任上海教育出版社文科编辑。1975 年退休，1977 年在华东师范大学古籍整理研究所与上海师范学院古籍整理研究所为硕士研究生敷讲文字学，任研究生导师并参与古籍校勘工作。1985 年再次参加《辞海》修订工作；1987 年应邀为美国普林斯顿大学和纽约大学访问学者，敷讲中国古代官名、人称及阅读与书写等课题。著有《字学鼎脔》，整理研究丁蘧卿先生《所堂字问》和刘体智先生《小校经阁金文拓本释文斠补》，遗著《胡邦彦文存》于 2007 年由岳麓书社出版。

（注：1.针芥：比喻极细小的东西。马臻诗："钱塘烟草无心遇，针芥相投杜德机。"比喻性情契合。2.荀御李：东汉李膺有贤名，荀爽给他驾车，引以为荣，曰："今旦乃得御李君灵！"后因以"荀御李"比喻亲近贤者。3.箕维：星座名，比喻杰出的人物。4.据毓珍长子李鸿谟先生讲，毓珍与胡邦彦不仅是文史同道，还是"手谈"密友）

上午 10 时，追悼会开始，上海华东师大负责人在悼词中高度评价了李毓珍同志不平凡的一生……11 时左右，追悼会结束，最后告别仪式开始。眼望着余振先生遗体及一生钟爱的普希金、莱蒙托夫的译作，一同送进火化炉……余振亲属及友人、同事、学生、保姆，无不失声痛哭……

次日，家人从殡仪馆取回余振骨灰盒。

同日，上海《文汇报》发讯：

　　著名俄罗斯语言文学翻译家、《辞海》编辑委员会委员、《辞海》语词分册主编、华东师范大学教授余振先生因病长期医治无效，于 1996 年 8 月 7 日在上海逝世，享年 88 岁。余振生前致力于俄罗斯语言文学的翻译，先后翻译出版译作近千万字，为中俄文化交流作出了杰出的贡献。

同年 8 月至 10 月间，著名诗人牛汉、马作楫、著名翻译家魏荒弩、王智量、陈怀义、续八宝等先生先后著文,悼念、回忆与余振先生的师生情、朋友谊。马作楫的文章发表于9月17日《太原日报》,题目是《往事回忆——忆余振师》。陈怀义的《不问收获且事耕耘——忆恩师余振教授》发表于1996年9月6日的《山西晚报》。他在文章中这样说:

8月15日上午,我收到翻译家李毓珍(即余振)已于8月7日逝世的讣告,这一噩耗,像晴天霹雳一下子把我给打晕了。我只觉得身在颤栗,心在滴血,半晌说不出话来。我常常想,我一个普通教师,能在我的后半生结识像余振这样的翻译大家,这实在是我一生的幸运。当我经过一段时间的努力,成效不大时,他总是用"不问收获——且事耕耘"来鼓励我,当我取得成绩时,他又及时告诫我要戒骄戒躁,继续努力!

今天,余振师离我远去了,我才深深体会到,以往他对我的教诲是多么难能可贵,人生能得到这样的良师是多么不易!此刻,我又重新读着他以前给我的一封封来信,读着读着,我觉得在这信里的字里行间跳跃着一颗伟大的心,一颗仍然燃烧的伟人的心,他像一座光芒四射的灯塔,照耀着我前进的道路。

诗人续八宝在《怀姨父李毓珍教授》中,抒发了沉痛之情:

讣文迟见似雷轰,补作挽诗寄北风。

学界高徒星灿烂,译林精品誉峥嵘。

新编辞海凝心血,首校棋经立事功。

孰料华翰再不见,谁知乡乘竟成空。

诗人温庆华作挽联曰：

名满天下，谤满天下，逆时代潮流而动，终生皆为反对派；
生亦无悔，死亦无愧，欲读书种子不绝，满腔热血付华夏。

余振长子鸿谟从上海返回太原不久，即赴定襄县青石村（该村盛产青石，故名）花钱 1500 元，购长 2 米，宽 80 公分，厚 35 公分青石碑一块，并勒石铭文。

其阳面文字为：

显考李毓珍教授之墓
　　男鸿谟鸿才鸿福
　　女鸿雁鸿飞鸿云

其阴面文字为：

　　李毓珍，笔名余振。1909 年 6 月 15 日生于崞县东社村，乃含雨公第三子。原配赵文枝女士，继配温惠兰、温昭定、李兰亭女士。1926 年先生在崞县中学读书时加入共产党。1930 年入北平大学法学院。1937 年后，历任西北大学、山西大学、兰州大学、北方交通大学、清华大学、北京大学教授。在山大时，与王文光、杜任之组建了中国民主同盟山西第一个支部，先生主编《北风》诗刊。1957 年错划为"右派"，离京赴上海辞海出版社任编审、《辞海》编委及语词分册主编。1979 年彻底平反，调华东师范大学。先生是全国著名的翻译家、中国作家协会名誉理事、上海翻译家协会理事，先生毕生致力于俄文诗歌翻译，先后翻译出版了普希金、莱蒙托夫、马雅可夫斯基等人的诗集 30 余种。1992 年，国务院为表彰先生在高等教育中的突出贡献，特授予特殊津贴并颁发证书。1996 年 8 月 7 日，先生不幸仙逝，享年 88 岁。

　　山西大学教授　　中国作协会员

　　山西文联委员　　山西作协理事　　马作楫撰

1996 年 8 月 7 日谷旦老友太原寓翁张颔书

　　据说，著名书法家、原山西省考古研究所所长张颔有五不书：1，有标点符号的不书。2，用公历纪年的不书。3，不是繁体字不书。4，不是篆体字的不书。5，白话文不书。但当李鸿谟先生拿着这篇"五不书"俱全的墓志文找到他时，张先生念及 50 多年来与余振先生的深厚交情，慨然应允。

　　公元 2000 年 10 月 27 日（阴历十月一日），笔者应鸿谟先生之约，一早来到山西省原平市东社镇人民政府会议堂。只见该堂轩宇宽敞，可容纳千余人。主席台上方横挂着一条巨大横幅，上书"李毓珍教授夫妇骨灰返里仪式"13 个大字，主席台两侧，悬挂着一副挽联，格外引人注目。上联是："德性秉中和，终见荩忱昭史传；"下联是："译著崇轨范，况多硕彦出公门。"主席台中央的桌子上，放着李毓珍教授夫妇骨灰盒，覆盖着中国共产党党旗。主席台四周，摆满了山西省政协、山西省委统战部、山西省民盟、原平市委、原平市政府、原平市政协、原平市委统战部、东社镇党委、东社镇人民政府等单位和个人送来的花圈。

　　上午 8 时，山西省政协副主席、民盟山西省委主委聂向庭，省政协委员、民盟山西省委常务副主委王万杰,省政协委员、民盟山西省委副主委兼秘书长亢官文及民盟山西省委各部委的领导同志,中共原平市委、市人大、市政协、市委统战部的领导同志步入会场。李毓珍同志的亲属、朋友、学生也陆续从四面八方来到这里。其中有毓珍的长子鸿谟、季子鸿福(在上海《汉语大词典》编辑组工作,是他前几天特意从上海护送骨灰盒返晋的),有年已八旬的原原平县第九届政协委员、毓珍胞弟李可珍,有称毓珍姑夫的山西大学的温秉钊,有称毓珍姨夫的山西省作家协会会员、《定襄文丛》副主编续八宝……9时30分,李毓珍教授夫妇骨灰返里仪式正式开始。当主持人宣布:"全体起立,向死者默哀3分钟"时,广阔大厅内顿时响起催人泪下的哀乐,许多人抑制不住胸中的悲痛,热泪盈眶,泣不成声。随后,由原平市政协康钊铭同志简略介绍了李毓珍的生平。接着,温秉钊宣读了余振老友、原山西大学中文系副主任、著名诗人马作楫为这次仪式写的怀念文章——《梨果树开花的地方》,老人边念边哭,几度泣不成声。

仪式结束后,省、市领导在东社镇镇领导的陪同下直趋镇政府。李毓珍夫妇的骨灰盒在其亲友的护送下,徒步穿过东社镇主要街道。来到离东社镇二华里的李氏墓地。在墓地上,矗立着一座高3米,宽1.8米的碑楼。碑楼正中镶嵌着马作楫撰文、张颔先生所书的那块青石碑。当李氏亲属及族人将李毓珍夫妇的骨灰盒缓缓放入墓穴中时,人群中又响起一阵撕心裂肺的哭声……

早在1990年,李毓珍教授就亲口对笔者说:"我已对孩子们讲过,我死后,一定要把我的骨灰盒运回故乡安葬。至于我妻兰亭百年之后如何安顿,我尊重她本人的意愿。"李妻李兰亭女士是1998年于上海逝世的。这次夫妇二人叶落归根,魂归故里,长眠于故乡的青山绿水之间,也算是遗愿已酬。

青石无辜被锤凿,青山有幸埋忠骨。在外漂泊 60 多年的赤子灵魂,终于回到了生他养他并为之梦牵魂萦的故乡,终于静静地躺卧在故乡的青山绿水之间……我们完全有理由相信:像他这样终生勤奋的人,即使死了也不会休息,他一定会满怀热情的与普希金、莱蒙托夫、马雅可夫斯基等俄苏大诗人亲切交谈,他一定会与爱妻文枝、惠兰、昭定、兰亭,详述这半个多世纪的生离死别……

安息吧,先生,你终生不忘故乡,故乡人民也决不会轻易地将你淡忘。放心吧,先生,山西、原平及同川的莘莘学子们也决不会辜负您的深恩厚泽,殷殷厚望,一定会从您的手中,接过您曾经扛过的文学大旗,一直扛下去,一直扛到底。

余振去世后,我时常想起俄国大诗人普希金的这几句诗:

> 我为自己树起一座非金石的纪念碑,
> 它和人民款通的道路将不会荒芜,
> 呵,它高高举起了自己不屈的头,
> 高过那纪念亚历山大的石柱。
>
> 不,我不会完全死去——
> 我的心灵,将越过我的骨灰……

据"东方网"2010 年 1 月 8 日消息:由华东师范大学中文系、北京大学俄语系、上海辞书出版社和上海翻译家协会等单位共同主办的"纪念余振先生百年诞辰暨俄罗斯文学研讨会"日前在华东师范大学召开。

上海《文汇报》报道说:

2009 年是余振先生诞辰 100 周年。12 月 30 日,由华东师范大学中文系、北京大学俄语系、上海辞书出版社、上海翻译家协会、上海作家协会外国文学专业委员会和华东师大外国文学与比较文学研究所共同主办的"纪念余振先生百年诞辰暨俄罗斯文学研讨会"在华东师范大学召开。与会的有华东师大副校长范军教授、华东师大中文系谭帆教授和北京大学俄语系领导王辛夷教授，以及京沪部分高校和出版社、作协和译协等机构的相关专家，余振先生的亲属和学生等 40 余人，华东师范大学陈建华教授主持了本次会议。

余振先生的亲属李鸿福等人为会议提供了关于余振先生的许多珍贵的图片资料，并用多媒体形式生动地向与会者介绍了余振先生不平凡的一生。余振先生生前是中国俄苏文学界著名学者和翻译家。他人格高尚、学养深厚，著译颇丰，学术成就得到学界公认，在海内外有很大影响。

华东师大副校长范军教授在发言中对余振先生给予了高度评价，认为余振先生在风雨中走过的一生和取得的成绩在 20 世纪进步知识分子中有代表性，在高校中要多讲这样的老专家的故事，要继承和发扬他们的优良传统。会上，京津等地的一些学者以不同方式缅怀余振先生。北京大学王辛夷教授代表俄语系向会议赠书并作了发言。曾与余振先生共事的北大同仁、受教于他的学生龚人放教授、岳凤麟教授、李明滨教授、张有福教授和刘伦振先生等或撰稿，或题词，"深切怀念我们的老师——北大俄语系开系元老、文学翻译教法的创立者之一、翻译家和教育家余振先生"。天津著名翻译家、余振当年北大俄语系教过的学生李桅先生还献诗一首："毓珍吾师／情同父子／躬逢期颐／遥寄萦思。"华东师大中文系的王智量教授也是余振先生在北大时的学生，他以普希金《叶甫盖尼·奥涅金》的翻译为例，深情地回忆了余振先生对自己的学术生涯所产生的影响，以及在艰难岁月里师生间的真挚情谊。上海外国语大学郑体武教授认为，余振先生开创了诗歌翻译的一个流派即直译派，他还即席背诵了余振先生翻译的名篇——莱蒙托夫的《云》。上海师范大学朱宪生教授称，余振先生不仅是俄苏诗歌的著名翻译家和研究者，还有深厚的国学功底，他在 20 世纪 80 年代出版的《棋经十三篇校注》就是例证。上海辞书出版社的卢润祥先生曾经在《辞海》编辑部里当过余振先生多年的副手，他也十分肯定这一点。他认为，余振先生能胜任词语分科主编一职，与国学功底深厚不无关系，他的翻译极具中国特色，也与此有关。华东师大中文系的熊玉鹏教授是余振先生重新入党的介绍人，他认为先生谦逊、踏实、严谨，令人敬仰，是中国革命知识分子的代表，同时要从先生的遭遇中反思我们国家曾经有过的知识分子政策。齐森华教授和王圣思教授深情地回顾了与余振先生相处时的感人往事。余振先生在华东师大的关门弟子李定和陆钰明分别谈到了先生低调、高尚、朴实，又不乏幽默的人品，谈到先生对他们的教诲，认为先生所译的普希金、莱蒙托夫和马雅可夫斯基等作品，均堪称佳作，其魅力至今不减，影响了一代又一代的中国人。上海翻译家协会赵芸女士还介绍了不久前在上海市文联主办的第十八届金秋诗会上，人们朗诵余振先生翻译的诗歌的情景。

　　会议上，有些因故无法与会的专家或余振先生的学生也纷纷通过电话和信函表达了自己对先生的敬意。陈建华教授介绍了有关情况。与会者深情缅怀余振先生，高度评价余振先生的学术成就和治学精神，也探讨了俄罗斯文学的翻译和研究中的某些问题，并寄希望于年轻的一代继承先生的优良传统，为中国的外国文学事业作出更大的贡献。

附录一:札记

язапцскц

余振的爱情与婚姻

余振一生,共经历4次婚姻,现就笔者所知一一道来。

赵文枝

1925年农历七月三十日,由父母之命,媒妁之言,16岁的余振与崞县同川本地枣坡村赵文枝结婚。赵文枝的父亲名叫赵新征,他与余振的父亲李含雨是崞阳书院的同学。1923年夏,赵因事去大同,抽空去看望老同学,他看到余振下学后仍然手不释卷地在看书,就很喜欢余振,他知道余振还未定婚后,就亲自向老同学提出,要把自己的小女儿许给余振,含雨同意了,请上社村郝楚楠做月下老人。

文枝,1908年生,没有念过书,是个典型的旧式家庭妇女。1928年春,余振夫妇与父母另炊时,因父母亲只给了他们一个簸箕的家当,她竟然提出要与余振离婚。她说:"我来来,不是个石狮子;你来来,养活不起我。放我条活命!"还问余振要"凭据"。余振觉得她太没见识了,同时也觉得好玩,就真得给了她个"凭据":"你来来,不是石狮子;我来来,养活不起你。放你条活命! 空口无凭,立凭据为凭据。"给了她,她认真地保存起来,宝贝似地装在腰子口袋中。后来,余振逗她说盖了图章才管用,向她要出来,重写了一张,他把金圣叹批的《西厢记》最后的"清江引"抄下来:"谢当今垂帘双圣主,敕赐为夫妇。永老无别离,万古常圆聚。愿天下有情人都成了眷属。"写毕,余振盖上图章,打上指印,给了她,她不识字,依旧宝贝似地保存起来。1928 年 3 月,余振在崞县中学被捕,被投入太原监狱。赵忧虑成疾,于 1929 年冬谢世。享年虚龄 21 岁。结婚 4 年,与余振无子嗣。

温惠兰与温昭定

1930 年春,余振考入北平大学法学院。在暑假回乡期间,一位郭姓朋友给他介绍了同川里池村的李世英。她是南同川宏道中学的学生,既漂亮,又能干。她听了媒人的介绍后,提出 3 个条件:1.订婚以后,暂不结婚,等余振大学毕业再结婚。2.她中学毕业后,由余振家出钱供她上大学。3.订婚以后,余振再不能参加共产党的任何活动。对于这 3 个条件,余振觉得:第 1 条犹可,第 2、3 条却是难以接受的。原因何在?余振家在当时虽说是乡下的土财主,但由于二叔"打虎"失败,早剩下个空架子了。就连余振去北平上学的路费,还是由父亲多方借贷筹措下的,余振家哪有余钱供她上学!第 3 条,不让余振继续搞革命,这更近于痴人说梦。所以,两人谈了没多久就分道扬镳了。据余振晚年回忆,后来,李世英嫁了一个国民党特务,大陆解放前夕,跟随丈夫去了台湾。

1930 年冬,北平大学放寒假。回乡前,余振鉴于与李世英爱情的失败,半赌气半开玩笑地对同学们说:"昨晚我做了一个梦,梦见一枝花,这次回去说不定有个如花美女在等着我。"同学们说:"余振,我们看你是想媳妇想疯了。"余振回乡不久,即到东社高小去找少时同学城头村人温伯鲁,久别重逢,情极欢洽。略作寒暄,伯鲁问:"又找下新媳妇没有?"余振笑道:"匈奴未灭,何以家为?"伯鲁说:"男大当婚,女大当嫁,壮而思室,亦乃人之常情。我有一个本家妹妹,品貌极佳。我愿做一回月老,不知你意如何?"余振说:"我现在还在学校读书,且父亲染疾在身,经济并不宽裕,实在无心操办此事。如你说的是实情,我也不便推违。不过,我有一个条件,那就是马上结婚。因为过罢春节,我又得去北平读书。"伯鲁为难地说:"现在就结婚,恐怕时间来不及。不过,我可同女方家长商量一下。"没过几天,温家就同意了。于是,男女两家开始操办结婚事宜。直到结婚那天,余振才第一次见到新娘的庐山真面目,他不禁有点失望,因为新娘的相貌同媒人所说的有一定距离。但木已成舟,徒唤奈何。这是一次闪电式的婚姻,从介绍到结婚没用 20 天时间。婚后不久,余振就发现惠兰虽然相貌平平,却心地善良,性情温顺。后来,他通过一个朋友的关系,将她送到离村 50 里的崞县中学去读书。当时崞县中学女子部,教室简陋不说,寝室也不大,只能住两个学生,与惠兰同居一室的是一个名叫昭定的女孩。俩人学习在一块,食宿在一块,推心置腹,无话不谈,感情处得跟亲姐妹一样。

温昭定,字月华,山西省定襄县季庄村人。1917 年出生后,父母盼望再生个儿子,就给她取名招弟。招弟 2 岁时,没招来弟弟,反招来个父母双亡。季庄无有亲人,她只好到宏道镇外祖父家居住。外祖父、外祖母只有她娘一个女儿,女儿死了,就把外孙女视作掌上明珠。招弟 3 岁时,由俩位老人作主,给她定下一门娃娃亲,女婿比她小两岁,是宏道镇上一个土财主的儿子,叫刘文西。又过了几年,招弟上学读书,国文老师嫌她的名字太俗,就为她更名昭定。意取自《左传》鲁昭公、鲁定公轶事。同时亦与原来的名字谐音。又过了几年,昭定考入崞县中学。

当时崞县中学的语文教员李舜琴,是中共地下党员。在他的积极努力下,重新恢复了党组织,还组织进步师生成立了"左联""社联"、"教联"3 个群众团体和一个文艺团体"新芽社",并油印出版了《小电灯》《抗日半月刊》《秋草》等进步刊物。在这种革命思潮影响下,昭定打心眼里倾向革命,希望革命。当时,在崞中念书的学生当中,昭定的年龄最小,个子也不高,但非常聪明,功课极好。因为她长着一双漂亮而灵活的大眼睛,而她参加的教联刊物叫《小电灯》,同学们私下里送她一个外号"小电灯"。物理老师在讲"光学"课时,讲到光射在凸凹不平的物体上会产生乱反射,同学又称她"乱反射"。昭定曾经在学校组织的歌舞晚会上主演过歌舞剧《麻雀与小孩》中的麻雀,同学们又称她为"小麻雀"。昭定平时最爱唱流行歌曲《毛毛雨》,同学们又称她为"毛毛雨"。从这 4 个外号中,我们不难想像出当年在崞县中学念书的昭定,是如何的风姿绰约,光彩照人。

1932 年暑假,15 岁的昭定回宏道。这时刘文西欲娶她过去,以了夙愿。昭定素闻他游手好闲,不务正业,乃一纨绔子弟,坚决不从。后来,她在外祖父、外祖母的苦口规劝下,这才屈从了刘家的意愿。洞房花烛之夜,年仅 13 岁的刘文西听从村里一些无赖们的唆使,坐在昭定的被褥上强迫昭定与他同房。昭定气不过,就去找刘母,说:"你儿子不让我睡觉。"刘母还算通情达理,将儿子训斥了一顿,才算完事。在以后的几天内,刘文西仍然百般纠缠。昭定的脾气挺犟,不是跟他吵架,就是跟他打架,使得刘文西也无计可施。乡下结婚讲究"住十"(即在婆家住 10 天后就要回娘家),昭定在刘家提心吊胆地过了 10 天后,就回到外祖父家。不久,崞县中学开学,她这才如蒙大赦,如鱼脱网……

惠兰听了昭定的讲述,对她的不幸遭遇深表同情,极力怂恿她与刘离婚。接着,惠兰也向她讲述了自己的一些情况及丈夫余振在北平大学所从事的一系列革命活动。每当这时,昭定脸上总是洋溢着对惠兰的欣羡之情。她激动地说:"没想到姐姐的丈夫就是九穷之一。这真是太好了,我有个疑难,不知道什么是辩证法,想向他请教,你意如何?""区区小事,何足挂齿。可以呀。"惠兰欣然同意。不久,昭定就收到了余振从北平大学寄来的复信,他除了详细解释回答了她的疑难外,还亲切地鼓励她："不仅要认真读书学习,还要积极投身于社会实践的洪流之中。"这使得昭定非常感动。

1932年冬,学校放寒假,余振由平返乡。路经崞县,他去找惠兰。一推开门,见地下站着个陌生的年轻女子,只见她身材匀称,皮肤白净,一双乌黑明亮的大眼睛格外动人。他以为自己走错了地方,正要返身出去,这时,惠兰从外面笑嘻嘻地走进来:"今天早上一个劲地打喷嚏,我觉得你就快回来了。"她用手一指那女子,道:"不认识她吧,她就叫昭定,给你写信的那位。"她见昭定有点怯生,一拉她手:"坐下吧,小电灯,怎么今天你变得拘谨了。这可不像平时的你。""小电灯?"余振不解。惠兰道:"连这也不懂,你看她那双眼睛,是不是比小电灯还亮。"昭定不好意思地扯了她一把,她这才住声。是夜,余振听完对昭定情况的介绍,也坚决支持昭定同刘文西离婚,并对惠兰说:"在我们北平大学九穷中,有一个朋友叫张灵轩,思想进步,品学兼优。昭定如能同刘离婚的话,我就把张介绍给她。"次日,惠兰去找昭定谈此事,她当即表示:愿意与张进行书信联系,坚决与刘离婚! 就在次年暑期,昭定在惠兰的陪同下,去宏道镇区公所办理了与刘文西的离婚手续。区公所负责人正好是余振的一位本家叔叔,手续办理得挺顺利。

1932年5月下旬,余振在北平大学收到惠兰即将分娩的信件,匆匆返乡。30日,他正和朋友们在东社街头写壁报,宣传纪念"五卅惨案"7周年,只见一个10来岁的小孩匆匆跑来告他说:"惠兰姐生下孩子了,是个男孩。"余振欣喜异常。后来,他与朋友们一商量,决定给孩子起名"五卅儿"。"五卅儿"在字典中本无此字,乃他之独创。意为生于5月30日的孩子。这个孩子就是余振先生的长子,后来起名叫做鸿谟。1933年暑假,余振再回故乡。他去城头村看望惠兰,一进门,只见她面色苍白,围着被褥坐在炕头,温母在一旁递水喂药,殷勤服侍。一问,才知道她自去年生下孩子后，就病恹恹的。因怕他记念，影响读书，所以一直也没敢给他写信。夫妻久别重逢，问寒问暖，谈兴正浓，门帘一挑，昭定从外面走进来。只见她穿着一件漂亮的黄衣服，胳膊上挎着一个小竹篮。她一进来就扑到惠兰面前，抓住她的手呜咽道："几月不见，瘦得哪像个人样。"余振在一旁也黯然神伤。唏嘘良久，昭定从篮中取出一些吃食水果和一件鲜艳美丽的戏服递到惠兰面前，说："这是那年咱们在崞中我演《麻雀与小孩》时学校送我的。我看你连件像样的衣服也没有，就送给你吧。"惠兰知道她对这件戏服也很喜欢，不忍夺人所爱，婉言辞谢："妹妹，我久病不愈，恐怕在世之日不多了。还是留着你自己穿吧，休要糟蹋了这好东西，我在家穿啥不一样。"昭定闻言，不觉鼻酸，安慰说："姐姐好好的，休要胡说。"

昭定在惠兰家呆了三天。第四天，她说："我在这里啥忙也帮不上，反糟害你们。我想回宏道。"惠兰说："你外祖父不来接你，你咋走？"昭定一噘小嘴，眼睛盯着余振："反正我不想在了，想回家。"惠兰叹口气说："世上没有不散的宴席，毓珍，既然昭定一定要回家，你就借头小毛驴送她吧。"余振说："我不送。"昭定剜了他一眼道："你不送，我长着腿，自己走着回去。"余振笑道："亏你还是个鬼灵精，我不过跟你开个玩笑。"昭定这才转嗔为笑。惠兰父亲为此专门借了头小毛驴，余振牵毛驴，昭定坐毛驴，俩人一出城头村，踏上官道，就引起过往行人的注意，都以为是新女婿接送新媳妇。

1934年冬，余振在北平大学意外地收到昭定的一封来信。说意外，主要是因为他与昭定已有很长时间没有书信联系。昭定信不长，只简单地询问了他与惠兰的一些近况。当时，余振正忙着搞期末考试，同时也不知道在城头的惠兰的情况，所以对这封信也没有多留意。不久，好友郝晋武（同川上社村人）由乡返京，告诉他：惠兰已于数月前病逝，到这时,余振才明白昭定写信的真实用意。此时寒假将放,他当即收拾行装,匆匆朝车站奔去。

　　一到崞县县城,他先去找陈昆。陈原来是李含雨在大同当律师时的秘书,他手头保存着李的部分手稿。从陈昆处出来,他去找昭定。当时昭定刚从代县参加会考回来。她外祖父续立功正与人打官司,也住在崞县城。余振去时,昭定还在学校,只有老人独自闷坐在家中。看见余振进来,老人的精神为之一振,态度特别热情。他亲手泡了一杯茶,打开一包烟,放到余振面前,略略寒暄几句,他说:"你在这里稍候,我出去一下。"等了有半顿饭的功夫,老人回来,一进门就对余振说:"续濂(同川西社村人)找你,有话跟你说。"续濂是前清举人,崞县财政局局长,跟余振之父李含雨是多年至友。他想:续先生找我有啥事?为什么不进来跟我说?他疑疑惑惑地走出门外,一眼就看见屋檐下站着个白胡子老头,正是续濂老先生。他刚要打招呼,续濂朝他摆摆手,伸手将他拉到大门外。余振望着老人神秘兮兮的模样,不觉有几分好笑:你们这是玩啥鬼名堂,正在丈二和尚换不着头脑之时,续濂在他耳边低声说:"续老汉看上了你,要把外孙女儿给你,让我保媒。"余振闻言,心内略作思索,又惊又喜。昭定年青,漂亮,聪明,肤白如雪,呵气成兰,且性情开朗、通情达理。能找这样才、德、貌俱佳的女子为终生伴侣,实乃三生有幸,也是余振梦寐以求求之不得的。不过,尽管如此,他也不是没有顾虑:第一,惠兰新丧,尸骨未寒,自己这样急匆匆就续妻,未免有点不近人情。第二,婚姻大事自古由父母做主。如今虽已不是封建年代,但也应该向家里人商量一下。续濂听完他的想法,反驳说:"虽说惠兰新丧,可你也总应该为自己的未来着想。过了这个村,就没这个店,昭定这么好的姑娘,你打着灯笼哪里去找。至于说同家里人商量,你父已经下世,还跟谁商量?以我看,你自己就完全可以做主。"他看余振有点犹豫,就说:"这事就这么定了。听我的话,没错。"

按照昭定外祖父的意思:现在就结婚。采用最简单的方式:请几个朋友,在饭店里包两桌,顶多花 20 块钱,就算完事。余振身上带钱不多,就去找好朋友张化之(字学圣,同川沟里村人)。张一见他,开口就说:"又娶下媳妇没有?没有,我给你介绍一个。"余振按捺住满心喜悦,佯装愁眉苦脸说:"你给我介绍哪一个?我认识不认识?"张说:"温昭定!"余振哈哈大笑:"张兄,此事就不劳您费心了。"张学圣听完他的讲述,也很高兴:"这真是有心栽花花不放,无心插柳柳成荫。天作之合,才子配佳人也。""你别先高兴,知道我找你干啥?""干啥?""借钱。""多少?""20块。"张一拍胸脯:"只要你能与昭定结婚,别说区区 20 块,就是 40 块也不用你发愁。包在我身上就是。"余振从张化之处刚出来,就见续濂老人气喘吁吁朝这边跑来,边跑边喊:"毓珍,不好了,续老汉这人反悔了。"他急切地问:"续先生,你说啥?"续濂一跺脚:"你跟昭定的婚事完了!""你说啥?为什么?不到几天的功夫就出尔反尔,也太……"续濂道:"老人本来为能找到你这样的乘龙快婿挺高兴。唉,千不该,万不该,他去续琳友那里,你知道续琳友与你素来有嫌隙,他告诉老人,说你是共产党,他害了怕,所以……"余振闻听,宛如冷水泼头。他脸冷似铁,一言未发,转身大步流星地朝崞县中学走去。续濂以为他要找续琳友算帐,一把扯住他胳膊,嘱咐说:"你可千不要跟他一般见识。"

却说正在崞中的温昭定,此时也闻听外祖父变卦,正独倚虚幌,暗自伤心。听到有人敲门,开门一看,见是余振,不由地悲喜交集。他顾不得寒暄,开门见山,单刀直入:"你外祖父变了卦,你知道不?""知道。""我是共产党,你害怕不害怕?""不害怕。"……不久,余振要回东社,昭定前来送行,告诉他过不了几天她也要回宏道,一对有情人洒泪而别。

余振回到东社的第二天,就去了城头村。此时,惠兰的灵柩已经安

131

葬。50多岁的岳母神情抑郁,呆呆的发傻。她一见余振,号啕大哭。余振亦如万箭穿心。他走到惠兰的坟前放声大哭……余振在哀伤中度过七八天后,估计昭定回到宏道,就亲自跑去探望。昭定并没有回来,她外祖母见到他,就好像见到自己的亲生儿子一样,嘘寒问暖,亲热得不得了。还拿出存放多年的酒枣来款待,这使余振非常感动。余振回到东社第二天,家里就来了一个陌生人。他是续老太太差来的媒人。不久,昭定回到宏道,就给他写来一封信,让他去商量婚事。从信的口气看,续立功老人虽然仍持反对态度,但已有活动余地。次日,余振去宏道,昭定说:"当初我跟刘文西办离婚手续时花了外祖父的200块钱,只要你肯出200块,他就管不着我了。"当时余振的父亲谢世不久,弟弟们又小,没一个能挣钱,他本人又在大学读书,哪里来那么多钱。续立功老人知道他没钱,便出了个中下策:"现在没有,将来给也可以。不过得找个保人。"余振问:"续西峰的三儿子续云生可不可以?"续家乃当地的名门望族,老人自然同意。这门婚事就算正式定下来。

1935年7月,余振大学毕业,昭定以全省会考第五名的资格考入太原第一女师。他俩双双来到太原,租了一间房子,开始共同生活。那时毕业即失业,余振便在太原过起了赋闲半赋闲的困顿生活。经济虽然拮据,但两个真心相爱的年青人并不以此为苦,反而时时感到生命的欢欣。每天一早,昭定去学校上学,余振就把门一插,钻在家中读书写作。到了中午时分,他开始张罗着给昭定做饭。一位青年邻居见此情景,就戏称他为"家庭妇男"。却说太原女师本来供学生食宿,但昭定不愿意离开余振,每天中午和晚上,她都要回家吃饭。一到快放学时间,余振就要去接她,而两人总会在半路的那个电线杆下相遇。昭定生得单薄,走上不多远就觉得乏。每到这时,余振就会替她背上书包,揽着她的胳膊,谈笑着回家。

　　1936年春,陕北红军东渡黄河,准备北上抗日。阎锡山深怕红军路过山西时对自己的统治有不利之举,他一面向南京蒋介石求援,一面令其部下在黄河边上同红军打了几仗,战斗相当激烈。与此同时,太原城内也是人心浮动。阎锡山为情势所迫,不仅对全市居民的身份规定了识别证(此证用布质制成,盖有省政府的小章),而且命令其驻扎在太原的军警白天巡逻,夜晚警戒。一时间,太原古城几成人间地狱。这时,昭定已怀孕八月,将要分娩,余振劝她住院,她说:"住医院花销太大,你没有个正式工作,稿费收入也不多。再说,我实在不愿意离开你,一离开就不由地害怕。到快生时候再请大夫也不迟。"余振依从了她。后来,昭定分娩时,余振要去请医生。她不让去,说:"现在夜深人静,世局不太平,你就不怕被乱枪打死。"余振看着她痛苦难忍的样子,决意要去,但刚到巷口,就被正在执行警戒任务的军警给挡回来。一直等到天亮,这才一遛小跑跑到医院。昭定自生下孩子后,就一直病歪歪的,经常发烧。余振请了好几个大夫打针吃药,无济于事。他听说有一个中医医术高明,人称"活神仙"。余特意将他请来,吃了好多药,打了好多针,诊治了一个月没有见效不说,反而转成了"产后败血症"。有人告诉余振:"有一种美国针可治此症,不过价格昂贵,一支十几块钱。"那时余振并无一个正式工作,日常用度全靠翻译文章挣点稿费勉强度日,哪有余钱?但治病要紧,没办法只好硬着头皮再去找那位中医问:"你这儿有没有盘尼西林(即后来之药品青霉素)?""没有。"中医知道他兜里无钱,所以这样回答。余振满含眼泪慢慢踱回家中,看着病榻上的昭定,面色苍白,瘦骨伶仃,百无一计,如万箭穿心!昭定又打了几天葡萄糖,一代红颜凄惨下世,享年18岁。昭定的灵柩回到东社后,余振的心情极为沉痛,他在家中场里场房柱子上写了一副挽联:

世事等浮云,哦,这浮云样的世事;
人生如朝露,唉,你朝露般的人生。

在场门口也贴了一副:

你也又死了吗？谁叫你阴罗道上这样匆忙？
我还要活着呢,不管我人生途中如何艰辛!

后来,他又在一把檀木扇面上抄了元稹的这首诗,以寄哀思:

曾经沧海难为水,除却巫山不是云;
取次花丛懒回顾,半缘修道半缘君。

有位友人见他这样感伤、缠绵,就在檀木扇的另一面,写了一首苏曼殊的诗加以劝慰:

人间花草太匆匆,春来残时花已空,
自是神仙沦小谪,不须惆怅忆芳容。

昭定死后 10 年,他常吟诵的是苏轼的这首词:

十年生死两茫茫,不思量,自难忘。千里孤坟,无处话凄凉。纵使相逢应不识,尘满面,鬓如霜。 夜来幽梦忽还乡。小轩窗,正梳妆。相顾无言,惟有泪千行。料得年年断肠处,明月夜,短松岗。

昭定死后 40 年,他常常吟诵的是陆游的《沈园》:

> 梦断香消四十年,沈园柳老不吹绵。
>
> 此身行作稽山土,犹吊遗踪一泫然。

后来,他还将这首诗专门书了条幅。余振对昭定的感情是挺深的,犹如陆游之于唐婉,苏轼之于王弗。新中国成立后,他每次回故乡,总要买一些水果及糕点,去昭定、文枝、惠兰的坟头探望。1953 年,时任北京大学俄文系副主任的他由京返乡,当他抵达宏道时,已是深夜,他找到昭定当年的住处,一打门,一见续老太太颤颤巍巍地走出来,他拉住老人的手号啕大哭。他问:"还有没有昭定的遗物?"她伤感地说:"全烧了,不想看她了。"后来,余振回京后,每月给老人寄 10 元钱,直到老人去世。1980 年昭定逝世 45 周年,年已 71 岁高龄的余振回乡,将文枝、惠兰、昭定的遗骸一起合葬于王东社村骆驼堰。他叩头说:"此身行作稽山土,文枝、惠兰、昭定,我也快来了。"迁坟时,在昭定棺中拾得一片已经褪成白色二寸见方的印度绸, 他将此绸用红布里三层外三层地包裹起来,珍藏在一个精美的檀木匣内。1989 年冬,当我拜访余振时,他还拿出让我观看,我欲动手去摸,先生用手一挡道:"不敢动,太酥了。"他十分愤慨地说:"我把这笔账记在阎锡山头上。如果他不戒严,昭定就不会死!在太原,我坐监,挨晋绥军军警的打,死老婆,太原是我的伤心之地。"他又说:"自是神仙沦小谪。昭定就是神仙,她触犯天规被罚落人间,却又匆匆回到了天上。"沉默半晌,老人又对我说:"我和惠兰、昭定的故事很像小说。你会写小说,不妨写一篇。"

李兰亭

1937 年春,昭定死后第二年,经友人介绍,余振与 17 岁的山西灵丘李兰亭女士结婚。在此后 60 年岁月中,兰亭女士与他患难与共,风雨同舟,一起度过了多灾多难的忧患人生。二人育有二男三女。加惠兰所生之鸿谟,共三子三女。

据 1982 年《东社李氏宗谱》记载:

长子鸿谟,配温琪英,在太原。

次子鸿才,配张晔,在天津。

三子鸿福,配吴品,在上海。

长女鸿雁,适江苏睢宁李学苏。

次女鸿飞,适江苏淮安刘榴。

三女鸿云,适浙江湖州王庆元。

余振的文学翻译生涯

新中国成立前(1937—1949)

古代希腊神话有这样一个传说:天神普罗米修斯为人类盗取天火,因此触怒主神宙斯,被囚于高加索山崖,每天遭神鹰啄食肝脏。夜间伤口愈合,天明神鹰复来……他宁受折磨,坚韧不屈。如果把翻译家们比作盗火者的话,那么,余振就是其中一位在中国现代文学翻译领域成就卓著的佼佼者。

俄国是十月革命的故乡,伟大的无产阶级革命导师列宁、斯大林就诞生在这片国土上。早在 20 世纪 20 年代末,余振在太原地方法院看守所坐监期间,他就对俄文产生了深深的向往。当时,狱内有一位革命同志知晓俄文,能够流畅地朗读列宁原著,余振对他欣羡不已,也就是从这时起,他就埋下了喜爱俄文的种子。1930 年春,他考入北平大学法商学院俄文系,在刘泽荣、寸树声、李绍鹏、王之相、沈志远诸先生的指导下,对俄文学习更加如痴如醉,因此而推迟恢复党组织关系。1934 年,他与大学同学张灵轩等人一块翻译了列宁著作《论民族问题》,由俄文老师李绍鹏代付印刷费出版,这是我国第一本列宁谈民族问题的译著。1935 年夏,他大学毕业,寓居太原,因为生活与斗争的需要,在当时的报刊上,他翻译发表的也多是带有政治、经济色彩的文章。在内心深处,余振当然更喜欢俄国文学。俄国批判现实主义文学形成于 19 世纪 30 年代,随即迅速走向繁荣,直到 20 世纪初才趋于没落。将近 100 年的俄国文坛,描写人民苦难的作家辈出,反映现实黑暗的作品不断涌现。他们在思想和艺术方面都达到了相当高度。1932 年,鲁讯在其《祝中俄文字之交》一文中说:"那时就知道俄国文学是我们的导师和朋友。因为从那里面,看见了被压迫者的善良的灵魂的酸辛和挣扎……从文学里明白了一件大事,是世界上有两种人:压迫者和被压迫者!从现在看来,这是谁都明白的,不足道的,但在那时,却是一个大发现,正不亚于古人的发现了火的可以照黑暗,煮东西。"细细玩味此语,我们足可悟出,鲁迅先生的言外之意是:20 世纪黑暗中国与 19 世纪的俄国相仿佛,只是在中国的土壤上,还没有产生同俄国一样的伟大作家和作品,这就亟需翻译介绍大量的优秀的进步俄国文学,来唤醒民众,治疗中国痼疾。高尔基曾说:"试比较一下西方文学史和俄国文学史,就可以得出这个不可动摇的结论:还没有一个国家象俄国那样在不到百年的时间出现过灿烂星群的伟大名字:普希金、莱蒙托夫、果戈理、车尔尼雪夫斯基、托尔斯泰、契可夫……"但是,在众多的俄国作家中,该选择哪一位作为自己的突破口呢?余振从中学时代就喜欢诗歌,他选择了普希金和莱蒙托夫。

普希金,1799 年出生于莫斯科一个家道中落的贵族世家。他少年早慧,七八岁就开始学着写诗。1837 年 2 月 8 日,在与逃亡到俄国的法国贵族丹特士的决斗中,头部受了重伤。2 月 10 日,普希金去世。在他短暂的一生中,创作了大量的优秀作品,代表作有《致大海》《自由颂》《假如生活欺骗了你》等,被人们尊奉为"俄国文学之父"、"俄国诗歌的太阳"。果戈理称"他的作品像一部辞典,包含了我们语言全部的丰富、力量和灵魂。"

莱蒙托夫,1814 年 10 月生于莫斯科,14 岁就写下第一部长诗《车尔凯斯人》。1841 年 7 月 15 日,他在与马尔泰诺夫的决斗中被杀身亡,年仅 27 岁。他是继普希金之后的又一位俄国大诗人,其人生经历与诗歌风格与普希金颇多相类之处。别林斯基说:"莱蒙托夫的死,给贫乏的俄国文学带来无可补偿的损失!我们含着痛苦的眼泪迎接《当代英雄》的新版……在不久的将来,他的名字在文学上将成为人民的文字,他的诗歌的和谐的声音,在人民大众日常生活的言谈中都可听到的。"伟大的无产阶级革命导师马克思认为:"对于自然的描写没有哪一位作家能超过莱蒙托夫,至于具有这样才华的人是寥寥无几的。"1907 年,鲁迅在其《摩罗诗力说》一文中盛赞莱蒙托夫等外国作家,是"立意在反抗,指归在动作,动吭一呼,闻者兴起,争天拒俗"。

20 世纪 30 年代后期,经李绍鹏先生介绍,余振入西北临时大学、西北联大、西北大学任教。这一时期,尽管校内进步师生与落后师生之间的斗争非常尖锐,但他还是利用课余时间翻译了普希金、莱蒙托夫等俄国诗人的部分作品。1939 年,他翻译了莱蒙托夫的《希望》《三棵棕榈》《叶》《海上公主》4 首。1942 年,他翻译了普希金的长诗《巴赫奇萨拉伊的喷泉》。这些译诗先后发表在当时国内的一些进步刊物上。以后时译时辍,至 1947 年,他共译出莱蒙托夫抒情诗 100 余篇,长诗 4 篇。普希金的长诗有《波尔塔瓦》《强盗兄弟》《高加索的俘虏》《铜骑士》《茨冈人》。其中,《巴赫奇萨拉伊的喷泉》于 1943 年发表于牛汉主编的《流火》第一期。该刊仅出一期,就被国民党当局查禁。1947 年,《波尔塔瓦》作为《诗文学》副刊之一,出过一个小册子。也就是这一年,恰好是普希金忌辰 110 周年,身为山西大学教授的余振又翻译了他的十几首抒情短诗,集中发表在太原的一些报刊上,以纪念这位诗界圣哲。

1948 年,余振的一位北平大学同学到上海光华出版社工作,他给余振来信约稿。余振接信后,即将普希金的 6 篇长诗和莱蒙托夫的 100 来首抒情诗寄至上海。同年 6 月,《普希金诗选》《莱蒙托夫抒情诗选》出版。当时,已经调到兰州大学任教的余振收到样书后,即将两书寄给自己的大学老师刘泽荣,一方面向老师报喜,一方面向老师请教疑难。所谓疑难,就是在《波尔塔瓦》一诗中普希金自注第 34 条用的是古俄文。余振对古俄文不甚精通,当时未译出,只好空下来,现趁此机会顺便就教于刘先生。刘泽荣当时正在迪化(今乌鲁木齐)担任外交部特派员。他接到信、书后,心情也无比喜悦,在解答了他提出的疑难后,热情洋溢地鼓励说:

敬爱的李君:

您七月十三日的来信,收到了。多谢您的关怀。您的书,——普希金的译文,我收到了。多谢您。愿您在教学和工作中取得成就。六月间此地中苏文化协会举行过普希金 150 周年诞辰的晚会,我用中文和俄文作了一个简短的报告。可惜您不在,您在的话可以朗诵一下您译的普希金的诗……

1949 年,余振又由上海光华出版社出版了《俄语文法高级教程》。与该书配套出版的有魏荒弩《俄语文法初级教程》、刘泽荣《俄语文法中级教程》。定价分别为:40 元、65 元、18 元。《俄语文法高级教程》尾页的编辑语中这样说:"这是余振(李毓珍)先生在国立西北大学及兰州大学教授俄语文法十年的结晶品。全书八十万言,分上下两篇。上篇讲解字法,下篇讲解句法,实例在五百幅以上,使学者对俄语文法结构有如指掌。不仅在中国而且在苏联也找不到这样丰富的同类著作。有此一书,对于俄语文法上的任何困难均可应手解决。本社为辅助大众学习俄语起见,不惜巨资精工排印出版。适合专科及大学教学之用,确系中国出版界最完备之俄语文法高级教程。"后来,该书作为大学俄语教材发行,深受学界好评。北京大学俄文系魏荒弩教授回忆并评价说："他在 40 年代编写的《俄语文法高级教程》上下册，便是他当年钻研俄语的心得和在大学十年语法教学的总结。从历史的角度看，我认为这是解放前中国人所编语法中对中国人最为行之有效的一种。其特点是，它把中国人在中国学习俄语所最需要知道的一切，俱已包罗在内。即使在 50 年后的今天，它仍不失为掌握俄语的一块得力敲门砖。"笔者也曾听余振讲：他到外地去开会，常有人来看他，并自称是他的"学生"。但余振并不认识。原来都是新中国成立初期因读他的《俄语文法高级教程》而自修成材的"函授生"。

《普希金诗选》《莱蒙托夫抒情诗选》《俄语文法高级教程》三书的出版标志着余振先生正以一种崭新的风貌开始走上中国文坛，也是他 10 年来翻译实践与教学实践的珍贵结晶品。此三书均署名余振。他为什么要起这样一个笔名呢？第一，"余振"二字正是他的本名"毓珍"的谐音。第二，余，我也；振，振作也。我要振作之意也。第三，普希金、莱蒙托夫的诗大都感情饱满，高吭激越，唱出了所处时代的最强音！余振深受他们的作品与人格的影响，决心振作起来，不敢有丝毫懈怠。山西大学外文系陈怀义教授亦云："他的笔名余振，就是要自己振作起来，坚持到底的意思，充分体现了他的这种坚忍不拔的精神。"从此，余振的笔名比他的本名更加响亮，更为人所知。

余振晚年回忆说：新中国成立前，他在西北大学教授俄罗斯诗歌这门课。当时没有人教，是一边学，一边教。选的是普希金、莱蒙托夫、涅克拉索夫和马雅可夫斯基 4 个诗人，代表苏联不同时期的 4 个不同阶段。他特别指出，莱蒙托夫所处的景况，跟他新中国成立前所处的时代差不多。所以，越读越有兴趣，觉得莱蒙托夫的诗写得很美。

建国初期(1950—1957)

1949 年,新中国成立后,无论是上层建筑,还是意识形态,基本上效法实行的是苏联模式。中国共产党自 1921 年成立以来,就一直受到苏联老大哥的大力帮助。现在立国了,中苏关系亦开始进入"蜜月"时期。中国文艺界因为形势的需要, 也亟需翻译大量的俄苏文学来丰富人们的精神生活。据上海华东师范大学中文系博士生导师陈建华先生介绍:"建国初期,短短十年译出了上千位苏联作家的几千种作品。同时还有大批的旧译重版的作品。苏联文学译作占全部俄苏文学译作的九成以上。这些以新时代为主要描写对象,以爱国主义和革命英雄主义为主旋律的苏联文学作品,在中国读者尤其是在青年中激起强烈反响,广为流传。这时期高尔基作品的翻译继续雄居苏联文学翻译的榜首,各种版本的出版总数达百余种, 大体与 20 世纪上半期高尔基作品的出版数相当。另一个受到关注的苏联作家是马雅可夫斯基。应该说,马雅可夫斯基的名字在'五四'以后就已为中国读者所了解,但是他的作品在解放前被介绍过来的却不多,作为专集出版的仅有一本。这种局面在 50 年代得到了根本的改变。他的一系列重要作品都有了中译的单行本,还出现了多种诗集,其中最有分量的是人民文学出版社推出的五卷本《马雅可夫斯基选集》。"在俄苏诗人中,除了普希金、莱蒙托夫外,余振对马雅可夫斯基也是情有独钟。

马雅可夫斯基,1893 年 7 月 7 日生于格鲁吉亚巴格达吉村。父亲是一个具有民主主义思想的林务官。中学时代,他受革命影响,积极参加了罢工和游行,开始阅读马克思、恩格斯的著作。1906 年父亲去世后,全家移居莫斯科。在一些具有革命思想的大学生的影响下, 他于 1908 年参加了俄国社会民主工党,成为党的宣传员。他积极从事地下活动,曾三次被捕,在狱中阅读了大量文学作品,并尝试写诗。他亲切地称十月革命为我的革命。1924 年 1 月,列宁逝世,这对他的心灵震动很大。他于这一年秋天写成了长诗《弗拉基米尔·伊里奇·列宁》。这是无产阶级革命史上第一部描写革命领袖的政治抒情叙事作品。诗人以深沉的笔调,表达了亿万人民对领袖逝世的巨大哀痛,并以发自肺腑的火热诗句,抒发了对领袖的无限深情。1927 年,为纪念十月革命十周年,他又创作了长诗《好!》。这是一部伟大的历史画卷,描绘了大量的历史人物。抒情主人公是一个具有高度政治热情、热爱社会主义祖国的革命战士和诗人,他赞美祖国的现在,更三倍地赞美祖国的将来。1930 年 4 月 14 日,他出于个人原因,自杀身亡。马雅可夫斯基是世界无产阶级诗歌的奠基人,是苏联共产党热情的歌手。斯大林称许说:"他过去是,现在仍然是我们苏维埃时代最优秀、最有才华的诗人。"

1953 年春,北京文化界决定举办一个"马雅可夫斯基诞辰 60 周年纪念会"。当时,马雅可夫斯基的诗被译成中文的极少,纪念会负责人要求人民学出版社尽快找人翻译,出版马诗,以供与会同志学习参考。人民文学版社外文编辑室主任孙绳武(孙玮)接到上级指示后,立即去找他在西北大学读书时的俄文老师余振,希望他能翻译马诗。

当时,余振已从清华大学调到北京大学,担任北大俄文系副主任、俄文系文学教研室主任。他听完孙绳武的介绍,也觉得有点为难:第一,马雅可夫斯基雅的诗挺难懂,就连一些苏联人也不知所云。当时北京大学就有三位苏联学者,一个叫古马青珂,一个叫鲍罗廷,一个叫鲍罗廷娜。当鲍罗廷娜得知李毓珍要翻译马雅可夫斯基的长诗"列宁"后,非常高兴,表示坚决支持他的工作。李毓珍说:"有了她,对工作就有了信心,不然的话我就不敢译这本书了。"后来,当余振遇到困难向他们请教时,有些疑难就连他们这些苏联专家也不懂。第二,有关马雅可夫斯基的资料有限,没有几首马诗的译文可供参考。新中国成立前,倒是有一个名叫万堤思的学者翻译和介绍过不少马诗,但他是从世界语转译过来的,错误百出。因此说,真正的马诗翻译,尚属空白。第三,时间紧。马雅可夫斯基的诞辰是 7 月 7 日,而现在已经是 5 月上旬,要用不到两个月的时间将他的重要作品都译过来,谈何容易。根据目前的客观条件,只能是先将他的代表作之一的《列宁》翻译出来。尽管困难很大,余振还是愉快地接受了约请。他心里很清楚:这样浩大的工程,仅靠自己一个人的能力一时难以奏效。第二天,他就去请精通俄文的朋友和正在北大俄文系读书的学生来帮助。第三天,他连学校也不去了,专门呆在家中翻译马雅可夫斯基的重要诗作《列宁》。印刷厂工人就等在一边,他译好几节,就由他们直接拿到厂内去排版。

7 月 5 日,翻译工作基本完成。7 月 7 日,余振参加首都文化界举办的“马雅可夫斯基诞辰 60 周年纪念会”。会前几分钟,马雅可夫斯基的诗作《列宁》才从印刷厂送过来,他捧着浸透了自己心血、散发着油墨芳香的这本书,心情激动万分……中国作家协会主席郭沫若亲临会场,他在讲话中盛赞马雅可夫斯基对无产阶级革命文艺所作的巨大贡献后,又幽默地说:“他的成就虽然这么大,但在我面前,他只能算个小弟弟。”因为郭的年龄不仅比马雅可夫斯基大,也比他出生得早。会后,郭沫若对余振说:“此次纪念会能如期召开,你功不可没。”不过,就笔者接触到的一些资料来看,郭沫若其实并不怎么喜欢马雅可夫斯基,他喜欢的是惠特曼、歌德、雪莱、拜伦、席勒等欧美诗人的诗,因为他不太懂俄文。余振先生生前也曾对笔者谈过这一看法,而郭之所以参加这次纪念会,亦乃形势使然,因为马雅可夫斯基在当时中国文艺界的影响正如日中天。

1957 年至 1961 年,他又同人民文学出版社外文编辑卢永一道组织翻译编辑出版了《马雅可夫斯基选集》五卷本,参加者有戈宝权、丘琴、乌兰汗、张铁弦、任溶溶、岳枫林,另外还有多位北大俄语系高年级的学

生,有王智量、郑铮等。他本来是想从这些北大学生中培养几个未来的
翻译家的,可惜不久,余振就被划错为右派,由京至沪,此事遂成泡影,
但他还是陆续向出版社寄去了自己的译作。笔名"余振"是不能用了,只
好易笔名为"黎新"。1959 年 2 月,中国青年出版社出版马雅可夫斯基
的诗选集《给青年》。时隔 25 年后,余振从上海旧书店将此书买下寄给
笔者,并在内封页上这样写道:

> 这是 1959 年中国青年出版社编选的马雅可夫斯基的诗
> 选。其中选了我译的《列宁》和《好》的部分片段。因为我被错划
> 为右派,我的笔名"余振"也不能用了,编辑同志代改为"未
> 辰"。我用红笔把缺笔补了起来。新版的还没有出来,这是从旧
> 书店买来的一本旧书,与庆华同志寄上,这也可以算作一点纪
> 念吧。
>
> 李毓珍(余振)
> 1984 年 7 月 1 日

从 1950 年到 1957 年 8 年间,余振在俄苏文学翻译方面硕果颇丰。
其译著有:

(1)西蒙洛夫长诗《远在东方》,1950 年上海辰光出版公司。

(2)朝鲜赵基天长诗《白头山》,1951 年东北大众书店。

(3)《莱蒙托夫诗选》,1951 年北京时代出版社(比 1948 年版增加长
诗 5 首,故取此名)。

(4)武尔贡长诗《黑人说》,1952 年上海文艺出版社。

(5)多勃罗沃尔斯基小说《三个穿灰大衣的人》,1953 年人民文学出
版社。

（6）马雅可夫斯基长诗《列宁》，1953 年人民文学出版社。

（7）阿丽盖尔长诗《卓娅》，1954 年中国青年出版社。

（8）叶高林《涅克拉索夫》，1955 年人民文学出版社。

（9）马雅可夫斯基长诗《好！》，1955 年人民文学出版社。

（10）马雅可夫斯基长诗《一亿五千万》，1955 年人民文学出版社。

8 年时间出版了 10 本译著不说，还参加了《希克梅特诗集》《吉洪诺夫诗集》的集体翻译工作。另外，他还在《人民日报》《人民文学》《文艺报》《译文》《诗刊》等全国一流的报刊上发表论文、译作多篇。他是新中国成立后令人注目的翻译家之一。在 1955 年 9 月号的《译文》杂志，余振发表有《吕荧怎样歪曲和污蔑普希金》，可见，在 1955 年的反胡风运动中，他的态度是比较积极的。他为何会有此举？是不是在反胡风运动中也受到了冲击，以求自保？还是有别的什么原因？这则是非笔者所能猜度的了。1996 年 3 月 6 日，曾经的胡风分子、余振的学生牛汉在给定襄文人续八宝的信中这样说："毓珍师是我一生最敬重的长辈之一，他的人品与学识，深深地影响了我的多半生；我今生今世，以最虔诚的情感感激他怀念他。他是咱们家乡永远不可忘记的一位全国著名的学人。我一想到毓珍师就不能平静，眼泪已经夺眶而出。一想到毓珍师的受难，有许多因素是由我引起的，心情怎么能不激动？"从牛汉的这封信中，我们或许能找到部分答案。

"文革"前与"文革"中（1958—1976）

1957 年余振被打成"右派"后，由京赴沪，到上海《辞海》编辑所工作。虽然政治环境恶劣，但他仍未忘译事。从这时起到 1976 年止，与他过从甚密的是他的两个在北京大学任教时期的学生——王智量、郑铮。称他们为岁寒三友，绝不为过。晚年余振回忆说：

郑铮同学是我在北京大学教书时的学生。1957年，我还在北京大学搞马雅可夫斯基选集时，他就参加过马雅可夫斯基的诗的翻译。1957年整风反右运动中我们得到了同样的可悲命运。他就在57年毕业，戴上帽子分配到上海。我呢，我的处分要重得多——撤销一切职务，另行分配待遇较低的工作，于1958年也被调到上海来。当时还有一位北京大学1952年提前毕业留作助教、后来又调到文学研究所的王智量同学，也于1957年得到同样的命运。他比我们多了一个周折，绕了一个大圈子，由北京到兰州，又由兰州到上海。我同他们二位先后在59年、60年间都不期而遇地碰到了。这样，他们就同我来往开。我们都自惭形秽，不敢跟人家好人来往；好人们呢，也都不愿同我们接近。我们三人，彼此彼此，谁也不嫌谁，就这样直到1979年右派改正为止，我们在上海"相洵以湿，相濡以沫"地相处了二十多年。1960年，我摘掉右派帽子，回到人民队伍，《外国文学名著丛书》编委要我继续修改莱蒙托夫诗选，王智量和郑铮二位同学就帮我修改起来。当时说得很清楚，译者是我，他们只是提些修改意见。他们修改得很认真，有许多篇诗他们都重译出来，给我作参考。

对于这一时期的生活，后来亦成为华东师大教授的王智量先生也有刻骨铭心的记忆：

这年冬天，出乎意料地有人来看望我。居然是我的恩师，从1950年便指导我阅读《奥涅金》的北大俄国文学教授余振（李毓珍）先生。原来他在也被划右派以后调到上海，做《辞海》

编辑工作。这时他已经摘掉右派帽子。他说,他早知道我到上海,知道我又失业又生病,但是一直等到两人头上的帽子都摘掉了,他才敢来看望我。余振先生见到我全部译出的《叶甫盖尼·奥涅金》,非常高兴。但是他说:"现在要出版你的译本是不可能的。不要忘了我们头上曾经有过的那顶帽子啊。再说,我们头上现在还是有一顶帽子的,叫做'摘帽右派'。"我们两人都黯然无语,过了片刻以后,他又说:"也好,再多改几遍,好好磨磨,铁棒磨成绣花针嘛。"

余振先生喜欢用这个字来表示认真下工夫的意思。和其芳先生当年的指示意思是一样的。这一磨就磨了二十多年,而且现在我还在继续"磨"下去。

余振先生要我首先把原作再仔细阅读。为了鼓励和鞭策我,他给我看了他在抗日战争时期亲手抄写的全本《叶甫盖尼·奥涅金》原文,并且说:"我当时虽然这样用功仍是不敢译它,还是你大胆,做得好!再磨它几年,做得会更好的!"他见我一家五口生活困难,连买稿纸的钱也没有,竟然把他心爱的藏书——《四部备要》的第二编送去福州路卖掉,把几百块钱拿给我,叫我安心养病和工作。

1970年夏天以后,"文革"的大浪潮已经过去,我们这三个被称作"牛鬼"的人又悄悄聚会了。第一次,我记得,是在上海复兴路嘉善路口一家小面馆里。余振先生见我面的第一句话不是嘘寒问暖,而是"你把《奥涅金》磨好没有?"从这以后,直到"文革"结束,我又在余振先生帮助下把译稿修改了几次。我的《奥涅金》翻译中其实包含了许多余振先生的心血。

余振先生在上海辞海编辑所工作两年后，上海市出版局感到他在淮海路的房子有许多不便之处，就在汾阳路为他分配了另一所房子。这是一所上海人常说的那种真正的花园洋房，两层楼，附有阳台。楼房周围是种植了不少花木的大院子。汾阳路的东口是几条马路汇集的广场，但行人不多，比较安静。他对新居很满意。也许更令他满意的是汾阳路广场上那座青铜铸就的普希金铜像，1937年，上海俄侨为纪念这位诗人逝世100周年，在这里建立了普希金铜像，但在抗日战争中被日军拆毁。抗日战争胜利后，1947年又经苏中双方人士发起筹款，在汾阳路原址上重建了一座新的普希金铜像，周围仍然种了花木。这是这位俄国大诗人在东方唯一的一座铜像，自然成了敬仰他的人所向往的地方，余振作为普希金诗歌的翻译者，这里自然也成了他经常散步的地点。

1964年8月18日夜，就在长夜弥天之时，诗人郑铮满怀激情地写了一首十四行诗，以表达自己对老师的敬爱之情：

致普希金
——给敬爱的李老师

在这喧嚷的都市幽僻的一角，
巍然矗立着你那青铜的塑像。
三面延伸开三条笔直的大道，
四周环绕着四季常青的围墙。
像是召唤又像是默默地沉思，
高昂起头颅你向着远方凝视。
清风徐徐诉说着温柔的话语，
流云舒展如同你自由的诗句。

> 孩子们常常玩耍在你的身边，
> 天真无知地指点着你的姓名。
> 行人默默地瞻仰你满怀尊敬，
> 而那里就在不远的一扇窗前，
> 你常常看见一个异国的歌手，
> 弹着你的竖琴在深夜的时候。

新诗写的这么整齐这么棒，真难为郑铮先生了。

当时余振在上海的居所汾阳路152号就离三角花园不远，三角花园内矗立着一尊普希金铜像，翻译家、诗人郑铮有感于斯，表面是赞誉俄国大诗人普希金，实际上是赞誉自己的恩师余振，赞誉他数十年来翻译介绍普希金诗歌的特殊劳绩。后三句："而那里就在不远的一扇窗前 / 你常常看见一个异国的歌手 / 弹着你的竖琴在深夜的时候。"与副标题遥相呼应，可谓点睛之笔。

1966年"文革"爆发后，余振的《莱蒙托夫诗选》手稿被认为是大毒草而交出审查，翻译一事已成痴人说梦。普希金铜像也同普希金诗的翻译家余振一样在劫难逃，惨遭厄运。1987年7月16日，余振在接受上海《新民晚报》记者李坚采访时说："'文革'开始不久，三角花园来了一帮人。他们用绳子打了结，去套普希金，一次不成又一次，最后终于套中了，使劲一拉，铜像轰然倒地，砸了一个大窟窿，然后他们就把绳子穿进这个孔，拖着这个铜像沿桃江路扬长而去。我亲眼目睹了这一场景。"

从1958年到1976年间，全国的一些出版社也曾发表过余振的一些译诗，但他原先的笔名不让用了。他只好易笔名为"未辰""黎新"，未辰是余振的缺笔，至于黎新，也许是因为身为右派，要重新做人重新开始的意思吧。也有人说他也曾用过"孟星"的笔名，可惜这方面的史料，笔者还一直没有找到。

新时期以来(1977—1996)

1976 年 10 月,"四人帮"被粉碎了,中国的政治经济文化科学的春天来到了。余振的右派问题得到了彻底改正。1979 年,新编《辞海》出版不久,他即到上海华东师范大学正式工作。工作之余,他又以满腔的热情投入到他衷心热爱的文学翻译当中。1980 年,《莱蒙托夫诗选》由上海译文出版社出版,从新中国成立前至今,这也算是第三个版本了。此书一出版,就受到读者的热烈欢迎。1985 年 6 月,《莱蒙托夫抒情诗集》由浙江文艺出版社出版,编辑沈念驹。出版者说:"本书是国内第一本外国诗人抒情诗的全集,收入莱蒙托夫全部抒情诗 455 首,其中三百多首以前没有翻译过。译者余振先生是四十多年从事莱蒙托夫诗歌翻译与研究的专家,在本书翻译过程中对原诗格律的传达作了可贵的尝试。译诗形式上的严整是本书的一大特点。此外,译者还广采国内外对莱蒙托夫研究的成果,为每一篇诗写了题解,介绍作品产生的时间、背景、抒情的对象、有关的史实或掌故及原诗的格律。书末附录了莱蒙托夫年表,并系统地介绍了莱蒙托夫抒情诗常用的几种格律。"

余振在该书《前言》中说:

"莱蒙托夫抒情诗中有四篇用法文写的。我对法文是个文盲,只好照附注的俄文译文转译过来。对这四篇法文诗的格律更是无从注起。没办法只好请教专搞法国文学的朋友了。承罗大冈同志抱病给我修改译文,注明每篇诗的格律;叶汝琏同志也给我更加详细注明每篇诗的格律。"

著名翻译家、出版家孙玮说:"这是一本高度地表现了译者对诗歌翻译的追求和功力的书。不用说,他参照多种俄文版本,甚至流传别国的零星诗稿,制定了翻译的篇目,尽力使之完善。至于书的前言和书后的附录,也都可见译者缜密的思考和周到的用心。这本《莱蒙托夫抒情诗集》堪称迄今俄语诗歌中译本中功力最深的诗集。在诗的翻译方法上,也可以看出他的追求探索的精神。总的来说,他要以'格律体'的中文译文表达'格律体'的外国原诗。余振先生在翻译莱蒙托夫、普希金诗歌的过程中,不畏艰难,不怕失败,要打通这条道路。"

1987 年 1 月 16 日,上海《新民晚报》发表了一篇题为"外国文学读物呈现两极畅销"的文章,称:"余振的《莱蒙托夫诗选》和冯岳麟的《罪与罚》,分别发行 80 万册和 13 万册。"80 万册,即便是现在的畅销书,也很难达到此印数。这一数字,也充分反映了那个时代全民读书的热情。1990 年,《莱蒙托夫抒情诗选》由上海译文出版社出版,又印了 9000 册。在莱蒙托夫的所有诗作中,他最喜欢《童僧》《1831 年 6 月 11 日》,前者表现了一个在寺庙中的小和尚不自由毋宁死的孤独灵魂,而后者则以形式上似乎阴沉的调子,表现了年轻诗人对生活对人生对事业积极的特性。

1984 年 8 月,由余振主编的《马雅可夫斯基选集》四卷本由人民文学出版社出版。内中除收有他 50 年代翻译的长诗《列宁》《好!》《150000000》外,还收了他最新翻译的长诗《穿裤子的云》《关于这个》《给挖出了第一批矿石的库尔斯克工人》《放开喉咙歌唱》和若干首短诗与文章。同年 11 月,《普希金长诗选》由外国文学出版社出版。1994 年 2 月,《普希金长诗全集》由浙江文艺出版社出版,同新中国成立前的译本相比,他又新译 8 首,分量比以前重多了。

1989 年 7 月,余振和郑铮翻译的苏联甘札托夫的诗集《无题诗 100 首》,由北岳文艺出版社出版。该书出版时,先生正闲居太原,笔者也有幸获赠一本。他给马作楫赠书的扉页上写道:"在上海翻译,在太原出版,在原平印刷。"以表达自己对故乡的眷恋之情。他还对马说:"我的新书出来了,请你在山西的刊物上做个广告。"于是,马作楫在《太原日报》(1989年8月30日)上发表了《记余振师——从〈无题诗100首〉想起》。他说:

> 今年七月初,杂花飘香,天渐微凉。余振师从上海返回他朝思暮想的太原。他赠给我一册最近译的苏联达吉斯坦共和国的一个少数民族诗人甘札托夫的爱情诗集《无题诗100首》。我想,读者读过这些爱情诗后,也一定会得到从所未有的陶醉和美的享受。诗的内容或喜或忧,或思或怨。读余振师译的正像读中国的传统诗词一样,情致婉转,气韵生动,言有尽而意无穷。在诗的形式上,余振师译的既传达了原诗的形式,也吸收了中国传统的近体诗和古体诗的声律美。

1990年,余振译作《莱蒙托夫抒情诗选》由上海译文出版社出版。1991年,他应浙江文艺出版社之约,将普希金的长诗全部译完。不久,他又应上海译文出版社之约,将莱蒙托夫抒情诗全部修改一遍,收入《莱蒙托夫全集》。他给山西大学中文系教授马作楫写信说:"1991年一年做的事,比80年至90年十年间做的事还多。"其勤奋程度,足见其弥补以往时间损失的心志。

1994年春,已85岁高龄的余振,不顾体弱多病,再一次回到太原。不久,由他编译的《莱蒙托夫诗歌精选》《马雅可夫斯基诗歌精选》,由北岳文艺出版社出版。在他的推荐下,好友魏荒弩的《涅克拉索夫诗歌精选》亦由该社出版。回到上海后,他与王智量合译的《普希金长诗全集》,由浙江文艺出版社出版。此书除了《普希金长诗选》所译的7部外,又增补了《努林伯爵》《塔济特》《科隆纳的小房》《安哲鲁》及智量先生译的《欧根·奥涅金》，及两首普希金未完成的长诗遗稿。每次重译，或增加篇目，或修改诗的格律，都是凝聚了先生数10年的研究心得。比如说普希金的长诗，以前译的都是每行 10 个字，因为原文都是 4 音步，这次补译的有 5 音步，6 音步的，5 音步的每行 12 个字，六音步的每行 14 个字，全诗将近万行。难怪他的朋友和学生们都为他这种"烈士暮年，壮志不已"的干云气象惊叹不已！

在所有俄苏诗人中，他最喜欢莱蒙托夫。他曾经亲口对笔者说："每当我吟诵翻译莱蒙托夫的诗歌时，我就把自己当成了莱蒙托夫。"1989年 4 月 15 日，他又说："我自己，作为莱蒙托夫诗的译者，有时候读起他的某些诗篇来，也常常受到很大的感动。这也许因为我接触他的诗时间太长了！从最初翻译的一九三九年起，不断修修改改，琢琢磨磨，到现在已整整半个世纪。对他的诗有了一定的感情，简直当成了自己的诗。"

1962 年 10 月 18 日，他从上海文艺会堂旧书店，买了一本自己于 1951 年翻译出版的《莱蒙托夫诗选》，在扉页上写道：

原书主人在上面写了好多东西，我都擦掉了，事后很觉得对不起原书主人。现在再就记忆所及补记一点：原书主人姓何，有一位姓张的好朋友给他从哈尔滨寄来十块钱，他就用那钱买了这本书，是在广州买的。序言的前半部分曾仔细读过，不但在着重处划了'——'，而且在书页旁还注出每段的要点。同时把不大懂的字和词还有的注上音，有的注上义。比如抒情诗的'抒'字，旁边注了个'舒'，足见读者读的时候是十分认真的。这些字迹保留下来对作为译者的我本来是很宝贵的。所以，又追记如上。

原书价 2.30 元　旧书价 1.60 元。

1980 年,《莱蒙托夫诗选》由上海译文出版社再版,这也是他 1978 年"右派"问题平反以后出版的第一本译作。在扉页上他这样写道:

韩致光:

辑缀小诗入卷中,寻思闲事到心头。

自吟自泣无人会,肠断蓬山第一流。

夜读莱蒙托夫《一九三一年六月十一日》,不禁涔涔泪下。
因抄韩诗于卷首。

80 年 10 月 9 日毓珍

1987 年,《新文学史料》第四期发表了一封胡风致妻子梅志的长信,这封信是胡风被打成反革命后, 于 1965 年 9 月 9 日至 11 日在秦城监狱写的。此信后来收入《胡风全集》第 9 卷。信中说:"前天我提到的几种,在我看来,那译文是质朴的,有风格的。另外,过去读过余振译的《莱蒙托夫诗选》。我以为那译文是难得的,我当时曾不费力地记住了几首短诗。那里面有似童话似传说的叙事诗。我的一本被家康(周恩来的秘书——作者注)借去了,现在不知还能买到否? 我还以为傅雷的译文是难得的……我提到这些, 都是在内容值得读而译文好或较好这一点上着眼的。译文的语言朴实,健康,能够使读者通过语言的感觉去透入作品的精神内蕴。也就是说,能培养读者的感觉力。"其实,胡风对于《莱蒙托夫诗选》的喜爱由来已久,1951 年 9 月,《莱蒙托夫诗选》由北京时代出版社出版不久,胡风即看到此书。据胡风日记 1951 年 12 月 29 日载:

读莱蒙托夫抒情诗数十首及《姆采里》(现译作《童僧》)。1952年1月1日,徐放、谢韬来访,胡风还给他俩写了莱蒙托夫的抒情短诗。1月2日,胡看完《莱蒙托夫诗选》。1952年12月30日"下午,到牛汉处……遇到翻译家余振。"(《胡风全集》第10卷,湖北人民出版社)可见胡风与余振是认识的。

北京大学教授魏荒弩看到此史料后,即将剪报于1987年11月30日下午寄往上海,并在信中说:"做为一个忠实的译者,能得到杰出的马克思主义文艺理论家胡风的一再赞美,老兄也可以慰矣!"1987年12月11日,余振在日记中写道:"在杰出的马克思主义文艺理论家胡风的笔下,我与大师傅雷排在一起,而且都认为'难得',不胜荣幸之至!!!"事实也的确如此,在当代中国文学翻译领域,余振的诗歌翻译的确是首屈一指的,第一流的。能够取得这样的成就,也是与他深厚的国学根底及外文水平分不开的。

1994年,上海译文出版社出版《莱蒙托夫文集》八卷,该社苏俄东欧编辑室主任、翻译家冯春说:"余振先生在解放前就开始译莱蒙托夫的诗,一直到现在,已经85岁高龄,他把莱蒙托夫的抒情诗全部译出来;而且经过反复的修改,可以说锤炼了一辈子。""我们准备把莱蒙托夫全部作品出一套全集。但是我们不敢说是全集,因为出全集很不容易,往往有遗漏。所以,我们就叫做《莱蒙托夫文集》。他的文艺作品,能收到的都收进去了。"

诗人郭在精说:"我在上海电台多次制作专题,比如《我爱祖国以奇异的爱情》《一片孤帆在大海上闪耀着白光》,介绍莱蒙托夫和他的作品,朗诵他的《祖国》《剑》《诗人之死》等诗作,还播放了余振先生用中文和俄文朗诵的诗作《乞丐》《孤帆》的录音。"

在《莱蒙托夫诗选》的众多读者当中,诗人冰夫的经历最为奇特,他见证了《莱蒙托夫诗选》在新中国成立前和成立后各个不同时期的命运。他说：

> 一本好书对一个人的一生所起的作用是难以估量的。一九四八年，在上海动荡不定的生活中，既有物质的贫困，又面临精神的空虚，我的好友刘浦舟兄从友人处借来一本光华出版社印的《莱蒙托夫抒情选集》。在一天的紧张劳动之后，在一座小阁楼的昏黄的灯光下，我们躺在地铺上读着那首《独白》……

> 那时候我们才十六七岁，半工半读，繁重的劳动得来的报酬仅仅是填饱肚子，我们感到现实真像莱蒙托夫所说："生活是阴沉的，心也沉重，精神也在哀伤中。"所以觉得莱蒙托夫是我们接触到的外国诗人中对我们最亲近的一位。但我们并不真正懂得莱蒙托夫，不久那本诗集归还了主人。我们曾经想自己凑钱买一本，于是记下了光华出版社和翻译者余振的名字。

> 后来回国以后，我又买到一本时代出版社印的《莱蒙托夫诗选》，仍然是余振先生翻译的。这以后我还陆续读过余先生翻译的《普希金诗选》《吉洪诺夫诗选》和西蒙诺夫的长诗、马雅柯夫斯基的长诗《列宁》《好！》以及多勃罗尔斯基的长篇小说《三个穿灰大衣的人》等等，所以一直对余振先生怀着深深的敬意。

据诗人陈士平回忆："1951年12月，我在成都市人民广播电台第一次得到2万元稿费后，做的第一件事就是直奔春熙路新华书店，直奔那本我早已瞄准而没钱买的《莱蒙托夫诗选》，二话没说就买了下来。书价

18000 元。这本《莱蒙托夫诗选》由我国老翻译家余振(李毓珍)翻译，1951 年时代出版社初版。"

桑永海回忆："一个偶然的机会，一位同学把他厚厚的《莱蒙托夫诗选》借给了我，里面一首 12 行的小诗《帆》，一下子紧紧攫住了我的心……那是 50 年代末，我在读高中。虽然成绩优异，却因为家庭出身问题时而受到白眼和冷遇，内心常怀忧郁。读了这样的句子，我眼前豁然一亮。顿挫音韵里弥漫着的孤独感，迷惘中的追求与不舍，好像说出了我的感觉，我的心声。那时毕竟年轻，心气正旺，所以尾部骤然间昂扬而起的结句，立刻就印在了我的心上：'而它，不安的，在祈求着风暴，仿佛是在风暴中才有安详！'这片孤帆，那时唤起的是鄙弃苟安于平静的崇高感，是热血男儿的心，是对自由独立的向往，是对建功立业的渴望。它把我的郁闷一扫而空，搅得我浑身热血沸腾。就像座右铭那样，我把《帆》抄在了日记本的扉页上。我也记住了翻译家的名字：余振。"

1987 年 6 月，诗人冰夫与友人郭在精应上海人民广播电台文学节目主持人之约，一同拜访了余振先生，他说：

> 余振先生是一位耄耋高龄的老人，是我仰慕已久而又未曾谋面的老师。我曾从他辛勤耕耘传播的俄国和苏联文学作品中承受到难忘的恩泽。
>
> 拜访将近两个多小时，临告别时，余振先生在赠给我的《莱蒙托夫抒情诗集》的扉页上签下了遒劲的名字，他一定要送我们到院子外面，并且在花园里拍照留念。我站在高大的樟树前，夹着厚厚的《莱蒙托夫抒情诗集》，心中油然闪过一个奇异的念头：当我青春年少时，正是余振先生引领我认识了莱蒙托夫；如今，在上海六月的灿烂的阳光下，我好似看到余老先

生陪着莱蒙托夫在花园深处的浓荫里，微笑地凝望着我们
……

余振属鸡,据《韩诗外传》载,鸡有五德:头戴冠者,文也。足傅距者,武也。敌在前敢斗者,勇也。见食相呼者,仁也。守夜不失时者,信也。虽不敢说先生在武、勇、仁、信方面已做到完美无缺,无可挑剔,但在文的方面,尤其是在俄苏诗歌的翻译方面,的确为后人树立了一座高巍的丰碑。《中国翻译文学史稿》第五篇"中国当代翻译文学"第三章评述:"余振在漫长的翻译生涯中,形成了自己的翻译主张,并且在翻译实践中证明了这种主张的合理性。他翻译的普希金、莱蒙托夫、马雅可夫斯基的重要诗篇,博得了广大读者的赞誉,被认为是佳译。"诗人牛汉亦云:"三四十年间,您为革命的文艺事业,作出了巨大的贡献,千千万万的读者,都永远铭记着您的劳绩。"

2009 年是余振先生诞辰 100 周年,在上海的余振亲属、友人、弟子举办了一个纪念会,著名诗人牛汉也参加了,他在纪念会上题词道:"恩师余振教授高尚而朴实的人品,纯正而丰美的译作,以及他那默默地为理想人生的献身精神,令我深深地尊敬与感念一生。"

最后,我想说的是,由于受余振先生多年的培养浸润,笔者也十分喜欢俄苏诗歌,尤其是普希金、莱蒙托夫、马雅可夫斯基那慷慨激昂、直干云霄的呐喊,真是深获我心。令人扼腕叹息的是:普希金活了 37 岁,莱蒙托夫活了 27 岁,马雅可夫斯基活了 37 岁,俄罗斯另一位大诗人叶赛宁也只活了 30 岁,而且都是死于非命。所以,在此,我要说,俄罗斯诗歌是永远年青的诗歌,而永远年青的俄罗斯诗歌必将同它的中国翻译者余振先生一样,定格于历史的瞬间,长存天地之间。

校注《棋经十三篇》

什么叫文字狱？

《辞海》说："旧时统治者往往故意从文人的作品中摘取字句，罗织罪名，构成冤狱，以镇压知识分子，叫'文字狱'。"明太祖朱元璋和清康熙、雍正、乾隆三帝大兴文字狱，刑法残酷，株连众多。明太祖因幼年当过和尚，即位后看到诗文中有"僧"、"光"等及其同音字，即将作者诛灭。龚自珍《咏史》："避席畏闻文字狱，著书都为稻粱谋。"讲的正是此意。

"文化大革命"期间，中国传统文化与现代文化，遭到了前所未有的摧残。不但中国文化如此，就连一些已有定评的优秀外国文学作品也难逃厄运，被视为"洪水猛兽"。"文革"前出版的外国进步文学作品几乎绝迹。余振翻译的《莱蒙托夫诗选》，在1960年曾被人民文学出版社列入《外国文学名著丛书》之一。到了"文革"期间，此书被视为"大毒草"而交出审查……值此文字狱大兴之时，他终生酷好的文学翻译事业已成痴人说梦。但他又是一个天性闲不住的人，每天不读书不写字就心难受，这时，他想起了围棋，想起了《棋经十三篇》。余振后来曾说："文字狱大兴之时，也是考古考据学繁荣之时，因为整理国故，研究古籍，一般很少与时事发生关系，有清一代，考古学之所以盛行，就与清代统治者大兴文字狱有绝大关系。"

在浩如烟海的中国文化古籍中，他为什么要选择《棋经十三篇》作为他的研究方向呢? 原由有三:第一,他自幼爱好围棋。早在 20 年代初,他在故乡东社读书时,在大哥李果珍的教导下,就学会了围棋。在此后60 多年的时间内,始终与围棋有着不解之缘。新中国成立前,他偶尔外出作客,因无棋具,就以纸片替代,手谈至晚。还有一次,他身携围棋去访棋友,乘坐三轮车时,不慎将棋子洒落于地,三轮车夫不知围棋为何物,以为这是特务对暗号的用物,要将他扭送当地治安机关……真是可笑至极! 第二,《棋经十三篇》成书于北宋仁宗皇祐年间。它不仅是我国流传至今最完整最系统的围棋理论著作,还是一部高水平的哲学著作,一部可读性很强的散文作品。历宋、元、明、清各代,一直为弈家奉为圭臬。但是,就是这样一部典籍,他的作者到底为谁? 历来存在着一些争议:有的说是张拟,有的说是张靖。余振决心弄清楚他的作者到底是谁。第三,《棋经十三篇》的版本很多,这些版本在流传过程中,有一些谬讹。宋、元、明、清各代,为该书做注的共有 5 家。这些注释文字,也是各有所长,各有所短。余振决心融汇这 5 个注家的优点,对《棋经十三篇》做一次全面而系统的校注工作。即根据不同版本和有关资料,取其中一个本子作底本或注本,搜罗不同版本和有关资料进行核对,发现其讹误衍脱,并在底本上加以批注。

1970 年,年逾花甲的余振从奉贤五七干校回来后,即开始做《棋经十三篇》校注和作者考的准备工作。俗话说巧妇难为无米之炊,校注古籍考证作者也一样,关键在于掌握丰富的文献资料。为了把这项工作搞好,他几乎跑遍了上海的各大图书馆,他还向散居在各国各地的朋友、学生写信,请他们为自己的工作提供帮助。同时,遍访围棋理论名家,先后得到徐润周、李松福、成恩元、郭正忠、孙绳武、马作楫、刘让言诸先生的大力协助。

《棋经十三篇》的版本,据说有 20 多种。余振购买、借阅、抄录到的就达 18 种之多。在对这 18 种版本细心阅读甄别后,决定择优从善,将其中的元人严德甫《玄玄集》作为自己的底本。《玄玄集》,元至正九年(1349)刊行,严德甫、晏天章编。严师,字德甫;晏天章,字文可,皆江西庐陵人。严德甫"弱冠时以善弈得名江右,初集弈法为书"。晚年钩深玄远,参互考订,次第详略,凡若干卷,名之曰《玄玄》。晏天章以家藏诸谱,又增益之,手录锓梓以传。彼时《忘忧》《事林》影印本尚未出来,只有《玄玄集》独步一时。明清诸谱以是书为底本者约占半数。

　　底本定后,下一步就是定注本。给《棋经十三篇》作过注释的,历宋、元、明、清八九百年间一共有 5 家:宋刘仲甫、元严德甫、明许毅、苏之轼、清邓纯丰。其中,元人严德甫的注文最为严谨,最为全面,有很高的科学价值。这样,他就又选择了严注本。另外,为了弄清楚《棋经十三篇》的作者到底为谁的问题,他先后承教于中国社会科学院历史研究所郭正忠、中国科学院语言研究所专门委员会余嘉锡、李松福、刘让言诸先生及河南省济源县文化局……作者考和校注工作的参考书目,达 87 种之多。

　　功夫不负有心人,1980 年春,余振的《棋经十三篇校注》基本完成,他当即寄给北京人民文学出版社的老朋友孙绳武请他去处理。孙便将该书推荐给知识出版社。不久,该社来信,要余振将作品中的"棋经十三篇作者考""张靖传略"等内容删去。余振认为:这两部分内容是这部作品中很重要的部分,自然不能接受。于是,他将书稿要了回来,将该书的一部分内容转投上海《中华文史论丛》。同年 10 月,余振的"《棋经十三篇》作者考"发表于上海《中华文史论丛》第四辑。此文发表后,立即在国内围棋界引起轩然大波。原来,《棋经十三篇》作者"张拟说"已经流行了800 多年,而余振却说《棋经》的作者是张靖。余振说:"我近年来找寻张靖的材料时,并不是排斥'张拟'的材料于不顾,不是的,不但不排斥,恰恰相反,最初找寻时还是专门找寻有关张拟的材料的。"在引证了大量资料对"张拟说"进行了反驳后,他说:张拟本无其人,是由本书《棋经十三篇》前题"皇祐中张学士拟撰"而来。

他又说:"《棋经十三篇》的作者乃张靖。张少时与文彦博同学,宋仁宗天圣五年与文彦博同榜进士……他与同侪赓唱,或设棋酒以相娱之暇,摹拟《孙子兵法》十三篇,写了一篇两千多字的文章,名之曰《棋经十三篇》。"他最后说:"一种看法的正确与否,不能以流传的时间来决定,而应追究这种看法对不对,以及所以流传了八百多年的原因。如果有道理,本身没有矛盾,仅仅流行了三年、五年也应当肯定;如果没有道理,存在的矛盾没有解决,这种说法再也说不下去,那么,即使流行了一千年、两千年,也必须推翻,而且一定要推翻。"

1985 年,《棋经十三篇校注》初步完稿。同年 7 月,四川出版的《中国围棋》一书就采用了他的校注本,编者成恩元说:"1979 年,上海李毓珍先生在邓注本(似应为严注本——作者)的基础上,参考了许多版本,并对一些引文、成语、典故的出处详加考释,所费功夫颇大,最后写成《棋经十三篇校注》,这可以说是目前所见到的最详尽的注本了。"《棋经十三篇校注》虽被《中国围棋》所引用,但余振并不以此为满足,后来,他又参考成恩元先生对校注本补注的 93 条文字,进行了多次修改。1986 年 9 月 6 日,他给友人陈怀义信中说:"《棋经十三篇校注》已搞完,我托人与山西的出版社联系,说我是山西人,想在本乡地面出本书。结果,如石沉大海,只好在外地联系。杭州浙江古籍出版社已接受,我已把稿子寄去,不过,因出版事业不景气,还没有付排。看来,我是今生今世打不进娘子关了!"1988 年 4 月,此书由四川蜀蓉棋艺出版社出版后,颇受围棋界人士青睐。他的棋友、著名古典文学专家胡邦彦先生在来信中说:"一篇薄薄的两千余字的原著,先生考酌古今,洋洋洒洒发挥为 10 余万字的宏文。从写作到出版,且费时一十八年。可以狮子搏兔四字状之,公真学人,自当如此。"

1990年春,我前去拜访余振,他将此书送我,亲切地问:"你会不会下围棋?""不会。"他好像有点扫兴,说:"我的学生们都会下围棋,都是我教会的。"我说:"那就请先生也教我吧。"他默然,过了一会,缓声道:"围棋这东西,易学难精,非一日之功。"他又说:"博弈,历来被人们视为小道,其实这里面包含有不少珍贵的人生哲理。《棋经》有云,博弈之道,贵乎谨严,人生而静,其情难见。感物而动,然后可辩。目凝一局者,其思周。心役他事者,其虑散。行远而止者,吉。机浅而诈者,凶。弃小而不就者,有图大之心也。临时通变,宜勿失执一。所以说,博弈非小道,棋道非小道,亦类人道。"他随手抄起一枚棋子说:"你看,这枚棋子,表面上看是黑的,可放到阳光下一照,就变成了绿的。"好奇的我接过一试,果如所言。他说:"在国内诸多围棋子中,云南子最贵,也最佳。我这副是托一个去云南出差的朋友买的。解放前,我有一副日本棋子,1949年赵守攻不想让我去北京工作,他扣着不给,只好送了他。"后来,他又讲了许多围棋的故事、轶事,我听得着迷,心想:自己什么时候也能学会下围棋?

1991年9月18日,余振致马作楫信:"近日认识了一位意大利喜欢围棋的朋友,他决定要把《棋经十三篇》译为意大利文和法文,来中国取经。《围棋》月刊社介绍他来找我,因之也认识了《围棋辞典》的编者赵之云先生。通过赵先生又得到五种《棋经》不同的版本。因而也就又引起我研究《棋经》的兴趣……我打算对我的旧作做一些补充修订……"1994年9月,《棋经十三篇校注》修订本,仍由四川蜀蓉棋艺出版社出版。

余振曾经不无自豪地对我说:"给《棋经十三篇》作注,民国以来,我为第一人。我想,我虽然在俄苏文学翻译上取得了一定成就,但传世之作当首推《棋经十三篇校注》。"是呀,有一份耕耘,就有一份收获。先生终以其一十八年的辛勤劳作,为中国现代围棋史又添佳话。

余振钟爱旧体诗

　　中国经典作家灿若星河,中国经典文化浩若烟海,一个人即使废寝忘食,焚膏继晷,恒兀兀以穷年,恐怕也难窥其一二。话虽如此,那些积习难改的文人学者,到底还是终日手不释卷,孜孜以求,而余振正是这众多爱书若珍宝的书痴之一。世人多知他是一个成果丰硕的俄诗翻译家,殊不知他对中国古典诗词也十分喜欢。

　　1909 年 6 月 15 日,余振出生在一个乡村知识分子家庭,父亲李含雨(字润之)乃清末秀才,也是民初崞县官立同川第二高等小学堂首任堂长。由于受父亲的薰染,余振自幼就对中国传统文化情有独钟,《三字经》《弟子规》《千字文》等蒙学读本就不必说了,就连一些比较高深的古典文学作品,他亦烂熟于心。在崞县中学读书期间,他除了醉心于陈独秀锋芒毕露针砭时弊的《独秀文存》外,最喜欢读的书便是元曲《西厢记》,他曾经向笔者说:"《西厢记》这本书,我喜欢了一辈子!"1989 年冬,我拜访先生,他曾经拿出一本清康熙精刻本《西厢记》让我观看,该书首页清楚地写着"金圣叹批评第六才子书",插图精美,古色古香。接着,先生不看原著,就大段大段地背诵起《西厢记》中的经典名句:"碧云天,黄花地,西风紧,北雁南飞。晓来谁染霜林醉? 总是离人泪。"吟毕,他又赞道:"不愧是元曲之冠,写得真美! "接着,他又背诵起明贾仲明赞颂《西厢记》的《凌波仙》词:"风月营密匝匝列旌旗,莺花寨明飚飚排剑戟,翠红乡雄纠纠施智谋。作词章风韵美,士林中等辈伏低。新杂剧,旧传奇,《西厢记》天下夺魁。"

他又说:

> 除了王实甫的《西厢记》,我还喜欢唐诗人李商隐的诗,尤其是他的无题诗。李的无题诗,思深意远,情致缠绵,有百宝流苏的光艳,有千丝铁网的细密,有行云流水的空明,有粉蝶翩飞的飘逸。诗之美,李商隐尽具矣!有人误以为无题诗即艳情诗,非也。清纪昀曰:"无题诸诗,有确有寄托者,有戏为艳体者,有实有本事者,有失去本题而后人题曰无题者,有与无题诗相连,失去本题,误合为一者,宜分别观之。"李商隐的有些诗,写得比较隐晦朦胧,令人难以索解。比如《锦瑟》,一篇《锦瑟》解人难,这真的应了元好问的那句话:"诗家总爱西昆好,独恨无人作郑笺。"六七十年代,我在《辞海》编辑所工作期间,每当给某一字词释义举例时,我大多采用李商隐诗。1989 年 7 月,北岳文艺出版社出版了我译的苏联诗人甘札托夫的诗集,这本书也可以叫"甘札托夫抒情诗选",但因为我喜欢李商隐的无题诗,就把它定名为《无题诗一百首》,因为甘札托夫的这部分诗,原本就大多无题,题这样的书名,也未为不可……

接着,余振便向我讲述了李商隐的生平及轶闻。在与余振的多年交往中,我发现,他不仅喜欢王实甫《西厢记》和李商隐诗,对陶渊明、苏东坡、陆放翁、元遗山、苏曼殊的诗,也颇为青睐。这几位诗人的诗,余振不仅在闲暇时经常吟唱,有时还会写成法书赠送友人。1988 年 10 月,他曾将元遗山的《桐川与仁卿饮》书赠山西大学教授马作楫,他在给马的信中说:"这首诗,我很喜欢。首先我很喜欢遗山的'乱离诗',因为自己就是一个经过'乱离'的流浪人。其次,这是一首提到我家乡桐川的诗⋯⋯"在论及陆游时,他曾经对内侄温秉钧说:"我也很喜欢他的诗,我觉得他比白居易高,白居易的政治诗和闲适诗多半连不在一起,好象是两个人写的,陆的政治诗和闲适诗是融为一体的。再,我喜欢他的'说大话',虽然以一个为人不齿的'书生',但不许说说'大话'吗?"总之,余振对中国文学史上所有已有定评的大诗人,并不会盲目崇拜,他也会有属于自己的独立见解,他曾经以调侃的口吻对笔者说:"李白号称诗仙,杜甫号称诗史,但我对他俩的诗并不感兴趣。在我看来,李白写诗就是发酒疯。杜甫嘛,穷措大一个。远不及李商隐的诗典雅华美。我最讨厌黄山谷的诗,乖僻!"

现代诗人中,余振钟爱的当数鲁迅。他曾经向笔者坦言:"凡鲁迅喜欢的我都喜欢,凡鲁迅反对的我都反对,我是一个不折不扣的鲁迷。从三十年代至现在,我买的不同时期不同版本的鲁迅著作,最少有上百种。"笔者有幸见过余振的一册藏书——1959 年广东出版社《鲁迅旧诗笺注》(张向天笺注),在这部书的天头地尾间,间有余振的批注,在该书的尾页,还粘贴有当时的文艺刊物发表的评介该书文章的剪报,由此足见余振读书时的用心。据他回忆:"1932 年我在北平大学读书期间,正好赶上鲁迅来北平探望母亲。在逗留北平的十多天时间内,鲁迅曾经在北平的几所高校内,进行了著名的'北平五讲',其中第四讲就是在北师大的操场上进行的,我有幸目睹了鲁迅先生的丰采。鲁迅是站在一张方桌上演讲的,由于人多,我离得远,他讲的话,有的还听不太清楚。这是我平生仅有的面见鲁迅。五十年代我在北京大学教书时,我的一位学生对我说:'郭沫若+茅盾×2,不及鲁迅的一半',我当时虽未表态,但对他的观点还是赞同的。鲁迅之外，我还喜欢胡风、郁达夫与聂绀弩等人写的旧体诗。与其说是喜欢他们的诗，倒不如说是喜欢他们的人。"

大约在 1999 年前后，我去拜访余振长子鸿谟先生，在他书房的墙壁上赫然挂着两幅书法，一幅是沈尹默书鲁迅诗："运交华盖欲何求……"一幅是许寿裳书鲁迅诗："惯于长夜过春时……"鸿谟对我说："沈尹默是我父亲在北平大学念书时的校长，许寿裳是我父亲在西北联大教书时的同事。我父亲喜欢鲁迅，请人写字多题鲁迅诗。"我在浏览鸿谟先生藏书的过程中，发现他的大部分藏书是余振仙逝后留给他的，其中就有聂绀弩的《散宜生诗》，1982 年人文社初版本，在此书空白处还留有余振手泽，是未收入书中的聂绀弩的两首《悼胡风》诗。

相对于旧体诗，余振对新诗所表现出来的态度就较为淡漠。20 世纪 90 年代初，余振胞弟可珍至沪上看望乃兄，临别时，余振将自己不太喜欢的书籍悉数赠送可珍，其中就有一些朋友们或出版社送他的新诗集。1990 年，山西的一位诗人要出新诗集，他给远在上海的余振写信，希望他看在相处多年的情份上，为自己的新诗集写个序言说几句话，但余振还是婉拒了，说："你这是逼得鸭子上架！你的诗，虽然觉得好，但就是说不出好的道理。"说白了，余振从骨子里就瞧不起白话诗。而对朋友们和学生们寄给他的旧体诗稿，则一再地斟酌修改，尽量使其完美。

余振的书法艺术

　　郭沫若在《鲁迅诗稿》序言中说:"鲁迅先生无心做诗人,偶有所作,必臻绝唱……鲁迅先生亦无心作书家,所谓手迹,自成风格。熔冶篆隶于一炉,听任心腕之交应,朴质而不拘挛,洒脱而有法度……"如果我们把郭氏这段话的后半段意思,拿来移赠余振先生,意味多同。不同的是,鲁迅先生是"熔冶篆隶于一炉",而余振先生则是熔冶行楷于一炉。

　　1998 年,我去太原五一路拜访余振长子鸿谟先生,他拿出一本 32 开 260 多页的书让我观看。我看见封面上写着《莱蒙托夫抒情诗选》,又翻看了几页内文,觉得字体端庄秀媚若印刷体,问道:"这本书是啥时出版的?"鸿谟道:"这是手稿,不是印刷本。"我见字体不大若蝌蚪,而运笔则若行云流水,收放自如,便说:"先生的钢笔字真不错!""不是钢笔,是用毛笔写的。"鸿谟又纠正道。我端详半晌,深深地被余振似楷似行的蝇头小字所折服。后来,我在山西大学温秉钊先生处,亦见到了同该书字体相仿佛的信札,信札是写在一张 16 开普通信纸上的。据秉钊回忆:"1976 年 1 月 12 日,李先生接到我的去信后要复信,可是钢笔没墨水了,圆珠笔也坏了。当时,他正用毛笔抄录《崞县志》,于是就用毛笔写了。李先生在信上说,一支好毛笔,只用了一礼拜,就没尖子了,这封信就是用这种没有尖子的毛笔写的。我接信后,觉得李先生的小行书的确不错,就拿给亲友们观赏,观者无不啧啧称奇,说快七十岁的人了,小行书还写得这么棒！"秉钊先生又说："余振先生的小字不错，大字也很好。"接着，他拿出一张高1.5米宽40厘米的条幅让我观看，这是余振先生于1976年冬月手录的陆游的一首诗："梦断香消四十年，沈园柳老不吹绵。此身行作稽山土，犹吊遗踪一泫然。"在这首诗里，"柳""吹""绵"等几个字，最见余振的文字学功力。但余振对于自己的书法造诣，总是很谦逊，他给秉钊信中说："你一再要我给你写点东西，实在逆不过了，只好给你写一写。实在不成东西，最好压在箱底……只是个纪念品，而不是什么摆设品。"据马作楫回忆，余振也给他写过金元遗山《桐川与仁卿饮》的书法。1988年10月7日，余振致马信说："回上海来看到你七月二十四日信，说是把我的'条幅'裱出来了，使我的脊背上冒出了冷汗！我写的不成玩意儿……本来只可'压箱'，不能做'补壁'之用……"余振回忆："致马、温二人的字乃同一天所书，先给马写，有点拘束，废了三张，以后，笔才慢慢放开。所以，给温的比马的要好一点。"由于余振从不以书家自居，所以他平生很少给人写字。他之所以肯给马作楫、温秉钊写字，是因为与马、温渊源至深，关系至厚。马是他在新中国成立前在山西大学教书时的学生，温是他第二任妻子温惠兰女士的侄儿，三人无论在新中国成立前还是在成立后均交往不断，私交甚笃。再就是缘于马、温的一再请索，余振先生推辞不过才伸笔的。这也是目前为止笔者仅见的存世极少的余振先生墨宝。余振先生的行书好，楷书也好。只要翻阅他手录校注的《续修崞县志》封面及内文，就足证我言不谬。余振先生的软笔书法好，其硬笔书法也不错，我曾经见过他于1992年10月撰写的《同川方言考》部分手稿，字体端庄流畅，根本不像是一个83岁的老者所书。

余振的书法如此之好，是与他在童年、少年、青年时期打下的扎实基本功密不可分。他诞生于清末，入学启蒙于民初，在此时及以后较长

余振传

的一段时期内，学生的书写工具也就是笔墨纸砚。余振曾自谓:"我从
1917年入学读书,从小学到中学毕业,无论作何种功课,都是用毛笔来
书写。这差不多就是十五年时光。1930年考入北平大学后,学校规定平
时写字可用钢笔等物,但考试必须用毛笔。"在他的18年的学生生涯
中,他的毛笔字经常受到老师、同学及朋辈的夸奖。大学毕业后,为了写
作的便利,他虽然常用钢笔书写,但一些珍贵史料的誊写,他还是喜欢
用毛笔。尤其是晚年,1966年至1990年这段时间,他先后用毛笔抄写了
《东社李氏宗谱》二卷、《续修嵊县志》八卷、《莱蒙托夫抒情诗选》一卷、
《玄玄棋经》一卷、《忘忧清乐集》一卷……总数当在100万字以上。如
今,这些墨宝和一些珍贵字画,由他的6位子女分别珍藏,视为拱璧。

简记《同川方言考》

　　余振先生虽以俄诗翻译和校注《棋经十三篇》鸣世,其实,他对中国文字学和家乡史乘,亦素有研究,造诣颇深,且成果丰硕。

　　记得在 1989 年冬天,我去太原五一路拜访余振。闲谈中,我问他:"前些时读书碰见'宁馨儿'三字,不知何意?"余振闻言,笑道:"你不用着忙,咱有的是老师。"说着从书架上取下一册《辞海》帮我查找起来,很快,就找到了答案,他说:"宁馨,晋宋时俗语,这样之意。《桑榆杂录》云:'宁,犹如此;馨,语助也。'宁馨儿,犹今语这样的孩子。《晋书·王衍传》:'何物老妪,生宁馨儿!'多用于褒义。"接着,他话锋一转,开始向我滔滔不绝地讲解起他熟谙如指掌的文字学,说:"文字学,亦称小学。所谓小学,就是指研究文字训诂音韵方面的学问也。每个文字具有三部分:1.字形;2.字义;3.字音。小孩入学读书必先识字,只有掌握了字形、字音、字义,才能够正确使用。所以说,小学亦称字学或文字学,乃文人学士入门之学。周朝儿童入学,首先学六甲六书。六甲是指儿童练字用的笔画较简单的六组以甲起头的甲支。六书是指指事、象形、形声、会意、转注、假借。象形,就是画出实物的形状,如最常见的'山'字和'水'字。指事,是在象形字上加符号,如'刃'字,刀上加一点,表示刀刃。会意,由两个或两个以上的象形字、指事字合成一个新的意思。如'淼'字,形容水大也。如'赟'字,文武双全还有钱,贝即古代货币。形声,由形旁和声旁构

173

成。如'材'字,木是形旁,表示这个字与木有关。才是声旁,表示这个字的读音。转注,是指几个部首相同的同意字,可以互相解释。比如'老'即'考'也,'考'即'老'也。假借,有些事物不能用象形或象意的文字来表示,于是就假借已有的音同或音近的字来代表。一般来说,汉字大多是形声字。其他五种,相对来说要少一些。"

余振又说:"东汉许慎,河南漯河人。他著的《说文解字》一书,释字9353个,是我国最早的一部字典。后来,随着时代的变迁,许多字和词,已衍生出多种意思,有的甚至与本意相反。比如《周易》:'同心之言,其臭如兰。'这里的'臭'是味道和嗅的意思,而且还是香味。可流传到现在,却成了贬义字,若'臭不可闻''遗臭万年'等。再比如《诗经》:'桃之夭夭',本意是说桃树鲜艳茂盛,现在竟成了逃跑之意。再比如成语:'难兄难弟',本意是兄弟皆贤,现在却成了兄弟同时落难了。总之,一字多音,一字多义,是中国文字中常见的现象。所以,人们都说中国文字是世界上最难学习最难掌握的文字,原因在此。而现在的读书人,字学基础薄弱,十个有九个读错音写错字,令人可发一叹!"接着,他又给我讲解了文字的反切注音法。由于我对音韵学一窍不通,听了半天,依旧是丈二和尚摸不着头脑……

如果说余振那天所讲的是一些文字学基础知识的话,那么,1994年我在原平市东社镇文化站其胞弟可珍处见到他晚年的心血之作——《同川方言考》,便体现出其在文字学研究领域的不凡功力。1992年10月,余振在给一位友人的信中这样说:"《同川方言考》光记载同川的方言(乡音)。这与各县方言志的做法不同,各县方言志是记述当代的方言,我准备搞的,除记述方言外,还要研究它的来源,以及古书旧籍中出现过的用法。年来搜集的资料已不少……同川乡音,北同川近乎五台方言,南同川近乎定襄方言,与原平(崞县)一带的方言反而差距很大。"

在论述同川话的特点时,他这样说:

> 同川话的特点可以概括为四个字:重浊缓慢。顾炎武《日知录》中有曰:"直言之曰'那',长言之曰'奈何'。"同川话的特点就是这种"长言之"。语音急促的方言区常将两字并作一字。如北京之"甭",吴方言之"覅",都是两字急读成了一个音,于是造了上列的新字。同川话正好相反,常将一字拖长成了两个音。这或许就是嵌 e 词产生的原因。有人认为,这种现象可能由于古时受少数民族的影响。也有人认为,这就是我国古时复音词的遗迹。这种现象,别的地方也有,并且相当普遍。

他又说:

> 南宋洪迈《容斋三笔》:世人语言,有切脚而称者,亦间见于史书中。如以"蓬"为"勃笼","铎"为"突落","团"为"突栾","钲"为"丁宁","蒲"为"勃卢","旁"为"步郎","茨"为"蒺藜","圈"为"屈栾","锢"为"骨露"是也。由此可知,这种将一字拖长而成了两个音的现象由来已久。

……

据可珍先生讲:"近年来,我与我兄正在编撰山西原平《同川志》。我负责人物、地理部分,我兄负责同川方言部分。《同川方言考》共收字、词一千余例,每一例后面均有探源、释义、举例三部分内容……"余振在这部近 5 万字的著作中,引用了大量古代笔记和地方史料,稽古论今,考证详赡,不愧是史家之笔。1997 年,我再访可珍,问他:"《同川志》编得怎样了？"他长叹一声，说："早就编好了，因为无钱印刷，只能……"我问："现在手稿在何处？"他说："虽已交给了市政协，也只能是束诸高阁。"我闻言，不禁怅怅……

余振在 1958 年至 1979 年间，在上海辞书出版社编撰《辞海》，21 年的煮字生涯，为他与可珍编撰《同川志》和《同川方言考》打下了坚实的基础。有学者称："在山西，能够与大学问家张颔老探讨古文字学的，也就是余振先生等少数几个人。"洵属知言。而对于古文字学的共同热爱，也正是余振先生与张颔老交好 50 年，友谊历久弥新的真正原因。余振真可谓学识宏富，博学多能。

余振与故乡

从 1930 年春到北平大学读书始，到 1996 年 8 月在上海溘然去世止，余振在晋外漂泊了整整 66 年。其间，除了大学毕业后在太原赋闲两年、山西大学任教两年，或偶尔回乡探亲讲学外，他的大部分时间都是在异乡度过的。

他自幼生长在同川，稍长后又负笈崞县城、太原，他虽然自称太原是他的"伤心之地"，但他对故乡的感情还是挺深的。据马作楫先生回忆："余振先生热爱他的故乡和晋阳古城。他每次回到太原探亲、讲学，总是向我不断地赞美他的故乡。他说那儿有杏树和梨树，每到春天梨果树和杏花开了，景色绚丽，十分迷人。有时谈兴浓时，还将崞县县志《艺文志》中容纳的诗词抄下让我看。有首《铜川途次题壁》诗之一'竹篱环抱野人家，绝好溪山日未斜。十里香风吹不断，万株晴雪绽梨花。'写完后，先生接着念一遍说：'写得比真景还美！'以后，先生还将金代著名文学家元遗山的《桐川与仁卿饮》诗为我写成条幅。"

1988 年 10 月 7 日，余振致马作楫信中说："我很喜欢元遗山的乱离诗，因为自己也是经过乱离的流浪人。其次，这是一首提到我的家乡桐川的诗……桐川，崞县（今原平）东南地区，与五台、定襄接壤。境内有桐河（亦作铜河、同河），在宏道镇北社村南注入滹沱河。桐河平时水不大，所以只可称为'溪'。康熙年间北社村学者李徽的文集叫《桐溪文集》，辛

177

亥革命时山西风云人物续西峰,名续桐溪。他们的文集及命名,都是由桐河而来……现在桐川仍有七十多个村庄,划为一个镇,两个乡,东社镇就是我村。"

余振对故乡的拳拳赤子之情,不仅表现在语言上,更体现在行动上。1957年东社初级中学新校舍落成,他特地从北京捐赠《四部丛刊》一套,以资助故乡的教育事业。20世纪六七十年代,他在上海辞书出版社工作期间,一旦见到山西籍作者寄来的稿件,他总是热情中肯地给予帮助鼓励。80年代初,国家的文化政策稍有松动,他便在胞弟可珍、长子鸿谟等人的协助下,重新搜集编撰了《东社李氏宗谱》,这肯定是自"文革"结束以后全省较早的一部新家谱。

他在《东社李氏宗谱》后记中这样说:"东社李氏是个小族,是个没有出过什么历史名人的寒族,虽不敢说,我们也可以出像曹雪芹这样伟大的作家,但把家谱整理出来,族人看了,首先可以知道自己的列祖列宗,彼此可以分清上下远近,能有个正确的称呼。其次也可看到历世族人向外迁徙和人口增长的情况,对研究移民问题和人口问题的人士,不无一点参考价值。"显示出余振的文人的口吻,历史家的目光。

编完家谱,他又会同在东社镇文化站工作的胞弟可珍开始撰修《同川志》。他主要负责方言音韵部分,可珍负责人物志与地名考。这些文章陆续发表在当时出版的《原平文史资料》上。关于这一时期的工作,1992年10月22日他在给西社村学者续八宝的信中回忆说:

> 我早在十余年前,就想着跟同川的老先生们一道,编一部《同川志》。因为同川的几个大村庄——宏道、北社、西社等划归定襄,其余村庄又划分为东社、上庄、南白三个乡镇。东社镇前党委书记任有田同志虽然很赞成,但他同上庄、南白二乡领

导同志联系时,他们都表示冷淡。宏道等又划归定襄,联系起来当然更为冷淡了。因此,此事只好搁起。但我还不死心,想把范围缩小,改为《同川方言志》,光记载同川的方言(乡音)。这与各县方言志的做法不同,各县方言志是记述当代的方言,我准备搞的,除记叙方言外,还要研究它的来源,以及古书旧籍中出现过的用法。年来搜集的资料已不少,但进行得很慢,现在还没有完成。

同川乡音,北同川的近乎五台方言,南同川的近乎定襄方言,与原平(崞县)一带的方言反而距离很大。《五台县志》(新编的),在太原见到过,定襄县志的方言部分,你给了我一份油印稿。这两部分比《原平方言志》对我帮助还大。同川虽然四分五裂了,但作为一个地区来说,还是一个完整的地区。我只要身体能行,还是想把《同川方言志》搞下去,希望以后能得到你的协助。

却说余振在对故乡爱心的驱动下,大约从1975年至1976年年间,他用毛笔抄完共有八卷的光绪版《崞县志》。抄完后,他又请友人曹方人帮忙去麻烦中华书局印刷厂给切一下。曹在"文革"中与中华书局印刷厂关系很深。过了几天,曹说,厂里老师傅说要给你订起来。又过几天,曹说,厂里老师傅说要给你做个书套。不久,曹将县志拿来了,辞书出版社的同事们一看,都同声喝彩。余振问:"这得多少钱?"曹说:"人家老师傅说了,他们一装就是几千部,从来没有装过一部,不知道怎么算。"这分明就是一分钱也不要的意思。自此,余振便将这部《崞县志》置于案头,每一展阅,就仿佛回到儿时的故乡。平时,余振在阅读古籍的过程中,只要遇到与崞县有关的记载,就记下来夹在这本书中。其中有这样一条：

　　隋,铜川令　王隆

　　按：王隆是王通(文中子)之父。隋文帝开皇十年(590)置铜川县,王隆任铜川令时,王通才六七岁,一定随父母之任。那么,鼎鼎大名的王通一定在城头村生活过几年。

　　1985年,他在给友人陈怀义的信中说："崞县城,对我来说是一个十分值得怀念的地方。1924年至1928年,我在崞县中学读了不足四年书,还剩几个月就毕业,突然被国民党反动派捕去,关在太原监狱。1980年回家时,我特意去县城看了看,北桥河已不是当年的北桥河,文庙一带,也已面目全非,不胜今昔之感!虽然年事已高,不可能再回县城看看了,但还常在梦中梦见它。"

　　1990年上半年,余振在太原寓居,原平县长闻讯前来拜访,当谈到原平正在编修新县志时,余振当即表示:他愿意回原平住上几个月,把县志稿子看一遍,提一些修改意见。县长亦表示赞同。不知后来究竟出于何种原因,此事竟然未谐。

　　余振胞弟李可珍,字亦奇。他1931年考入太原进山中学,毕业后无力升学,回乡任小学教师,后考取省建设厅棉花检查员,到山西永济县工作。抗战开始后去陕西,任西安绥署干训团少校科员。新中国成立后在西南军政大学川西分校学习。1952年,他以"反革命"罪被遣送回原籍,居住于东社大坡李氏故居。在以后的"三反""五反""文化大革命"中,备受凌辱、折磨。东社李氏故居被当地人民政府没收充公。粉碎"四人帮"后,李氏兄弟的冤案相继得到平反,可这时的李可珍仍无合适的住所,居住于东社村大坡上的一眼土窑洞内。因此,在东社盖一处差不多的住所,遂成为李氏兄弟的一大心愿。不久,东社镇人民政府就给他们在同川河西苇子地批了一块宅基地。

1989 年冬,东社新居落成。余振特地写了"荻花深处"四字,以志贺忱。后来,可珍即将此四字模刻于门楼之上。余振觉得意犹未尽,又改写了陶渊明的一首诗,并请著名书法家、考古学家张颔书写成条幅,悬挂于客厅之内。陶渊明的原诗为:

> 结庐在人境,而无车马喧。
> 问君何能尔? 心远地自偏。
> 采菊东篱下,悠然见南山。
> 山气日夕佳,飞鸟相与还。
> 此中有真意,欲辨已忘言。

余振的改诗为:

> 结庐非人境,而有车马喧。
> 问君何能尔,心偏地自远。
> 濯足桐溪水,悠然见寿山。
> 气象日夕佳,飞鸟相与还。
> 此中有真意,欲辨已忘言。

> 活剥陶诗一首以志草舍落成
> 一九八九年十二月大坡上人
> 老友余振先生嘱以行楷书之　颔

我国古代文人大都有号。如陶渊明号"五柳先生"、李商隐号"玉谿生"、苏轼号"东坡居士"。余振平生深受古典文学的影响,也为自己取了

181

一个鲜为人知的号,那就是"大坡上人"。意在自己不忘祖宗、故土。也表示了他并不自鸣清高,或以"先生""居士""闲人"等雅号自诩。自己只不过芸芸众生中的普通一人。余振平生所著文章中,凡涉及故乡的,大都署以此号。1990年春,笔者拜谒余振,他拿出张颔先生所书条幅让我观看,并逐句解释说:

第一句是说新居远离村落,故云"非人境"。

第二句是说新居依傍公路,故云"车马喧"。

第三句、四句是说新居主人的情趣比众不同,故选择宅基地也别有情怀,故"心偏"。

第五句说新居紧傍桐溪水,仅十几步之途,可"濯足"也。

第六句,一出新居北望,寿山遂入眼帘。

第十句,与钱锺书诗"久坐槛生暖,不语意转深"相类也。

余振东社新居原为一片芦苇之地。每年春天,当地农人都要在这里种植芦苇。一到夏秋之时,荻花如雪,纤苇摇曳,煞是美观。唐诗有云:"白云深处有人家",余振谓此荻花深处有人家,意境自在伯仲间。

从1980年到1996年10余年间,复出后的余振除了跟文学翻译界的人士频繁交往外,对故乡的文艺青年也是倍加关怀提携。1984年春,原平县东社村文学青年温建生与笔者先后慕名同他取得联系,希望能得到他的指教。他不顾年高体弱,为他们阅稿、买书,还将他俩的作品推荐给诗人艾青、马作楫先生,希望他们能找个地方发表。当时,笔者还是一介农夫,先生并不以此为贱,反而常常热情洋溢地鼓励。在他的细心指导下,笔者的文学创作水平有了很大的提高。1989年10月,他来太原,寓居其长子李鸿谟先生处,老友张颔、马作楫诸先生先后来探望。同时,他亲自写信,告诉笔者他来并的消息。自此,每隔一两天,笔者就到寓所与先生作长时间的交谈。因志趣相得,交谈甚欢。我们谈文学,谈历

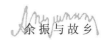

史,谈围棋,谈人生,也就在这时,笔者萌生了为先生作传的念头。余振对笔者的工作甚为支持,除了详细讲述了自己的人生履历外,还拿出一些鲜为人知的资料让笔者观阅、抄录。1990年4月,余振回到上海。7月,笔者将《余振传》初稿寄先生。他在阅读过程中,作了近百处修订,复信给笔者说:"我的生命快走到了尽头。如果你对我的情况感兴趣的话,就在我死后,对它大大的加工吧。"同年年底,余振撰写的"朝花夕拾"似的回忆文稿——《光森堂札记》完笔。据余振讲,"光森堂"乃东社李氏先祖的堂名。此本不送外人,只供家人收藏。

1980年夏,余振回山西大学讲学,与原平籍外语系讲师陈怀义一见如故,结成忘年之交。1996年6月,陈在《山西日报》著文回忆说:"记得当时我正在翻译高尔基的一篇小说,我将誊清的一份稿子拿给他,请他给提点意见。当时和这篇东西一起给他的还有我刚译好的海涅的几首未发表的短诗。高尔基的文稿他看过后就给我了,但那几首诗,既没有给我,也没有提任何意见。不久他就离开山西回上海了。我当时想大概我译得很糟,他是当废纸扔了。不料,时隔一年多,即1981年12月的一天,我突然收到一封从上海寄来的信,信上说:'一年多以前,拜读了你译的海涅的一首短诗,当时就说,译得很好,鼓励你再译些。今天重读你的译诗,还是这样的想法:希望你继续译下去。'我一个无名小卒,竟然会收到一个大翻译家的来信,而且言词那样恳切热情友好,我内心感动极了,兴奋极了。在我的青年时代,余振就是著名翻译家,记得我上大学时就经常在各种刊物和报纸上读到余振译的一篇篇诗歌,余振的名字我早就熟悉了,他是我青年时期最敬仰的翻译家之一。我渴望译诗,我渴望能在翻译方面有所造就,我马上给他写了信。不出所料,他很快给我回了信,热情而恳切地就如何译好诗,选哪个诗人的诗来译为好,给我提了许多宝贵意见。在他的激励和亲自指导下,我在译诗和小说方面不断取得进步。几年来在我和余振师的频繁通信中最使我感动的一点是：不管我什么时候给他写去了信，他总是及时回复，毫不拖延，其言词之诚恳，态度之谦和，就连我最好的朋友有时也做不到。余振师和我是同乡，也是山西原平人。他热爱故乡，信中有时谈到家乡的人事，他总表现出一种难以释怀的眷恋之情。"

也就是1980年余振回山西大学讲学的那一年，山大校长甄华曾有意将他从华东师大调到山大，后来由于种种原因未成。1989年春，山西大学又萌此念，他在给山大教授马作楫的信中说："回去好？还是在上海好？相比之下，认为回去好……年老了，叶落归根嘛……回太原，离家近，可以常回家看看……只求离我的穷山穷水的崞县同川近而已。"

1992年，余振再回太原，关于此次太原之行，陈怀义后来回忆说："对于我，余振是一位可亲可敬的良师，是前辈也是兄长。在他回故乡太原的几次面谈中，我们可以说亲如手足，无所不谈。记得1992年最后一次在太原相聚时，我们交谈起来，尽管他已84岁高龄，但仍然滔滔不绝地讲述了许多事情，但我说的话，他因耳背就听不清了。我有点着急，但他却笑着向我点头，我理解他的意思，我们的谈话是彼此心灵的交流，他完全理解我的意思，正如我完全理解他的话一样。他写给我的每一封信，我和他的每一次交谈，都使我强烈地感受到：他不仅是一个翻译家，而且是一个充满精神力量的人，一个真正的人，大写的人！他的身材是不算高，但他的意志力，他那强烈似火的激情，有如江河般汹涌澎湃，常常让人感觉，他身上似有一股排山倒海的力量，不时让你肃然起敬！这也许就是为什么他竟然能在古稀之年以后仍能出版厚厚的八部译著的原因。"这确是余振晚年活脱脱的形象。

"谁怜一阕断肠词，摇落秋怀只自知！况是异乡兼日暮，疏钟红叶坠相思。"这是苏曼殊的一首诗，余振晚年客居外地时常常吟诵。他生于山

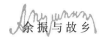

西,热爱故乡,在他逝世的前几年,就常跟子女们讲:"我死后,一定要把我的骨灰葬在同川东社。"思乡之情之浓烈,实为罕见。

余 振 传

直译与意译之争

在我国文学翻译界历来存在着两种翻译主张：直译与意译。直译就是对原文（特别是诗）忠实，不轻易随便改动原文的内容、形式、格律。但有时为了传神和押韵，也可做稍许改动。赞同、坚持这一主张的中国现代翻译家中，有鲁迅、闻一多、梁宗岱、钱锺书诸先生，闻一多还形象地比喻这是"带着脚镣跳舞"。意译就是根据原文（或诗），译者为了表情达意的需要，而随便改动原文或原诗的内容、形式、格律。有时还要将自己的"创作"也夹带进去。在这方面，代表人物首推民国初期的大翻译家林纾。钱锺书在其《林纾的翻译》一文中，对此作过详细的描述。其实，不管是直译还是意译，我国的翻译家为了表情达意的需要，常常采用的方法是：尽量直译，万不得已时才意译。

从 20 世纪 50 年代到 80 年代的 30 年间，我国翻译马雅可夫斯基作品的主要有两大家，一家是上海余振，一家是杭州飞白。余振的翻译发轫于 50 年代，可以说是马诗翻译领域的拓荒者。而飞白的马诗翻译源于 60 年代，比余振晚了差不多 10 年。余振主编的《马雅可夫斯基选集》五卷本，出版于 50 年代后期，而飞白译的《马雅可夫斯基诗选》三卷本，则是 1981 年 12 月由上海译文出版社出版。可以说飞白是马诗翻译的后起之秀。80 年代初，余振、飞白二先生，就直译与意译的问题，在国内一些文艺报刊上展开了激烈的论争。平静的国内文学翻译界由此掀起了一阵波浪。

在介绍他们论争的经过之前，笔者不妨将他俩各自的诗歌翻译主张附录于此，供读者参阅。

1.余振如是说

1982 年 11 月 22 日，余振在《普希金长诗选》后记中这样说："如何译诗？我是主张首先要忠实于原文的内容，其次要忠实于原文的形式。为了忠实于原文内容，我主张大家一致反对的'逐字逐句'的直译，万不得已时可以酌量采用意译，以补直译之不足。第二，我认为我所译的几个诗人都是俄罗斯文学史上的大诗人，他们作品中的字和句都已经很好，如果真有'神'的话，在他们由字组成句，由句组成篇的作品中，已经有了'神'。照直'逐字逐句'直译过来，不会损伤了原作的'神'。至于形式，我是赞成以顿来表达原诗的音步，原诗的韵脚如'ABAB 之类'尽可能也'亦步亦趋'。这是一般都同意的。但多了一条：每行字数与原诗的音节相同或大致相同。"

1987 年 8 月 23 日，余振在《无题诗 100 首》后记中又阐述说："我几十年来对翻译诗形成了一种很牢固的难以改变的看法。这种看法，总的说，就是要尽量争取把原诗的内容和形式都忠实地介绍过来，原诗如果是自由诗，翻译时当然要采用自由诗来译。原诗如果是格律诗，翻译时就尽我们尚未成形，还在继续摸索的格律诗。为了不歪曲原诗的内容，我主张尽可能地直译，但也不是绝对直译。可以用意译以补直译之不足。对原文是格律诗的译法，一般是：原诗的分节，分行，尽量照办，不去改动。每行的音步，音节，脚韵，也尽可能亦步亦趋地照办，但不是绝对直译，音节、音步可以酌量增减，脚韵做不到原来的样式时，可以按照我国诗惯用的押韵法——双行有韵。"

余振为什么这样推崇直译呢？原因挺简单，就因为他是一个教书匠。他在给友人魏荒弩的信中这样说:"教书就得一字一句地紧抠着讲,没有的不能加,有的不能减。老是拘泥于原文,不敢越雷池一步。久而久之,便养成了'直译'的作风。我当初翻译,本不是为了'翻译',而是为了备课备的更结实一点,不直译不行。至于'死译',那是翻译大家们送我的'雅号',我是感激不尽的。"他又说:"我的这种主张,有些人并不欢迎,甚至还有人很反感。"余振这里所说的"有些人",主要就是针对飞白而言。

2.飞白如是说

飞白何许人也? 姓汪,1929 年出生于浙江杭州,乃著名湖畔诗人汪静之之子,著名画家汪伊虹之兄,汪家也算是一门书香。他自幼聪慧,雅好文学,1947 年,考入浙江大学外文系。1950 年秋参军到四野,历任军事翻译、训练科长、54429 部队政委等职。从 1956 年到 1962 年间,他利用业余时间,先后翻译出版了《瓦西里·焦尔金》《春草国》《贝劳扬尼斯的故事》《列宁》《好!》等书。1980 年转业。1981 年 12 月,所译《马雅可夫斯基诗选》三卷本在上海译文社出版。他对马雅可夫斯基的诗,也可谓情有独钟。

他在该书"后记"中这样说:

> 翻译诗,本身是对诗的解释……为了押韵,译诗时不可能逐字照搬, 有时不得不按原来的诗意, 设计新的韵脚。例如《好!》中有个沙皇军官原姓"波波夫",与俄文的"肚脐眼儿"(读音"卜波夫")谐音。因为这并非真实的历史人物,译文中就按照谐音原则,让他改姓"杜切尔"了。又如《魏尔伦和塞尚》中的一节,我是这样译的:思想可不能掺水。掺了水就会受霉,没有思想,诗人从来就不能活,难道我是鹦鹉? 是画眉?

需要声明:其中"画眉"一词,原文是"火鸡",译者为了和
"发霉"谐声,不得不改变了诗中的形象,换了一种鸟类,但我
相信无损原诗。"

从摘录的这几段话中,我们不难看出:飞白先生是主张意译的,因
为他可以随意地改动原诗的内容。

3.余振、飞白关于译诗之论争

1980 年 4 月间,湖北武汉大学要举办"马雅可夫斯基诗歌研讨会",
纪念这位无产阶级第一位大诗人逝世 50 周年。国内许多著名的马诗翻
译家、研究专家应邀前往,有余振、飞白,戈宝权……这次讨论会是在教
育部、外国文学研究所和湖北省委的直接支持和关怀下举行的。会议着
重讨论了三个问题:1.马雅可夫斯基和中国的关系。2.马雅可夫斯基与
未来主义。3.马雅可夫斯基的悲剧。讨论会共收到论文 31 篇,包括余振
的《诗人之死》,飞白的《镭的提炼及其它》。

在武汉开会期间,余振与飞白同居一室。他俩常常谈论马雅可夫斯
基的诗到深夜。武汉分手后,间有书信往还。1981 年春,飞白将刚出版
的《马雅可夫斯基诗选》寄赠余振,请求指正。余振读了后,虽然对他的
译诗主张不敢恭维,仍对他的一些尝试性、创造性劳作,给予了中肯的
评价与赞赏。他半鼓励半自谦地说:"对于外国古典诗的翻译,我历来认
为,第一人译不好,第三人比第二人强,第四人又比第三人强。"

1981 年夏,余振正坐在书房写作,上海华东师大中文系同事王智量
急匆匆从门外走进来,气愤地说:"飞白著文,含沙射影地指责你,说你
译诗是填词。"余振从他手中接过刚刚出版不久的《外国文学研究》(湖
北华中师范学院主办),仔细一看,果如王智量所言。飞白在《译诗漫笔》
一文中,着重阐述了自己的翻译主张的同时,含沙射影地指责主张直译

之人。他说:"如果把诗逐字逐句直译出来,原文的音韵这一翼就将损失百分之百,而意境这一翼也往往会羽毛飘零,面目全非。"他又说:"译诗时要受到意境、音韵的制约,常常顾此失彼,左右为难,似乎极不自由;但从另一个角度讲,诗歌译者却又享有散文译者所没有的自由——更大程度的重新创作的自由。"从这两段话,足可看出飞白的翻译主张与余振的翻译主张是大相径庭的。

余振与王智量商量后,决定先由余振准备好资料,然后由王智量出面执笔著文论辨。可资料收搜集好后,一连等了好几天,王智量也没有来。余振这才改变主意,决定亲自操刀。他用了一天的时间,写完《读"漫笔"的漫笔》,又投寄给湖北武汉大学主办的《外国文学研究》刊物,刊物编辑请示上级领导后,决定发表!自此,余振、飞白关于如何译诗的论争正式拉开序幕。余振一开首就说:"前不多时才读到飞白同志在 1981 年《外国文学研究》第三期上的《译诗漫笔》。这是一篇很好的文章。前半篇关于如何传达原文音韵的部分,写得特别精辟。读过之后,对我启发很大。我过去也译过一些马雅可夫斯基的诗,惭愧得很,译得不成东西。后来居上,在同一作家同一作品的翻译上,尤其是如此。我的旧译早已成了历史的陈迹。我和飞白同志的翻译方法差别很大,说到底,我采用的直译法,飞白同志采用的是意译法。"

1983 年,飞白在《外国文学研究》(1983 年第二期)上发表第二篇《译诗漫笔》。余振针对他的翻译主张,再一次做出回响。他说:"本文是由飞白同志第二篇《译诗漫笔》引起的,但所谈的问题,有的涉及到飞白同志其他文章。我在《外国文学研究》1982 年第三期《读飞白〈译诗漫笔〉的漫笔》一文中,本来还有第四段,后来感到有点像蛇足,便删去了。那一段中说,现在'意译'这个名称已过时,已改为'传神'了。不过为了与'直译'对称,姑且还叫做'意译'吧。果然,飞白同志在《外国文学研究》1983年第二期《译诗漫笔》中说：'我不赞成诗的直译，但我的主张也并非'意译'。'意译'这个术语，可以理解为侧重神韵的翻译法，又可以理解为任意删改的翻译法，似乎太含糊。我主张的译诗方法是：'形神兼顾，把诗译成诗。'我认为名称不管怎么叫，实质是一样的，因为自从有翻译以来，就一直存在着'直译''意译'这么两种翻译法。为了简便，本文仍用'意译'二字，不过申明一下：它的含义即飞白同志所说的'形神兼顾，把诗译成诗'。译诗究竟应当考虑些什么，读了飞白同志的两篇《漫笔》，使我反而越糊涂了。"

这场论争，历时两年之久，在当时的文学翻译界引起了不小震动。

为了把如何译诗的问题弄清楚，同时，也为了让广大读者明白什么才是真正的诗的翻译，1984年3月23日，余振给著名翻译家、中国大百科全书出版社社长姜椿芳写信说："椿老：《翻译通讯》上常有关于译诗的文章，有的写得很好，有的太强调'传神'，总觉得有点不大对头。我是同意梁宗岱先生的做法，既不死译，但也不随便改动原文——包括内容与形式。我们的译法有许多相同之处，希望您能把自己的想法写出来，请教于译诗的同志们……"

1989年10月，《随笔》刊物发表了这封信，其中关于传神的妙论，可以说不顾时忌，入木三分，是非个中人难以说出的。他说："'传神'这两个字很神秘，谁也不敢说'传神'不好；但过分强调了，就会出问题。首先，'神'是什么？恐怕主张'传神'的朋友也不大说得清楚。我认为，'神'是最主观的东西，甲认为是'神'的，乙也许认为是'鬼'。诗中真的有'神'的话，也一定包含在诗的文字之中，只要把原诗的文字如实地译过来，'神'不也就跟着过来了吗？您说是不是？因此，我认为，译者按照自己主观的理解去随意'改写'，反而美其名曰'传神'，是非常危险的。"

此信的用意挺明显：这是余振希望姜椿芳能与自己一道，给那些一味强调传神的意译论者以有力的回击。

与此同时，飞白也在四处活动，寻求声援。著名诗人、文学翻译家、文学评论家卞之琳就著文明确支持飞白的观点。他说："马雅可夫斯基的许多诗，通过一些译者的努力，在中国已经发生了很大的影响。飞白在他的译诗漫笔这篇文章里，就押韵的问题，以自己译例说明大体保持原来面貌、原来神味，极有说服力，非常生动，使我们耳目一新。他的译本出来，一定会大大修正我们过去接受的马雅可夫斯基诗的形象。从这三个新实例中，我们可以看到'信、达、雅'教条的无稽，'直译''意译'争论的无谓。"后来，王智量到北京去开会，见到他说："你不懂俄文，就不要随便讲话。"

余振与飞白关于如何译诗的论争持续了两年之久，后来，中国翻译家协会负责人抱着息事宁人的态度，给双方说合，这场论争才算结束。在论争期间，恰好杭州大学正在给来校一年之久的飞白评定副教授职称，飞白担心因为论争而影响晋级，就向杭大领导谈了自己的顾虑，杭大领导说："此乃学术问题。"他这才放下心来。

1985 年 3 月 9 日，余振在写给山西大学外文系副教授陈怀义的信中说："飞白的译文，离开原文创作的很多。他的汉语口语很熟，韵也做得很好，可惜就是要离开原文创作。我对他不满的也只是这一点。我们争论了几次，当然不会有结果的，有人劝他不要写了，他再没有写。我也没有再写，但对他的做法还是照旧不满。你如下一番功夫做一个对照，看看两种译法的得失如何，倒是挺有意义的。"

关于如何对待直译与意译的态度，我认为，北大教授、翻译家魏荒弩的看法就较为客观公允。他说：

　　1980 年，我收到他(余振)寄赠的新改过的《莱蒙托夫诗选》，发现其中的诗改的都很整齐，一首首大都变成了"豆腐干。"我在诧异之下，立刻意识到，这是他对译诗的进一步严格追求：即译诗不仅要忠实地传达原诗的内容，而且要尽量把它的形式(音步和音节)忠实地传达出来。自从新版诗选出版以后，曾不止一次听到有人议论，甚至有的当面与他争论，或暗含讥讽。他却总是耐心地结合前辈诗人如朱湘、梁宗岱等的尝试，阐明自己的主张。我与余振在译诗上虽有不少共识，但他的齐齐整整的格律则为我不能，但我尊重他的劳动，支持他实验下去。正如主张意译的朋友们'可以享有重新创作的自由'一样，余振在译诗上也有追求格律的自由，还是让他放开手脚去进行它的实验吧！目前，我们的译诗仍还处在探索阶段，由于对译诗所持态度不同，因而就形成了译者各自不同的风格，应该说这是正常现象。那么就让我们各自按照自己的主张自由地进行探索吧，压根儿用不着强求一致。

1989 年冬，笔者在太原拜访余振时，他曾拿出一个书有"飞白公案"四字的厚厚的大牛皮纸档案袋，让我观看。袋中资料，详细记述了此次论争的起因、经过、内容，先生希望能以此以正视听。他曾经用十分平和的口气说："飞白这个人很聪明，从小到大在学校念了没几年学，全靠自学，无师自通。现在在杭州大学教书。天赋加勤奋，这就是飞白成功的秘诀。"他又说："马雅可夫斯基的优秀诗歌是属于全世界的，并不是我个人的专利。我可以译，飞白可以译，别的人也可以译，谁译的忠实，谁译得好，读者就喜欢谁，承认谁。我对飞白的不满主要是嫌他对原文的改动太大。比如：马雅可夫斯基诗中的一个人名叫'波波夫'，飞白为了押韵，就译成'杜切尔'。他说：'波波夫'是虚构的人物，译成杜切尔也未为不可。其实,'波波夫'实有其人。据马雅可夫斯基同时代人回忆,马雅可夫斯基在部队当兵时,还挨过这个汽车兵波波夫的耳光。历史讲求真实、认真,难道译诗就可以信口开河吗?再比如他把马诗中的'火鸡'改为'画眉',说是为了押韵。可是,请仔细想一想,读者读的是马雅可夫斯基的诗还是你飞白的诗?简直莫名其妙,不可思议。"他又说:"著名作家李广田对格律诗有一个恰当的比喻:比方打乒乓球,有台子有网,还有好多规矩,在这一些限制之内去打,才是乒乓球。如果没有台子没有网,在广场上打,自由是自由了,还成什么乒乓球?!"

他最后说:"关于我与飞白论争的是非曲折,我相信几十年或几百年后,世人自有公论。还是那句老话,真正的上帝,最后的裁判,属于读者,属于人民!"

附记:

对于飞白先生我是非常尊敬的,前几年就直译与意译的问题致函飞白先生,飞白先生也曾回复于我,可惜他谈的都是一些近况,对于直译与意译的看法未及论述。不过,从这样一件小事当中,足见飞白先生确也是一个谦谦学人。据有的文章说,他在年青时代,由于战乱的关系,没有上过几年学,他所取得的成就,完全靠自学。在 2008 年浙江大学举办的"飞白翻译艺术座谈会"上,年届八旬的老先生神彩飞扬,声如洪钟,用中、英、俄、法、西班牙、丹麦等 6 种语言,朗诵了他翻译的多首世界名诗。飞白自谓:"我这人兴趣很广,我翻译过十六种语言的诗。"从 20 世纪 60 年代至今,他共出版著作 20 余种,学界同人纷纷称颂他是"一个天才的翻译家与诗人。"对此观点,余振先生也是首肯的。余振对其不满者,惟其翻译对原作改动较大而已。

余振与黎玉

　　黎玉，原名李兴唐，1906 年生，山西原平东野庄人。小名叫玉人，因
"黎""李"二字音近，后来就化名为"黎玉"。早在 1926 年崞县中学读书
时，他就加入了中国共产党。1930 年代任中共北平市委职工部部长、中
共天津市委书记、中共唐山市委书记。1937 年 7 月 7 日卢沟桥事变爆发
后，黎玉长期担任中共山东省委书记，与陈毅、罗荣桓一道为开创山东
的抗日新局面作出了重大贡献。解放战争中，为保卫和建设山东解放
区，粉碎国民党的全面进攻和重点进攻作了大量工作，使解放区的土地
改革和工商经济得到迅速发展。中华人民共和国成立后，任上海市委秘
书长，第一机械工业部副部长，第八机械工业部副部长，农机部副部长。
中共第七届中央候补委员。第三、五、六届全国政协常务委员。

　　余振与他是崞县中学、北平大学的同学。二人虽然志趣不同，一为
革命，一为文化教育，且自 1936 年之后聚少离多，但缘于同乡的关系，
二人之友谊可谓有始有终。1978 年黎玉因为余振右派平反事，亲笔致函
上海辞书出版社，为老友力洗冤屈。关于二人在北平大学毕业后之交
往，余振在晚年回忆说：

　　　　1937 年 8 月间的一天夜晚，我在太原到一家书店买书，

想不到在书店里竟碰到了分别多年的李兴唐，他是从延安开会回来路过太原的，我们俩人在新南门里泰安客栈住了一夜。说是住了一夜，实际上是谈了一夜，因为这是一次难得的机会。我们再一次见面，已是13年后的1950年了。那时他由上海调到北京，知道我在清华大学教书，便打电话要我去北京饭店见他，两个人又是名副其实地谈了一夜。1957年，我在北京大学任教时被错划为右派。1958年6月底，调我到上海《辞海》编辑所。临行前，我去看了看兴唐，我很惭愧，但他还是和多年前一样，亲切恳挚地问我："怎么？犯了点错误？"我说："不只是'点'错误。"他说："只要记取教训，坏事可以变成好事。不要悲观失望，栽了跟斗，爬起来，继续前进嘛！"我到上海后，一直牢记着他对我的勉励。

1985年10月，我去北京参加"苏联诗人叶赛宁讨论会"，会后，同郭汝璞等人去看望兴唐。当时，他身体还不错，只是老多了，行动也有点不便。我们天南地北谈了很多，4个老头子还在一起照了相。我回到上海不久，接到郭汝璞的信，说是兴唐身体不好住院了。以后，郭汝璞不断来信，讲兴唐的病情。1986年5月30日我又接到郭汝璞的来信，信中说："今（卅）下午探视兴唐，不料已经逝世。自你由京返沪，他住院7个月，备受磨难，结束了革命的一生！……"这个突然传来的噩耗，使我感到十分愕然，无比悲痛！

余振弟子简介

　　记得 1990 年春节过后,我去太原寓所看望余振先生,他拿出数张精致的贺年片让我观看,他说这是他的几个学生从北京、上海等地给他寄来的。望着先生得意的笑容,我知道:得天下英才而教之,先生是幸福的。

　　从 1938 年起到西安西北联合大学任教,到 1989 年在上海华东师范大学办理离休,余振先生整整侧身高校 50 年。1958—1979 年间,因为身为"右派",书不能教了,只好到上海辞书编辑所编辑《辞海》。即便是在上海辞书编辑所工作期间,他也不忘奖掖后学。在其 60 多年的教学翻译编辑生涯中,为祖国的文化教育事业培养了大批优秀人才。可以毫不夸张地说,黄河两岸,大江南北,无处没有他弟子们的踪迹。余振先生性格温婉,待人和蔼,循循善诱,诲人不倦,待学生如家人。而弟子们亦待他如长辈如朋友。师生间这种不是亲人胜似亲人的真挚情谊,已经成为中国当代教育史上的佳话。对于余振先生毕生钟爱的文学翻译和学生,他是真正做到了古人所说的"春蚕到死丝方尽,蜡炬成灰泪始干"。关于这些史实,本书正文中已多有记述。现笔者不惮繁琐,再将余振教过的学生中的成就卓著者,按时间的先后顺序胪列于下,以窥先生教导有方。

西北联合大学期间

牛汉,原名史成汉,山西省定襄人,1923年生,1944年考入西北联合大学俄文系,亲聆余振先生之教诲。1946年4月,因叛徒出卖,被关进国民党汉中监狱。不久,由党组织营救出狱,调往开封汴郑工委,任学运组长。1948年夏,牛汉回到解放区,任华北大学研究所秘书。1953年,调北京人民文学出版社工作。1955年5月,因受"胡风反革命集团案"牵连被捕入狱。1980年复出,先后担任《中国》《新文学史料》杂志主编。他是中国作协理事、中国作协名誉委员、中国诗歌协会副会长。其主要著作有诗集《彩色的生活》《蜻蜓与羽毛》《海上蝴蝶》《沉默的悬崖》《温泉》《牛汉抒情诗选》,散文《滹沱河和我》《萤火集》《牛汉散文选》,论文集《学诗手记》《牛汉论诗》,自传《我仍在苦苦地跋涉》。牛汉的诗,大多高亢激越,有一种雄性的美。因此,被人们誉之为"汗血诗人"。他的不少作品被译成法、德、日、西等国文字走向世界,为世界人民所熟知。

孙绳武,笔名孙玮。1917年生。河南省偃师县人。早年先后在开封、北京读小学、初中和高中。1936年在北京读书时,开始在《北平新报》副刊上发表文章。抗日战争全面爆发后,考入西北联合大学读书。翌年春,赴延安抗日军政大学学习,年底回陕南城固西北联合大学,直到1942年夏。大学毕业后到重庆,由于恩师余振先生的介绍推荐,进中苏文化学会编译委员会工作,开始在《中苏文化》《文哨》和《青年文艺》上发表诗歌、小说、论文及译作;这时期翻译了白俄罗斯诗人杨卡·库巴拉的诗集《卢笛集》(1946年,上海文光书店)。1946年随中苏文化协会去南京。次年调到苏联驻华大使馆新闻处编译室。1949年在上海加入中国作家协会。1951年至北京时代出版社工作。1953年春调入人民文学出版社,历任总编室副主任、外国文学编辑室主任等职。他的主要工作就是根据每一个时期的形势与方针,对外国文学进行调查研究,制定选题,组织翻译,安排出版。余振新中国成立以后的大部分译作,都是由孙编辑出版的,孙绳武的译著有:《俄国文学史》《谈诗的技巧》《托马诗选》(与邹荻帆、卢永合译)《巴努斯诗选》(与庄寿慈等合译)等。他既是一位享誉文坛的翻译家,也是一位成就卓著的出版家。

齐越,原名齐斌儒,河北高阳县人。1922年生。青少年时代,他在北平上中学时,便开始接触进步思想。1942年考取西北大学外文系。期间,他参加了民盟和中共地下党组织领导的秘密读书会"北方学社",积极投身于进步学生运动。1946年10月,齐越冒着生命危险,越过国民党军队的封锁线,到达晋冀鲁豫解放区,在晋冀鲁豫人民日报社做编辑工作。1947年调延安新华总社任播音员。1949年1月,北平和平解放,齐越参加了军管小组,进驻北平广播电台。1949年10月1日,齐越和丁一岚登上天安门城楼,在人民领袖的身旁,迎着第一次冉冉升起的五星红旗,以无比自豪的声音向全国、全世界播出了中华人民共和国开国大典的盛况。此后,齐越长期在中央人民广播电台工作,历任播音员、播音组长、播音艺术指导、播音部主任、中央广播艺术学院院长等职。享誉海内外的央视女主播敬一丹便是齐越先生的得意门生。

卢永,原名卢永福,陕西西安人,生于1922年。在西北大学读书时,任学生自治会主席。新中国成立后,任人民文学出版社外国文学编辑室组长、主任,编审。中国翻译工作者协会副秘书长。翻译出版了大量俄苏诗歌。他在晚年回忆说:"像我们这样一些从抗日战争开始即把自己和共产党、共产主义联系在一起的青年学生,能在国民党统治时期的大学里读俄语,意味着什么呢?用一个国民党学生的话说,就是火,他的潜台词就是革命、苏联、列宁、毛泽东。"

臧传真,1923年生,河南省确山县人。曾任兰州大学讲师、武汉大学

余振传

副教授、山东大学外文系副主任兼教研室主任、《文史哲》杂志编委。1962 年调入南开大学,任外文系副教授。1980 年转到中文系,任世界文学专业研究生(硕士生)导师。

张有福,原名李祥瑞,笔名李海、张勇,山西省原平市人,新中国成立后,任北京大学俄文系教授。既与余振同乡,又是他的学生。他在晚年回忆说:"俄文组人数不多,团结在进步教授李毓珍(余振)以及后来到校的魏真(魏荒弩)周围的是一些亲密无间的进步同学。教授们讲的是普希金、莱蒙托夫歌颂自由、抨击专制的诗篇。系里的墙报上经常刊有余振翻译的诗作,如普希金的《乡村》等。余振教授曾说,能把普希金的作品全部翻译过来,也就不枉在人世走一遭。他这种对普希金的钟爱之情,不言而喻,自然会传染给他的学生们。"

刘辽逸,原名刘长菘,1915 年生,安徽濉溪人。1939 年毕业于西北联合大学法商学院商学系。1949 年后历任人民文学出版社外国文学翻译、译审,民进中央委员。译著有列夫托尔斯泰《战争与和平》、伏契克《绞索套着脖子时的报告》等。

许崇信,1919 年出生于广东潮安,幼年在家乡读私塾。1944 年毕业于国立西北大学外文系,1948 年在上海市立师专(附中)教授英语。1949 年随军南下福建后,曾相继担任福建师院外语系副系主任、福建师大外国语学院教授、研究生导师、《福建外语》主编。

刘让言,河南济源人。1943 年毕业于国立西北联合大学外语系。毕业后留校任教,1946 年到兰州,历任西北师范学院、兰州艺术学院及兰州大学讲师、副教授、教授、系主任,兰州大学硕士生导师。《甘肃文学》主编,甘肃省作家协会主席。

杨沙林,女,齐越夫人。1922 年生,祖籍广东中山县翠亨村。1942 年至 1946 年在西北大学外语系就读。以后在冀东解放区中学任教导员、语

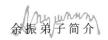

文及英语教师。1949年后,先后在北平新华广播电台英播部,新华社对外部、图书馆工作。

山西大学时期

马作楫,1923年生于山西省忻州市大檀村。1937年就读于西安国立五中。1940年冬到甘肃天水高中部深造。课余,开始在天水、西安等地发表作品。早期诗文用黎野、野苓等笔名。1946年9月,考入山西大学文学院教育系。1948年1月,协助余振参与了山西大学民主同盟秘密支部地下刊物《北风》诗刊的编辑工作。同年,由余振介绍,上海光华出版社出版了他的第一本诗集《忧郁》。太原解放后,他代表大学生参加了山西省第一届文学艺术工作者代表大会。1950年大学毕业留中文系任教。先后任中文系第一副主任、山西诗歌协会副会长。著有诗集《汾河春光》《马作楫诗选》《无弦琴》和《怀念》等。1989年离休后,仍孜孜不倦地从事诗歌创作。1994年5月,山西省作协特地为他组织举办了"马作楫诗歌创作研讨会"。2017年去世。

曲珍瑞,生卒年不详,山西五台人,阎锡山干将梁化之的外甥。新中国成立后,任太原理工大学教授,与余振女儿鸿云关系友善。终生未婚。余振与他的关系非常亲近,经常为他的诗作改稿。马作楫著"一首诗的修改"曾详述此事。

张颔,余振在山西大学任教期间,与青年诗人张颔甚是友善。张颔,1920年出生于山西介休,自幼家境贫寒,酷爱文史,博闻强记。1948年1月,余振主编的《北风》创刊时,张颔与马作楫一样,也是重要参与人之一。同年5月,张颔长诗《西里维奥》以北风社名义出版,余振为该书作序。根据张颔口述:"我那首长诗,就是看了他(余振)翻译的一篇普希金的小说,觉得好,在他的鼓励下写成的。我跟他认识早了,抗战后回到太原就认识了……后来跟余振先生熟了，可能近期一个日子是普希金的诞辰或是忌日，那时不叫普希金，叫普式庚，余振提议纪念，我同意了……我把这个意思跟智力展说了，没想到他不同意……我就拿了张普希金的画像送到他家里，看墙上有个地方，给挂了上去。"张颔创作《西里维奥》的时间，当就在这一时期。新中国成立后，张颔曾任山西省文物局副局长兼考古研究所所长。其研究领域广涉古文字学、考古学、古天文学、晋国史及钱币等。他1976年发表的《侯马盟书》，被国内外史学界公认为新中国考古史上的一项重大贡献。张颔先生在诗文、书法、篆刻方面也颇有造诣，在国内外都享有极高的声誉。

兰州大学时期

陈仙洲，1919年生，甘肃临洮人，1946年考入兰州大学，时任兰州市学委书记并中共皋榆工委兰州大学支书。1949年陈仙洲被害前，留遗嘱曰："余为国为民，献身革命；大志未遂，身遭先死；时不假我，可叹可惜！幸革命大业，略具端绪；解民羁绊，出民水火，我死民生，可庆可歌。"当时与陈同时被害的还有俄文系二年级学生、河南洛阳人焦洁如。

北京大学时期

王智量，1928年出生于陕西汉中。祖父王世镗，号积铁老人，是清末民初以章草名扬海内的书法家。王3岁即会背唐诗，4岁便跟母亲学习英语，出口成章，有"神童"之称。王高小毕业后，考入城固西北师院。1947年，考入北京大学法律系，经常在国家级报刊上发表文章，素有北大才子之称。1952年，毕业留校。1954年，调中科院文学研究所。1958年，被错划为"右派"，远谪甘肃省陇西县。1960年岁暮，王回上海投奔父兄，与余振重逢。1978年平反后，华东师范大学校长刘佛年慧眼识英才,将他调入该校。他所编纂的《外国文学名家论名家》《外国文学名作自学手册》《外国文学考试大纲》《外国文学史纲》风行一时,为广大参加自学考试的学子所熟知。其主要著作有:普希金的《欧根·奥涅金》《上尉的女儿》及自己创作的长篇小说《饥饿的山村》等。

郑铮,原名杜嘉蓁,1933年生于北平,1953年考入北京大学俄文系,1957年整风鸣放时,因发表《致勇士》《组织性与良心》《致林希翎》等诗文,为北大学生刊物《广场》撰写"前言"等罪名,被划为"右派",毕业后分配到上海市卫星中学任外语教师,他一边教书,一边到市郊参加劳动,接受改造。1971年与张铭平结婚。"文革"中,他只身赴北京上访国务院,要求平反,被加罪"为右派翻案"。1980年,调上海师范大学任讲师。1985年,郑的岳父张某(原国民党高级将领、台湾基督教路德会主席)回大陆寻亲,郑家处境才有所改善。1990年提前退休,不久,携家属赴香港定居。2000年3月,他译的《普希金抒情诗选》由香港文学报社出版。

李桅,1933年生,江苏六合人。1957年卒业于北京大学俄文系。天津人民出版社编审。

高莽,笔名乌兰汗,1926年生,翻译家,画家,哈尔滨人。曾任《世界文学》主编,中俄友好协会理事。1950年代,余振教授主持《马雅可夫斯基文集》的编选工作时,希望高莽承担剧本的翻译。高莽后来回忆说:"我当时看了剧本,真有点不敢接。马雅可夫斯基用词太前卫,就跟今天的'飘一代'似的。后来,还是硬着头皮把《臭虫》和《澡堂》译出来了。"

在上海辞书出版社时期

卢润祥,1937年生。1955年毕业于福建省厦门大学中文系文学专业。历任厦门大学《新厦大》校刊编辑记者,福建省教育厅师教处、高教局干事,中华书局《辞海》编辑所编辑,上海辞书出版社《辞书研究》编辑部主任,上海文艺出版社特约编审,《辞海》编委,中国辞书学会语文词典编纂委员会首届委员。参加《辞海》修订及为《宋元语言词典》《中国俗语大辞典》《绝妙好联赏析辞典》等书责任编辑。

华东师范大学时期

王志耕,1959 年生于河北任丘。文学博士。现任南开大学文学院教授,博士生导师。1982 年 3 月毕业于河北师范大学中文系,获学士学位,后留校任教。1985 年至 1988 年就读于华东师范大学世界文学专业,师从余振、王智量教授,获硕士学位。1991 年至 1993 年分别以国家教委公派访问学者和校际交流访问学者身份赴俄罗斯弗拉基米尔师范学院和伏尔加格勒师范大学访学。1997 年至 2000 年就读于北京师范大学文艺学专业,获博士学位。2001 年 7 月受聘于南开大学文学院中文系比较文学与世界文学专业。主要著作有:《宗教文化语境下的陀思妥耶夫斯基诗学》《卢那察尔斯基文艺理论批评的现代阐释》(合著),以及托尔斯泰《生活之路》等译著。

陈怀义,1933 年 2 月生。山西省原平市人。1959 年毕业于北京外国语学院,曾参加 1959 年国庆十周年的翻译接待外宾的工作。后分配北京友谊医院任翻译和俄语教员。1963 年 9 月调山西大学外语系任教。1980 年,余振来山西大学讲学,陈即拜余为师。陈通晓俄英两种外语,1993 年退休后被山西天仁报业集团聘任为《英语辅导报》特约编辑。陈是翻译家,也是诗人,其新诗写得清丽可咏。

清容,余振门下的研究生。在余振先生的推荐下,其译作曾由北岳文艺出版社出版。

附录二：怀念篇

москоъамь

怀念余振先生

魏荒弩

岁月不居,时节如流,余振先生离开我们已经五周年了。回顾过去半个多世纪的交往,他的耿介为人,巨大成就,不时地浮现在我的眼前。使我在怀念中,深切地感到他不仅是一位循循善诱的教授、精通俄语语法的专家,而且在俄诗译介方面更是一个披荆斩棘、具有开创精神的拓荒者,为后人开辟了广阔的道路,为中俄文学交流做出了杰出的贡献。

建国前后,余振在西北大学、北京大学等高校教授俄语言文学逾半个世纪,而在教学授课之余,从四十年代初他便开始了长达数十年的俄罗斯诗歌翻译工作,从未间断。他的译诗是从普希金开始的。谈到普希金,我们都知道,大量翻译他的抒情诗的,始自戈宝权先生。几乎与此同时,余振也开始了普希金长篇叙事诗的翻译。在短短三四年中他陆续译出了《鲁斯兰与柳德米拉》《高加索的俘虏》《波尔塔瓦》等七篇,占普希金长诗的总行数的四分之三。只是余振身在偏僻的城固,几乎与世隔绝,其所译书稿又不能轻易示人,自然更谈不到出版问世。直到解放前夕,才有诗文学社为他出了一本薄薄的素面《波尔塔瓦》,继而又由光华出版社为他出了一部《普式庚诗选》(即《普希金诗选》),收入长诗六首。建国以后,他来到了北京,一切都发生了巨变。这时他孜孜终日,首先推出了莱蒙托夫的全部抒情诗,先后由时代出版社、上海译文出版社和浙江文艺出版社出版,在国内受到了普遍欢迎,一时成为开国后最令人瞩目的翻译家之一。五十年代中期,接受人民文学出版社的邀约,他又开始当时尚无人敢于问津的马雅可夫斯基那几部著名长诗的翻译。笔者亲眼得见这项译事的艰辛,译者的踌躇与无奈,但他知难而进,争取外援,以十分顽强的精神,锲而不舍地克服了一个个难题,终于在短短的两年内便全部一一译就,受到了中国诗坛的热烈欢迎。继而他又和卢永一道组织翻译编辑出版了《马雅可夫斯基选集》四卷,填补了我国外国名著介绍的一项空白。

几十年来,余振下功夫最深的是莱蒙托夫。他对过去全部所译莱诗不断修改、增补、锤炼长达三十年,费尽了心血。可以毫不夸张地说,余振是老一辈俄诗翻译的先驱者之一,他对俄罗斯诗歌所下功夫之深,投入时间之久,所获成果之丰,在同辈中并世无第二人。难能可贵的是,他凡有所译,都是经典名著,而且都是开创性的首译。这就为后来学习研究普希金、莱蒙托夫和马雅科夫斯基的扫清了道路,提供了有力的凭借,从而理所当然地受到了后人的尊敬。但他向来谦虚,一再表示他所有的译作,都是一些"毛坯",都是一些"速朽的东西",希望在不久的将来会有更完美的译本出现。但在我看来,经过他几十年推敲的那些译著,在现在和将来不仅自有其存在的价值,而且会永远成为我国翻译文学的宝贵遗产。

最后,还要强调指出,余振通过几十年的言传身教,提挈后学,已经培养了一大批苏俄文学的翻译家和研究家,特别是诗歌翻译家,布遍全国各地,如今他虽然已经离开我们,但薪尽火传,后继有人,余振先生泉下有知,也该感到欣慰了。

(魏荒弩,北京大学教授)

余振传

致毓珍师

牛汉

笔者按:"每逢佳节倍思亲"。1982 年春节期间,余振在西北大学任教时的学生共 11 人(均已年届花甲),聚会在北京广播学院教授齐越(齐斌儒)家。他们这时想起了远在上海的老师,于是公推诗人牛汉执笔,给余振写了一封热情洋溢的信。师生情谊之深,为当今社会所罕见。这该是为师者最大的安慰了。全信照录如下:

毓珍师:

今天是旧历元月初四,您的一群学生在北京斌儒家里聚会。每逢佳节倍思亲,我们怀念您,向您遥致最诚挚的敬意,祝您身体健康,长命百岁。

每当回忆起城固西大的那一段生活,我们不会忘记您的谆谆教诲,您的儒雅而质朴的风度,您的艰苦的生活作风,您的亲切的声音,您的沉缓而稳重的步伐,甚至您的褪成灰色的蓝大衣,都令人难以忘怀!还记得一个深夜,您与荒弩师一起参加我们的读书会,与我们一起在图书馆举行普式庚纪念会。您不仅是我们的严师,还是我们战斗行列中的兄长。三四十年

208

间,您为革命的文艺事业,作出了巨大的贡献,千千万万的读者,都永远铭记着您的劳绩。

前两年又读到您译的《莱蒙托夫诗选》,您严谨的译笔,不断的探索,使读者不但可以感受到诗的巨大的艺术力量,还能真切地看到诗人的风格与个性,以及形式与韵律的完美情境。对于如何翻译外国诗作,您的劳绩与探索,给我国的翻译界提供了光辉的榜样。

年事渐老,切望善自珍摄。有暇,望在身体条件许可下来京一游,我们翘首期盼着这一天的到来。在您的鼓舞下,我们都在工作上不敢懈怠,努力为社会主义四化贡献自身的力量。樊锐明正撰写经济学专著,李振林仍在努力创作新的长篇小说,成汉近两三年来写了近三千行诗,已编了一册题为《温泉》的诗集,交上海文艺出版社出版。我们大都已是六旬人,进入老境,但都不服老,都要在今后的岁月中,向更高的峰巅冲刺!

谨此　敬祝全家好

成汉

1982.2

（牛汉,原名史成汉,诗人,人民文学出版社编辑）

余振与普希金

孙绳武

1937年夏天，华北爆发抗日战争。8月初日军占领北京。北方的几所著名的国立大学决定迁往内地，成立两个联合大学，一个在长沙，一个在西安。西安临时大学包括原北京师范大学、北平大学（文、理、法、商、农、医学院），还有天津北洋工学院。几千个教授、职员及青年学生的骤然到来，给远离战火的古城西安增添了一种紧张的气氛。这一年我刚二十岁。9月间我从河南到了西安，住在一个小旅馆里，准备报名投考临时大学。我的一位中学同学当时已在北平大学商学系读了两年。我听他说，商学系主要课程是经济学、会计学、财政学。但为了培养边贸人才，它的第一外语是俄语。我觉得能学些俄语也很好，边疆生活也不错，于是我便报考了商学系。

临时大学需要很多房子，西安是一个古城，只好分散安排。教务、办公、学生宿舍是借用城隍庙后街的几个院子，上大课时去鼓楼附近通济坊新建的一所大楼里。那里房间宽大，灯光较好。商学系的曹靖华、沈志远和其他著名教授都在那里讲课。开学后人来人往，颇为热闹，虽是战争时期，我每次去时都感到很兴奋。

城隍庙后街的一间小房子分配给商学系作办公室用。我在那第一

次见到余振（李毓珍）先生。他中等身材，面色微黄，穿了一件当时知识
分子常穿的蓝布长衫，态度温和。他是山西人，1909年生，1934年北平
大学商学系毕业。30年代在北平很难求得一个职务，即使国立大学毕
业也是如此。因此，他只好回到山西随便做一些事情。如果不是抗日战
争这个新的历史时期到来，这种生活也许还会继续许多年。北平大学迁
移西安后，原来的教师有些人没有来。李绍鹏教授（曾经留苏）想起了余
振先生，便写信约他来西安临大担任助教，并教授俄语，所以他也是我
们新生最初的俄语教师之一。1938年夏天，炮火临近潼关，西安临大又
迁往陕南汉中地区。除老弱外，师生员工上万人先到宝鸡，然后徒步翻
越秦岭。到达汉中后，北平大学的法、商及女子文理学院被安排在附近
的城固县小县城。以后数年，余振先生仍是我们的俄语语法和文选的教
师。他热心教学，诚恳朴实，关心青年，乐于助人，受到我们大家的尊敬。
1942年夏天，我毕业去重庆寻找工作。我的同班同学毕业后大多进了税
务部门和银行工作。但我由于带了余振先生写的一封介绍信，到重庆后
见了在前中苏文化协会主持编译工作的曹靖华先生，因而得到了另一
种机遇，开始了我终身从事的文学编译与编辑工作。

　　我们在北京再次见面时已经是1951年。这是国家建设的一个空前
未有的新时期，人们心怀喜悦的心情，对未来充满信心。我不久被调入
刚刚创办的人民文学出版社。余振先生已在北京大学工作。可是他进入
北大的过程多少有点曲折。当时各方面都需要俄语人才。北京大学成立
俄罗斯语言与文学系，由曹靖华先生主持，他想把余振先生调来协助教
学。但刚成立的中央编译局也需要聘请俄语专家。人事部根据中央编译
局的要求从西北调余振先生来京。他接到通知，仓促从兰州启程。到京
后预定时间去找编译局局长师哲。师哲没有多问便叫他去报到。他连忙
说，来此以前，已与北大谈好，去那边俄语系工作。师哲听了不悦，眼睛

看着前面,说:"是中央大,还是北京大学大?"他回答说:"这不能比,当然是中央大。我不过是已经答应了他们,不便变动。"谈话不欢而散。他感到与师哲共事可能很难。最后,1952 年他还是去了北京大学俄语系工作。

新的环境鼓励他发挥翻译能力。1950 年他应人民文学出版社的邀请,译出了苏联小说《三个穿灰大衣的人》。这本小说曾获斯大林文艺奖,文笔一般。但当时中国读者渴望苏联的新作品,中译本颇受欢迎。他不太在意,他的心放在译诗上。

这是 1953 年至 1955 年,中国读者在这个热情豪放的时代究竟需要什么样的诗?绝大多数的人都会回答说:马雅可夫斯基。很少有人会说:普希金。拿我们自己来说,余振先生 1949 年出版过《普式庚诗选》,我于 40 年代在重庆的刊物上发表过几篇普希金的译作,1950 年译出过他的评传,可这时我们都无意再介绍他的诗篇。我们也认为首要任务是介绍、而且认真地介绍马雅可夫斯基。除了马雅可夫斯基的名气在中国如日中天之外,更深层的问题是,在 50 年代以前,从没有一篇译文是他的诗的真正翻译。40 年代在桂林出现过一本万堤思译的《马雅可夫斯基诗选》,流行最广,但其中没有一篇译文能与俄文原作对上号,甚至错得十分可笑。万先生是世界语学者,他的生平现在已很难考证。他的译本的缺点是由世界语原译者造成的。万先生的热情可敬,我没有听说谁指责他,然而这个译本却令人啼笑皆非。余振先生建议先从马雅可夫斯基的长诗《列宁》开始,我们编辑部赞同他的意见,并请他担任翻译。《列宁》是一部叙事性的长诗,比马雅可夫斯基那些偏重于议论和抒情的其它长诗,可能更容易翻译一些。不过在无前人可以师承的情况下,准确而又生动地翻译出这篇长诗,实在有不少困难之处。所幸,除了余振先生的才学与经验外,当时北大俄语系还有几位苏联教师可以请教。一个月后,余振先生送来这首诗的一包译稿,抄得清楚仔细(这也是他一生的习惯)。放下这包译稿时,他似乎也显出一种放下重任的心情。我和同事张奇同志很快便着手译稿的编辑工作,轮流阅读了两三遍才付排。《列宁》中译本的出版是认真译介无产阶级优秀诗人马雅可夫斯基作品的开端,为翻译他的作品做出了实际的例证,坚定了进一步介绍他的诗篇的信心。此后,余振先生又继续译出了长诗《好!》《一亿五千万》《关于这个》等。读者的兴趣使我们感受到,应该更全面地介绍马雅可夫斯基的作品,因为他在国际题材的诗、儿童诗、广告诗、文艺评论等方面都富有特色的贡献。于是,就由编辑部同志和余振先生商议,制订了一个马雅可夫斯基作品五卷集的计划,在几年内逐步完成。余振先生欣然同意,他也想在实现这个计划的过程中,从北大俄语系高年级学生中培养几个未来的翻译家。一切都谈好了,一切似乎都有进行的条件。然而,1957 年的风暴改变了这一切,首先是改变了与这件事有关的不少人的后来的命运。

这场运动之后,余振先生离开了他居住了将近十年的北京。他被调往上海市出版局另行安排工作。他的心情有悲沉的一面,正当盛年,但又受到如此挫折。然而,他又是坚定的。他愿意换一个环境,另一种工作,在艰苦的历程中使自己重新站起来。到了上海,在出版局接见他的是汤局长。这是一位老同志,事前已经详细了解了他的情况,用恳切热情的态度鼓励了他,并说已研究好,请他在中华书局编辑部工作,暂时在淮海路分配了房子居住。他感到很大的安慰。不久,中华书局总负责人舒新城遵照毛主席的批示,组织了专家、学者全面修订百科全书式的《辞海》,他也被邀请参加,很快就全力以赴地投入这项新工作了。

40 年代,在陕西和甘肃兰州大学教授俄国文学这门功课时,余振先生在教材中选用了普希金和莱蒙托夫以及其他俄罗斯作家的作品。莱蒙托夫的诗在 30 年代中期才被译为中文,而且只有零星数篇,也不是根据俄文翻译。就是在荒凉偏僻的西北,在那些寂寞的漫长岁月中,莱蒙托夫成了他最喜爱的诗人。在上海,在繁忙的《辞海》修订工作完结后,翻译莱蒙托夫的诗作成了他的心愿。在那些动乱的年代,不管生活中有多少烦恼,未来又有多么难测,都没能改变他对这件工作的专注的意志。最后,1984 年初,他译的那本将近 1000 页的《莱蒙托夫抒情诗选》终于由浙江文艺出版社出版。即使今天看来,这本书也是一本高度地表现了译者对诗歌翻译的追求和功力的书。不用说,他参照多种俄文版本,甚至流传别国的零星诗篇,制定了翻译的篇目,尽力使之完善。其次,445 篇诗的后面都附有题解,说明写作年代,有关人物与事件,阐释隐晦的含义。特别是因为译者要表现俄国诗的原来状态,发扬中国诗界前辈用格律体译外国诗的探索精神,他不但把莱蒙托夫的每一篇诗都译为韵律整齐的格律体,而且在每篇之后以符号说明作者写作本篇采用何种韵律,让读者对照中译的译法。至于书的《前言》和书后的附录,也都可见译者缜密的思考和周到的用心。这本《莱蒙托夫抒情诗选》堪称迄今俄语诗歌中译本中功力最深的诗集。

余振先生在中华书局工作两年后,上海市出版局感到他在淮海路住的房子确实有不便之处,就在汾阳路为他分配了另一所房子。这是一所上海人常说的那种真正的花园洋房,一座二层楼,附有阳台。楼房周围是种植了不少花木的大院子。汾阳路的东口是几条马路汇集的广场,但行人不多,比较安静。他对新居很满意。也许更令他满意的是汾阳路口广场上那座青铜的普希金铜像。1937 年,上海俄侨为纪念这位诗人逝世一百周年,在这里建立了普希金铜像,但在抗日战争中被日军拆毁。抗日战争胜利后,1947 年又经苏中双方人士发起筹款,在汾阳路原址上重建了一座新的普希金铜像,周围仍种了花木。这是这位诗人在东方唯

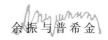

一的一座雕像,自然成了敬仰他的人所向往的地方,也成了余振先生经常散步的地点。其实,他对普希金作品的喜爱远在西北大学教课时已经开始,北京大学俄语系张有福教授那时也是他的学生,曾回忆道:"大学上的是外文系俄语专业。第一次接触普希金是在系里墙报上余振老师译的《乡村》。"已故的福建师大外语系主任许崇信教授在回忆往事时也说:"三十八年前,1940年,我就学于国立西北大学外语系俄文组。二年级时,李毓珍教授(也就是翻译家余振先生)担任我们的俄国文学课。在他的指导下,我开始接触到普希金的诗创作。"余振先生在翻译普希金作品方面的第一个成果,是光华出版社1948年刊印的《普式庚诗选》,收入六篇长诗。这本书的问世几乎和戈宝权先生的《普希金文集》同时,但印数较少,现在已很难看到。50年代,在马雅可夫斯基选集初步安排之后,我曾和他、戈宝权、徐稚芳同志商谈过编辑普希金选集的计划,但由于他远赴上海,大的形势也有变化,这个计划便搁下了。

在70年代风狂雨骤的上海,他的家庭负担更加沉重,社会交往的圈子却愈来愈狭窄。译完《莱蒙托夫抒情诗选》,可说是完成了一个长久的心愿。为什么没有继续翻译莱蒙托夫的长诗?我一直没有时间问一问他。但他自己说的一段话也许能让我们明白原因。在1984年出版的《普希金长诗选》的《后记》中,他说:"最后讲讲这七篇长诗翻译的经过。《巴赫奇萨拉伊的喷泉》《波尔塔瓦》《高加索的俘虏》《强盗兄弟》《铜骑士》《茨冈人》等六篇是1942—1946年间我在西北大学任教时译出的。《巴赫奇萨拉伊的喷泉》于1943年发表于牛汉主编的《流火》第一期(也只出了一期就被国民党反动派查禁)。1947年又把它修改过一次,重新发表在山西大学的《山大学报》上。《波尔塔瓦》1947年作为《诗文学》副刊之一出过一个小册子。1948年暑期到了兰州大学,又译出了《鲁斯兰与柳德米拉》。本来都是些毛坯,需要大力修改,但拖来拖去,一直拖了三十多年。1980年才下定决心开始修改。在我开始修改之前,先请郑铮同学把《高加索的俘虏》《强盗兄弟》《巴赫奇萨拉伊的喷泉》和《茨冈人》做了一次大的修改。他很认真,修改得很仔细,有的地方简直是重译。我在他的改稿的基础上又修改了一次。首先,修改得跟我的译笔基本上相同;第二,把不太整齐的诗行都改成十个字。至于《波尔塔瓦》和《铜骑士》两篇,是我一个人修改的。"我想,这几篇长诗动手翻译时,他还未到中年,辗转四十年,无暇再顾,到了暮年自然会排除其他,首先了却这件心事。

在诗的翻译方法上,也可以看出他的追求探索的精神。总的来说,他要以"格律体"的中文译文表达"格律体"的外国原诗。这种译法,研究英诗、法诗的一些前辈,如闻一多、卞之琳、梁宗岱先生都主张过,并有引人注目的表现。俄文诗歌翻译起步较晚,林陵先生一度也用这种方法。余振先生在翻译莱蒙托夫和普希金的诗时,很明确地赞同这个主张,并不畏艰难,不怕失败,要打通这条道路。在《莱蒙托夫抒情诗选》的《前言》和《普希金长诗选》的《后记》中,他都着重说明过自己的见解。他说:"莱蒙托夫是一个用很严格的俄罗斯'格律诗'体写诗的诗人。为了传达原作的格律,我最初翻译莱蒙托夫的时候,采用了我们前辈诗人们已经用过的中国'格律体'。我知道,限于自己的中外语文水平,这样做简直是自讨苦吃,但还是不自量力地试了一试。""试验的结果,自己觉得也不满意。不过总认为前辈诗人这样的做法是应当学习的。这样翻译虽然不敢说已把原诗的格律介绍过来,但起码可以使读者知道原诗不是像我们的自由诗似的自由诗。""我追求的目标是:把原诗的内容和形式都忠实地传达过来。但因个人力量有限,这个目标是很难达到的。差强人意的,不到十分之一。绝大部分只做到每行的顿数大致整齐,每行的字数勉强整齐,韵脚也大都按我们习惯的押韵法:双行有韵。这样是

不是够称为'格律诗'？我也说不上来。"

在上海，晚年和余振先生来往最密切的是他在北大俄语系的学生郑铮，还有从青海回到上海市的王智量同志。他们一度似乎被遗忘在社会之外，然而却在磋商如何更完善地传达俄罗斯诗歌的特色上，共同度过了许多美好的时光。郑、王两位后来都先后用格律体重译了普希金的《叶甫盖尼·奥涅金》。不妨这么想，在进一步开阔以中文格律体诗翻译俄文格律体诗这条道路方面，他们是为后来的俄文诗歌译者做了共同的贡献的。

20世纪后半期，介绍俄苏文学的中国翻译家，像余振先生这样的人，他们的目光主要集中在重要的、著名的作品上。他们首先要满足这个新时期的读者求知与欣赏的需要，要使中国在与外国文学交流上摆脱落后、无知的地位，要展现那些国家、地区、民族的文学的历史发展情况与比较清晰的面貌。因此，他们重视实际工作，也就是翻译工作，不愿空谈。但他们在从事翻译过程中常常对所译的作家与作品认真研究过，有自己的理解与看法。余振先生就是这样。朋友们曾几次建议他写一些研究这两位俄国大诗人的文章，哪怕是些随感也好，后来都没有结果。但在他写的前言和后记中，却反射出他细心的观察、敏锐的分析和谦逊求实的态度，这正是一个研究家宝贵的品质。

1996年8月7日，余振先生病逝于上海。听到这个消息，我顿时觉得，我仿佛看到了他的一生：从山西一个小县崞县，他到了西安；不久，越过秦岭到了城固；几年后又去兰州；终于重回北京，以为可长期居留，可是一场风波迫使他携家迁往上海。最后，抛却一切长眠于黄浦江畔。我似乎又看到了几位俄罗斯大诗人的作品在他的手中化为飞鸟，给中国这片辽阔大地的人们带来了欢欣、安慰与鼓舞。我看到他的一生勤奋不息的态度和永远追求理想的精神。我更感到他已历尽艰辛，长辞人

余振传

世,那就让他,这位十分可敬的教师和诗人,永远安息吧。

(孙绳武,笔名孙玮,人民文学出版社副总编辑)

一段诗话

张颌

一九九二年,余振兄从上海来太原时,携有他手抄的几首现代名人之诗。

第一首是早已脍炙人口鲁迅发表于《南腔北调集》悼念"左联"五烈士所作的:"惯于长夜过春时,挈妇将雏鬓有丝。梦里依稀慈母泪,城头变幻大王旗。忍听朋辈成新鬼,怒向刀丛觅小诗。吟罢低眉无写处,月光如水照缁衣。"

第二首是郭沫若一九三七年由日本归国途中所作:"又当投笔请缨时,别妇抛雏断耦丝。去国十年馀血泪,登舟三宿见旌旗。幸将残骨埋诸夏,哭吐精诚赋此诗。四万万人同蹈厉,同心同德一戎衣。"

第三首为张元济读郭沫若诗后所和:"报国男儿肯后时,手挥慧剑断情丝。孤怀猛击中流楫,远志徐搴旭日旗。甘冒网罗宁结舌,遍规袍泽更陈诗。惭余亦学深宵舞,起视星河泪满衣。"

第四首是胡风在狱中所作:"竟在囚房度岁时,奇冤如积命如丝。空中悉索听归鸟,眼底朦胧望圣旗。昨友今仇何取证,倾家负党仍吟诗。廿年点滴成灰泪,俯首无言见黑衣。"

第五首是余遵余振嘱,勉强以文革幸存之身诌句而成:"回首十年劫难时,凶螫布网密盘丝。灾罹黑煞魂出窍,兵构红卫血染旗。非刑苦炼荒唐狱,冤愤思寻绝命诗。精气摧伤元气损,老身合著薛萝衣。"

> 二〇一〇年春节追忆
> 年届九十眼花手颤书此
> 张颔记

附录:

《一段诗话》话外

二〇一一年,笔者去太原五一路拜访余振长子鸿谟先生,他拿出一篇题为《无题六首》的文稿让我观看,我惊喜地发现,文稿除收录了前面张颔先生书录的五首诗外,文末还收有一首余振先生作于一九六九年的诗作:

> 正是春暖花开时,微风习习雨丝丝。人人高唱两只歌,处处飘扬五星旗。有幸逃过万言书,无端陷入三篇诗。偏爱吴越文身地,北望云天泪沾衣。

从作诗时间来看,余振诗作于鲁迅、郭沫若、张元济、胡风诗之后,张颔诗之前,但在一九九二年,余振为什么没有将己诗请张颔老一同书录呢?个中缘由,不得而知。也许是谦恭自抑,不敢附骥于诸前贤。至于从诗的内容来看,六首诗皆为忧国自伤之作,反映了知识分子在民族危亡之秋,所表现的哀哀心曲,且韵律大致相同。尤其是首联第一句尾的"时",第二句尾的"丝"。颔联第二句末的"旗"。颈联第二句末的"诗"。尾

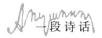

联第二句末的"衣",完全相同。这就不难看出,余振老、张颔老在构思挥毫前,就是有意步前人诗韵的。

　　二〇一七年五月,三晋出版社社长继红兄,从张颔老家人处觅得《一段诗话》真迹。六月,我出于对余振先生的钦慕,特请著名作家韩石山先生书录了余振先生的这首诗。双贤合璧,私心宝之。

　　　　　　　　　　　　　　　　丁酉夏庆华记

余振传

忆李毓珍先生

马作楫

著名翻译家、上海华东师大教授李毓珍（余振）先生因病医治无效，不幸已于 1996 年 8 月 7 日在上海华东医院逝世，享年 88 岁。多年来，李毓珍先生尽管年迈久病，仍以惊人的毅力和饱满的热情从事俄罗斯语言文学的翻译和研究。我与先生笃交五十余年，受益不浅。今就我记忆所及，回顾少许往事，以表达我的敬佩和怀念之情。

李毓珍先生，山西崞县（今原平市）桐川人。他在县城读完中学，五卅惨案后不久参加革命。他认识到救国的必由之路，于 1926 年毅然加入中国共产党。1928 年被捕，次年出狱后考入北平大学法商学院俄文经济系读书，毕业后回到太原一家工厂谋生。后经杜任之先生介绍参加了"中外语文学会"，作为编委之一每月为《中外论坛》翻译一篇文章，得稿费十元，以维持生活。

李毓珍先生热爱他的故乡和晋阳古城。他每次回太原探亲、讲学，总要不断地赞美他的故乡。他说那儿有杏树和梨树，每到春天梨花和杏花开了，景色绚丽，十分迷人。有时谈兴浓时，还将崞县县志《艺文志》中容纳的诗词抄出来让我看。有首《铜川途次题壁四绝》（王佩钰，道光年崞县知事）诗之一："竹篱环抱野人家，绝好溪山日未斜。十里香风吹不断,万株晴雪绽梨花。"写完后,先生边念边说:"写得比真景还美!"此后,先生还将金代著名文学家元遗山的《桐川与仁卿饮》诗为我写成条幅。诗的结句有"海内斯文君未老,不须辛苦赋囚山。"先生还补充:"'海内斯文'我们够不上!但不应像柳宗元被贬后写出《囚山赋》发牢骚!"

李毓珍先生在对故乡爱心的驱动下,大约从 1978 年至 1992 年,十余年间,他用毛笔抄完共有八卷的《崞县县志》,还请人切了个边,又装订好,做了一个书套。先生说:"摆在案头,每一展阅宛如又回到少年时的家乡,其乐真是无穷也。"1987 年,先生与他的学生郑铮译完俄罗斯一个少数民族诗人甘札托夫的《无题诗 100 首》时,还一再向我强调:"在上海翻译,在太原出版,在崞县印刷。"我想,这是先生意在给经历过的往事留下点滴的雪泥鸿爪。

抗日战争初期,李毓珍先生从太原流浪到了陕西,在西北大学外文系俄文专业授课,仍继续从事俄罗斯语言文学的翻译工作。他教学认真,精益求精;奖掖后学,诲人不倦。著名诗人牛汉在写给我的信中,回忆他当年在西北大学读书时的情景。他感激地说:"我们俄语专业的学生把李先生视做最可信赖的导师,那时学俄文其实是一种人生与政治的追求,不是单纯的学语言。"牛汉还记起:"有一年时间,他与徐褐夫、魏荒弩轮流按月给我提供生活费,当时反动校方取消了我的公费待遇。……这许多年,我努力写作,也是先生的精神影响了我,使我不敢消沉,更不能辜负先生的恩泽。"

李毓珍先生因为在西北大学支持学生的反内战、反独裁的爱国运动被校方解聘,遂于 1946 年返回山西大学教书。不久,西北大学学有专长的教授王文光、徐褐夫、季陶达等几位专家也相继被解聘,反动的教育部还通令全国各大学不得聘任他们。山西大学校长徐士瑚先生得知教授们的处境后慨然应允:"请他们都来吧,我不怕,我不理他!"(指 CC

系陈立夫)李毓珍、王文光和杜任之三位教授,为了在山大积极开展民主运动,由王文光教授率先与上海中国民主同盟的领导人取得联系,他们三人在山西大学组建了民盟在山西的第一个支部。王文光教授负总责,杜任之教授负责组织,李毓珍教授负责宣传工作并主办盟的刊物《北风》诗刊。

我当时是一名爱好文艺的青年学生。1948年便全身心地参与了李毓珍先生创办《北风》诗刊的一切工作。我在刊物的编排、校对、发行、撰稿等方面协助过先生。刊物的宗旨是以诗为号角争取民主,反对内战。每编完一期,李毓珍先生便约我到教职员第三宿舍(12号)他家里纵情畅谈。他拿出半瓶汾酒,我也买半只熏鸡。有次,先生拿着刚译好的莱蒙托夫的诗《帆》中的第三节读给我听:"下面是比蓝天还清澄的碧波/上面是金黄色的灿烂的阳光/而它,不安的,在祈求风暴/仿佛是在风暴中才有着安详!"我们心照不宣!

《北风》出了七期。当时,李先生因写文章遭到太原首义门的军警毒打,办《北风》又受到警告。李先生鉴于太原形势险恶,不得已于1948年6月离开太原奔往兰州大学俄文系教书。在兰大,他译完《普希金诗选》,还修改完《莱蒙托夫抒情诗选》,出版了《俄语文法高级教程》。李毓珍先生在兰大第一次授课的情况,曾经给我绘影绘声地叙述过:"我一进教室,学生们乱吵乱叫,有的还在黑板上写字。我挤到教台上擦黑板,有的还在写。有一位认识我的学生喊'老师来了'!人们找不到老师,以为我是个工友来擦黑板……"我笑着说,在我的印象中,您一直是保持着颗平常心,从不讲究行为艺术!

兰州解放后,李毓珍先生于1950年调往北京中国交通大学、清华大学校任教,不久,又调进北京大学,任俄罗斯文学教研室主任兼俄语系副主任。他此时的译著有马雅可夫斯基的《列宁》《好!》,西蒙诺夫的长诗《远在东方》，再次修改了《莱蒙托夫诗选》，还翻译了小说《三个穿灰大衣的人》等七八部译著。他特别就马雅可夫斯基的诗写信启发我："过去有人不满意他，也只嫌他政治性太强，以我看，他这一点还是好的。我看，他过去是，现在仍然是仅次于高尔基的一个很重要的十月革命及二十年代的作家。"先生的情操是这样的高尚，可是，谁又能想到1957年被错划为右派，调到上海辞书出版社任《辞海》语词分册主编。1979年彻底平反后调到上海华东师大外国文学教研室。先生除了开设专门化的课程外，仍笔耕不辍，为祖国和人民奉献出一本又一本的俄罗斯语言文学的译著。

有次给我来信说，他所以"不断坚持译书写论文，也是自己鞭策自己的方法之一。"他说1991年一年做的事"比1980到1990年10年做的还多。"这一年，先生放弃《普希金长诗选》的版权，应浙江文艺出版社之约，将普希金的长诗全部译完，又应上海译文出版社之约，将莱蒙托夫的抒情诗也全部译完，编入莱蒙托夫的全集。每次重译，或增加篇目，或修改诗的格律，都凝聚了先生数十年的研究心血。比如普希金的长诗吧，以前译的都是每行10个字，因为原文都是四音步，这次补译的"有五音步，六音步的，五音步的每行12个字，六音步的每行14个字，全诗将近1万行"。李先生说，这一年"做是做了不少事，但究竟年纪大了，感到有点累，不过也完成了我的两个心愿。"

这些往事，有的是听李先生讲的，有的是从我们往来的书信中读到的。李毓珍先生数十年来强撑病躯，诚厚质朴地辛勤耕耘，终以积劳成疾，不能再带病延年，著书立说。但先生的三十余种译著，却永远留在天地之间。1989年国内出版过一本《中国翻译文学史稿》，其中第五篇《中国当代翻译文学》第三章论述："余振在漫长的翻译生涯中，形成了自己的翻译主张，并且在翻译实践中证明了这种主张的合理性。他翻译的普希金、莱蒙托夫、马雅可夫斯基的重要诗篇,博得了广大读者的赞誉,被认为是佳译。"

(马作楫,诗人,山西大学教授)

李毓珍与《辞海》

卢润祥

穿一身洗得发白的靛蓝色中山装,脚蹬一双布鞋,疏朗淡定,真诚平和,气质儒雅,这就是李毓珍(笔名余振)先生的剪影。这位看上去平凡普通如乡下老汉的长者,竟是我国把俄诗人普希金、莱蒙托夫等作品译成中文的第一人! 他用一枝中国化的笔译出了句式整齐的诗,融入了东方古典诗词的韵味,从而得到了广大读者的喜欢和肯定。

20世纪50年代反右后,李毓珍由北京大学拖家带口来到沪上,担任《辞海》语词部分的编辑。此时,我也通过人事对调由福州某机关调回上海,安排在他身边工作。李先生国学素养深湛,兴趣盎然,他热爱古典文学,熟悉古汉语词汇与文物典章图书等。当时的语编室叫语词组,室内像个小图书馆,有全套的《四部备要》《四部丛刊》,相关的历朝历代的古籍甚多,书架上琳琅满目,因此,要复查资料是十分方便的。李先生认为老《辞海》很多条目资料不可靠,这必然关涉到条目释义的科学性,书证误,则词目必成客里空,因此,他常常为了《辞海》1936年版中某一条目的引文正误核查好几种版本的书,他说,一种书由于刻工水准不同,发生误植是极平常的。因此,细致的查证就是必要的了。李先生对古籍了然于心,能凭记忆知道某书收在何种丛书中,而不必借助于《中国丛书综录》。另外,他也从大处着眼,从宏观上研究《辞海》1936年版语词部分的总体情况,对其优点和局限作了分析,为此,他花了很长时间通读老《辞海》,收集了不少资料,还做了笔记,并据此做了总结,从而有的放矢地修订编撰方针。这时,他和组内周颂棣、刘范献、钟吉宇、傅东华、徐中玉等一起草拟了《辞海》的用语、体例及收词原则等,还印成了《辞海编撰手册》,供参加《辞海》修订的上海、南京、杭州等地的专家参照执行;不久,他又着手条目样稿的编写,意在为修订工作提供一些参考母本或范式:即将《辞海》1936年版原有条目及试写的一稿二稿分别罗列,再加上总的说明,介绍修改的要点及原因,以便参加修订工作的专家们在对比中掌握应注意的方面;另外,他对条目编写方法的讨论十分投入,有时为了一条条目的定夺,动了许多脑筋,甚至会花上一个工作日。

李先生参加《辞海》编辑工作尽心尽力,踏实认真,还有独到的编撰思想。例如,他认为,《辞海》作为以中等文化水平为读者对象的综合性辞典,在收词上应注意勿过偏过专。在语词方面,有一些古代文人偶一用之的词藻不要收入(这些“死词”在《辞海》1936年版中是存在的)。

另一方面对于常见的文言词又要注意勿漏收,如“就中”一词,唐诗中多见,是“其中”的意思,如白居易《西湖留别》诗:“处处回头尽堪恋,就中难别是湖边”;王建《早秋过龙武李将军书斋》诗:“就中爱读英雄传。欲立功勋恐不如”;又如“幸自”,指“本自”。韩愈《楸树三首》诗:“幸自枝条能树立,何烦萝蔓作交加”,均为老《辞海》未收,可考虑收录。总之,他认为《辞海》1936年版对近代汉语词汇的收录是不够重视的,新版《辞海》则不妨收录一些,以增加实用性。对于现代汉语词,要与《现代汉语词典》作分工,不需解释的、“见词明义”的,就不要收入,但对于“一望不知”的部分难词则要收入。

另外,他认为,释义用语要注意文字的简洁,不要冗语烦词。凡能用一句说明白的，不要再用第二句。再者，老《辞海》崇尚国学，文言味较重，不过倒可研究它的词语百科条放在一起不见突兀的道理，它在行文上有什么好办法。当今科技大发展，新学科条目更多，行文风格应如何与语词和谐起来，也是一个可研究的问题。李先生还提出，老《辞海》部首要改革，有的归部不合今天读者查用，要多搞几种检索手段，以方便快捷地查到条目……

在当时的中华书局《辞海》编辑所里，李先生是与青年编辑接触最多的了，我想，这与他曾从事教育工作有关，他把与青年同志的沟通，看作是曾经的教学生涯的延续，因此，他曾多次下班后为青年同志讲解《古文观止》等。

因为我们的交谈较多，也比较合得来，因此，领导就决定我们为"一对一"的师徒。从此，我得到的关心就更多了。当时，我的兴趣比较广，甚至还舞文弄墨，搞起美术作品来（设计火花）。李先生对此很生气，甚至说，再这样在业务上不求专一，我就无法教你了。在他指导下，我完成了《元人小令选》书稿，并作为功课交给他。李先生带回家去，逐条批改我的注释。此书得到赵景深肯定，后终在四川人民出版社出版。

当时，我除了做好一些事务性工作（如抄写词目单之类）外，开始读稿，我发现《辞海》1936 年版"立泉"条为误立，因所查班固《终南山赋》为"玄泉落"，玄，通"悬"，谓瀑布，改为"立"字，是清康熙皇帝玄烨讳，应改立"玄泉"条，李先生对我的这一意见表示肯定。

在《辞海》编辑所里默默无闻工作的李先生，从不谈自己的过去，我们只是从旁了解到一些：他 17 岁时即参加学生运动，主编过《北风》诗刊，不久，因参加共产党被捕入狱……解放后被聘为北大俄语系副主任，并开始了俄诗的翻译工作。

记得一次我和李先生在《辞海》编辑所的小花园里一起散步，在四周花香的草坪上沐浴春日的阳光,这时,他十分感慨地说,"四人帮"垮台了,大好局面来之不易,我们要更加努力啊! 他指着北墙边的一颗不为人注意的树说:"关在牛棚的日子里,我看不到希望,曾想过就在这里上吊。不过,又想到未来,想到真理总能战胜邪恶,我放弃了自杀……"粉碎"四人帮"后,他更加意气风发投入了工作,并应聘担任了《辞海》编委和语词的分科主编。后受聘于华东师大中文系,并重新入党。他对《辞海》以及翻译工作作出了卓越贡献,值得后人纪念与称颂。

(卢润祥,上海辞书出版社编审)

我与余振(节录)

王智量

一九六一年,我们国家据说是遇上了"严重的自然灾害",全国各地供应困难,社会生活紧张,急需调整各方面关系,力求社会稳定。这时相应的有了一个为"改造好了的右派分子"摘帽的机会。也是在陈文俊同志的多方努力和亲自主持下,我在上海所住的弄堂的居民小组中被表决通过,摘掉右派帽子,回到人民的队伍中。带有幽默意味的是,陈文俊谈到我应该摘帽的理由时,举例说,我在农村劳动和在上海生病失业期间,还"念念不忘"(他也用了这四个字)翻译《奥涅金》,说明我对社会主义文化事业的忠诚。那天会上,听他说出这四个字,我真是感慨万千。中国的语言真是妙极了,针对同一件事情的同样这四个字,当年可以把我打入地狱,让我身败名裂,而现在又能让我走出地狱,重见天日。

这年冬天,出乎意料地有人来看望我。居然是我的恩师,北大俄国文学教授余振(李毓珍)先生。从一九五〇年,李先生便指导我阅读《奥涅金》。一九五六至一九五七年间,我又参与了他主持的《马雅可夫斯基诗选》的翻译。由于这项工作,我在五七年(反右运动开始以后)曾多次到他家去。没想到我每一次去他家,都有人暗中跟随,后来便成为我们"反党串联"的罪证。再加上其他罪证(我和他各自在本单位帮助党整风的会议上的"鸣放"发言等等），我们两人都被划为右派。他在被划右派以后调离北京大学，来到上海，做《辞海》编辑工作。这时他也已经摘掉右派帽子。他说，他早知道我到上海，知道我又失业又生病，很想来看望我，但是一直等到我头上的帽子也摘掉了，他才敢来见我。否则，他害怕再有牵连。

余振先生见到我全部译出的《奥涅金》，非常高兴。我也给他看了王平凡先生替何其芳先生给我的回信和孙绳武先生的来信。他说："现在要出版你的译本当然是不可能的。不要忘了我们头上曾经有过的那顶帽子啊。再说，我们头上现在还是有一顶帽子的，人家现在叫我们是'摘帽右派'。"这时我们两人都黯然无语。片刻以后，他又说："也好，再多改几遍，好好磨磨，铁棒磨成绣花针嘛。"他喜欢用"磨"这个字来表示认真下功夫的意思。和其芳先生当年指示的"态度老实些，多花些工夫"是一样的。没想到这一磨就又磨了二十多年，直到一九八二年书才印出来。而且现在我还在遵照他们的教导，继续"磨"下去。余振先生要我首先把原作再仔细阅读，为了鼓励和鞭策我，他给我看了他在抗日战争时期亲手抄写的全本《奥涅金》原文，并且说："我当时虽然这样用功，仍是不敢译它，还是你大胆，做得好！再磨它几年，做得会更好的！"他的手抄本对我是一个极大的鼓励和教育，老师曾经如此潜心地钻研这本书，我当然应该继续他的意愿，努力工作下去。余振先生见我一家五口生活困难，连买稿纸的钱也没有，竟然把他心爱的藏书《四部备要》的第二编送去福州路卖掉，把几百块钱拿给我，叫我安心养病和工作。

从这时到一九六六年"文化大革命"开始的几年间，我每个星期都要到余振先生家里去一两次，在他的指导下研读普希金作品和有关的参考书，不停地对我的《奥涅金》译稿进行修改。后来又有一个"摘帽右派"参加进来，他是杜嘉蓁，北大俄语系五七年的毕业生，在他一年级时我给他上过俄语讲读课,他也是一个普希金的热爱者,我们师生三辈爱好一致,命运相同,相聚时唯一的话题便是普希金和《奥涅金》。那时我们曾经说,如果能给我们一间屋子,挂上"普希金研究翻译室"的牌子,我们愿意进去坐一辈子,不给工资也行。那时,他们两人(主要是余振先生)帮我修改《奥涅金》,我们一同对俄诗韵律与节奏如何在汉译中表现的问题做过许多探讨。我的《奥涅金》的译稿在这几年里大约至少重译、重抄过上十遍。这段时间里,我在上海几家中学做代课教师,同时以每千字两块钱的代价,给上海科技情报所翻译外文资料,以此维持一家五口的生活。

一九六六年,"文化大革命"如狂风暴雨般来到,我这个"摘帽右派"、知识分子和没有"单位"的无业游民日子更难过了。我的代课工作和翻译工作都没有了。连续五年间,我们五口人只能吃母亲从菜场拾来的菜皮和低价买来的鸡饲料碎米充饥。因为我没有任何收入,全靠出卖全家人的衣物和哥嫂的一些接济过活。当时我每天主要的时间是被叫去批斗、扫弄堂、烧砖头、挖防空洞。但是我还是坚持每天必读俄国文学,必读普希金和《奥涅金》。记得一个阴历年的大年初一,外面下着雪,我正在被窝里考虑着一节《奥涅金》的诗韵。一个矮矮胖胖的里弄小组长女士在我的窗下大喊:"×××,你下来扫弄堂!"喊完这一句,还意犹未尽地再补充两句:"你们这种人还配过年? 臭右派分子!"我只得乖乖地从床上爬起来,下楼去扫弄堂。其实,这位女士的话还是说错了一些,她应该说"臭摘帽右派",而不应该说"臭右派分子",因为当时我已经光荣地摘掉那顶可怕的帽子五六年了,虽是同样的"臭",但她至少应该在嘴上贯彻一下党的政策。

那时抄家之风已过,但是还不时地要"刮台风",就是半夜三更也会出其不意地来家里搜查。搜查我倒不怕,因为我家没有什么见不得人的东西。在抄家高峰时期,我把我的许多文章手稿、我家多年来收藏的古旧字画,甚至我父亲的许多张珍贵的清朝大龙邮票全都一把火烧掉了。但是考虑到我的许多外国文学书籍和资料,尤其是我的《叶甫盖尼·奥涅金》译稿,我舍不得丢失。但是这些东西是很容易被人家认为是"封资修"的"余孽"而被拿去毁掉的。一旦如此,那就损失巨大了。我考虑再三,想出一个办法:我把那些我视为至宝的东西(书籍资料和文稿)中我认为最最重要的,包括我的《奥涅金》译稿,放进一个大书橱里锁上,然后在橱门上贴一副我自己抄写的对联:"墙上芦苇,头重脚轻根底浅;山间竹笋,嘴尖皮厚腹中空。"果然,不出几天,一群人就在半夜里由那位小组长女士带队闯进我家来。正要搜查的时候,其中一位看见那副对联,立刻大吼一声,问我:"你这是什么意思?你是在骂谁?"我因为早有准备,便不慌不忙地回答他:"这是我们伟大领袖毛主席叫我写了贴在我房间里的。""你放屁!毛主席?叫你?写这个?你胆大包天啦!你是不是在咒骂我们伟大的领袖毛主席?你不想活啦!"于是我从书桌上拿来《毛泽东选集》的第三卷,翻到《改造我们的学习》那一篇,把一段话读给他们听。毛主席在那篇著名文章里,在引用了我抄写的这副对联以后说:"我奉劝那些没有改造好的知识分子,把这副对联抄出来,贴在自家的墙上……"

他们一伙人全都哑口无言了。过一会,便灰溜溜地走掉。临走时那个当头头的还对我恶狠狠地说了一句:"让你扎一记台型!"(上海方言,意思是让你出一次风头或占一次上风。)他们到底还是害怕伟大领袖毛主席的。而我的《奥涅金》译稿终于逃过了这次劫难保存下来。

我继续早起晚睡地修改我的译稿,并在几年中把俄文《普希金全集》中《叶甫盖尼·奥涅金》的有关别稿也全部译出。这些材料对于研究普希金和《叶甫盖尼·奥涅金》有重要意义。又把别林斯基论《奥涅金》的那两篇名文,和普希金的继承人莱蒙托夫用"奥涅金诗节"的格律写出的长诗《唐波夫财政局长夫人》也翻译出来,想为读者、学生和教师尽可能多提供一些有关《奥涅金》的参考材料。这些译文现在全都发表了,起到了我所期望的作用。

一九七〇年夏天以后,"文革"的大浪潮已经过去,余振先生、杜嘉蓁和我这三个被称作"牛鬼"的人又悄悄聚会了。第一次,我记得,是在上海复兴路嘉善路口一家小面馆里。余振先生见我面的第一句话不是嘘寒问暖,而是:"你把《奥涅金》磨好没有?"从这以后,直到"文革"结束,我又在余振先生帮助下把译稿修改了几次。我的《奥涅金》翻译中其实包含了许多余振先生的心血。二十年之后,余振先生逝世的前几天,他躺在上海华东医院病床上对我说:"我昨天做了一个梦,梦见我们把普希金全都翻出来了,印了一百万本!"他老人家就是带着这样一个美好的梦想离开人世的。余振先生去世了,而他留给我们的这个美好的梦想还在,不仅在,而且早已成为现实。我国现在已经有两种《普希金全集》出版,参与翻译工作的不仅是我们三个人,而且又增加了许多有才华的译者,在我国的俄国文学和普希金著作的翻译园地里,现在真正是"百花齐放"了。

"文化大革命"结束后,我们的国家又需要文化了。大约在一九七六年前后,有关方面研究重出"世界文学名著丛书",在考虑《叶甫盖尼·奥涅金》采用哪个译本时,我国研究俄国文学和普希金的前辈专家、一向关心后来人的戈宝权先生为我力争,我的这个译本才得到其他同志的"那就拿来看一看"的允诺。据说当时有人想到我的"右派"身份,因而有所犹豫(这不怪人家,只是反映当时的时代和历史特点),戈宝权先生则坚持说,"既然有这个译本,就应该考虑进去,人家花了那么大力气。"他的这番热心话救了我的《奥涅金》译稿一条命。当时他们开会的情况和这些对话,我是后来听戈宝权先生自己对我说的。

一九七七年,人家要我把译稿拿出来提供挑选,而我却拿不出来。当年抄写的两份中,寄给其芳先生的那一份早已在"文革"动乱中不知去向;我写信到人民文学出版社询问我当年寄去的一份,他们说,找不到了。在那样一个混乱的年代,已经没有人能够为此负责了。这我也能够理解,只能自认晦气。那时我在参加《英汉大辞典》的编写工作,不经意间,我对邻座的姚奔先生说起这件事。说时我很伤心,几乎是在哭。热心而善良的姚奔立刻写信给他在人文社的好朋友、法国文学专家赵先生,请他帮忙再为我找一找。谁会想到,这位赵先生居然从一堆破烂垃圾和废纸中帮我把稿子找到了,而且一页不缺!

一九八一年,人民文学出版社的蒋路先生,把这份劫后余生的稿子、我当年投寄给他们的《奥涅金》译稿的全文,带来上海。他在余振先生家里约见我,把稿子交给我,请我修改后再给他们。他当时的一句话说得很对,他说:"请你重校和修改,这是你二十年前译的,就是当初出版了,现在也应该重校和修订了。"现在,又一个二十年以后,我再重新校改这部译稿,其实也还是按照他的这个意见在做的。

这时中央在胡耀邦同志主持下,正在落实知识分子政策,我正从《英汉大辞典》编辑部的临时工转为华东师范大学的教师。我花了一年多的时间对我已经多次修改的译稿再做加工,先把全书中的一章(第七章)仔细校改过,由我的家属子女分头抄写,抄出五份,其中一份是我的大嫂帮我抄的。我把这五份稿子分别请上海、北京和外地的老师朋友们和青年学生们提出意见,然后再根据他们的意见修改全书。当时给过我帮助的有翻译家方平先生、前辈诗人辛笛先生、故世的诗人姚奔先生、余振先生、杜嘉蓁先生、故世的翻译家力冈先生和几位爱好诗歌的大学生。华东师大中文系的两位大学生毛世桢和王际平(现在他们已经是教授了)还曾热心地把全部译稿朗读录音,帮助我从听觉上去发现译文的缺点。

译稿送到人民文学出版社之后,又得到当时该社外文编辑卢永福先生的许多帮助,自此,这个多灾多难的译本终于问世。从1950年我在余振先生、曹靖华先生、刘泽荣先生的指导下开始阅读《叶甫盖尼·奥涅金》算起,到这时,已经整整三十年。

新世纪开始后,人民文学出版社决定再出这本书的新版,而这时,我国书市上已经有不下十种的《叶甫盖尼·奥涅金》的翻译本了。当然应该做一番认真的选择。据我所知,有不止一两个新的译本送到他们手中。也有译者本人出面参与竞争的。最终的决定是,仍然采用我的译本,由我自己对五十年前着手翻译、二十几年前出版的译文再做修改、加工和提高。时过境迁,读者的要求和水平已经大大地提高了,我必须与时俱进,努力使译本能够满足今日的要求。好在,随着八十年代以来政治、经济生活的大发展,客观的、物质的和精神的条件已大大改变和提高,我本人也在这五十多年里业务水平有所进步,生活和工作条件也早已"鸟枪换炮"了。这些主客观条件使我能够把这次的修订工作做好。比如说,现在我能买得起和用得起电脑,能使用打印机、复印机、扫描机,这是五十年前或是二十年前我所不敢想象的,也没有哪一个中国知识分子那时敢如此想象。我自己当然也不偷懒。接受修订任务后,即使是在美国和澳洲探亲访问,也每天夜晚打开笔记本电脑做这件工作。终于,在人民文学出版社外国部的负责人刘开华先生的帮助下,顺利地完成了这次的任务。

现在,书已经印出来很久了,已经得到许多读者和同行朋友们的鼓励性意见和反应。我感到欣慰,但同时心头也涌起无限的遗憾。遗憾的是,许多五十年来曾经在这件工作上帮助过我的老师、长辈和朋友都已

余振传

经不在人世了！尤其是给我帮助最大的、我所敬爱的何其芳先生、余振先生和戈宝权先生。他们都看不见饱含着他们宝贵心血的这件工作成果了。愿他们的在天之灵安息！

二〇〇五年十二月于上海华东师大

（王智量，华东师大教授）

余振、智量、我

王志耕

　　我 1985 年入学时已经 26 岁,但这在我们同届的五位师兄弟(王圣思、王璞、刘文荣、戴耘和我)中却还是年龄最小的,所以,智量师一些跑腿的事常是我来做,这也就使我们有了更多日常接触的机会。在这些日常事务中,我做得最多的是为余振先生取书信等物。那时余振先生已退休,年龄大了,不便来校,这些事原来一直是智量师自己在做。从学校到汾阳路余振先生家骑自行车要半个多小时,乘公交车就更慢,因为要换乘。而智量师多年来就一直为余振先生跑腿。自从我接了班后,每次去智量师处取东西给先生送去,都要在二位先生处闲聊一番。余振先生晚年耳背,常常听不到敲门声,智量师就告诉我使劲用脚踢门,甚至拿砖头砸,好在余振先生住处的外门是块破木板做的,否则即便是好门也被砸坏了。但就是这样,也往往是把邻居都砸出来了,先生还是没听到。因此,我和老先生的聊天其实就是我在听他讲过去的事。而我对余振先生本人的更多了解还是从智量师那里得到的。他给我讲过这样一件事:余振先生的老伴在家里掌有财权,且过日子极为节俭,因此余振先生尽管拿着文革前二级教授的高工资,却常常"身无分文";一次智量师把一点稿费偷偷给了余振先生,说不必告诉师母,老头当时很高兴地赶紧把钱揣起来;然而第二天早晨天还没亮,余振先生就来敲门,他一脸疲惫地说:"智量啊,你这点钱把我闹得一宿没睡好,我把钱放在棉裤里,怕被你师母发现,就把棉裤枕到头下,你师母问,我说枕头低,垫高点,又怕你师母怀疑,这一宿没睡着啊!钱还是给你,由你去交给师母吧。"无奈,智量师只好再直接把钱送给师母。余振先生在家里吃得简单,师母也不擅烹调,智量师就时常找机会请他到家里或外面吃饭,每次余振先生都是憨憨地笑着说:"又过了一回年。"我在读期间,智量师主编的自考教材审稿,还专门请余振先生在华东师大招待所住了三天,由我陪同,伙食是包在那里的,规格很高,那几天把我的胃都吃坏了,怪不得余振先生当时也跟我说:"这不是天天过年吗!"从智量师和余振先生的关系中,我深深地感受到师生间那种一生相伴的真情,并真切地体会到,如果能有机会做些什么来报答老师的恩情,那是一种很幸福的事。其实,对老师感恩的最高形式,是成为老师的骄傲。在和余振先生的聊天中,老人时常流露出为自己有智量这样的学生而生出的自豪之情。那时智量师已是年近花甲、有很高名望的学者,但余振先生在他的著述中提到智量师时总是用一样的称呼"王智量同学"。在我看来,这个简单的称呼中包含着难以言表的自豪,你看,这么大的教授、学者,也还是我教出来的"同学"。余振先生是个大翻译家,起码在俄国文学翻译界,他的汉语表达能力是首屈一指的。老先生除了俄国文学翻译,其国学底子也十分深厚,而他对中国古代棋经的研究在国内外都有很高声誉。但他译诗却有一个癖好,只要原文是音步整齐的格律诗,他的译文必须每个诗行字数相同,俗称"豆腐块"。他曾对我说:"这种豆腐块的译法其实是个毛病,可是我就是有这个癖好,明知有时候多一个字或少一个字更好,可就是拗不过来。你看智量就不这样,还是他那样好,他译的奥涅金就好,要让我译可能就死板了。"老先生其实对自己的"豆腐块"能力颇为得意,因为越是规整,难度越大。在俄语翻译圈里能打得住他老的眼的没有几个，而这其中就有"王智量同学"。因此，从那时起我就有一个愿望，将来也让我的老师亲口说："你看，王志耕做得就好！"为了这一个想法，我一直坚持着，其实当我毕业后回到河北师院那个相对封闭的环境中时，我还不知道，我离这个愿望越来越远了。但好在我比智量师幸运的是，我得到了一个赴俄进修的机会，使得我没有理由不把俄国文学研究继续下去。记得1993年我回国后到上海去看望智量师，他开玩笑地问我："现在是你俄语好还是我俄语好？"我不假思索地答道："还是我好些吧。"后来我仔细想过，其实我这样说的时候心里并没有底，以智量师能够把《叶甫盖尼·奥涅金》背诵下来的功夫，我怎么能赶得上？然而我之所以那样脱口而出，是在下意识里有一种想法，我要超越我的老师，我不能让他为我失望。大约是2004年我到上海开一个学术会议，智量师和我走在校园里，遇到了他的一个熟人，就向对方介绍我："这是我的学生，是北方地区研究俄罗斯文学最好的学者。"我听得出来智量师的口吻中流露的自豪与骄傲，但这句言过其实的话始终像一条鞭子在驱策着我努力工作，尽管我知道，我可能永远也做不到像他说的那样，但我最起码要做到不让他失望。也许没有人知道这一点，我的每一篇文章都有一部分是为我的老师写的，就是这种虚荣心，也成为我生活的动力。

如今我自己做老师也有很多年了，无论我面对什么样的学生，我都在自觉不自觉地模仿着智量师的样子，他讲给我的许多话，我都原原本本地传授给了我的学生。当年我在河北师大给本科生讲课时就对他们说：你们一定要考研，一定要去追随名师大家去学习，因为达到了这一目的，就使你从一个地方院校的普通学生一下子成为名家身边的弟子，当那一刻到来的时候，你和一位过去只从书本上见过名字的长者面对面坐在他家的书房里，你手捧师母递过来的一杯清茶，长者手里擎着一只烟斗，袅袅的烟雾弥漫在书房之中，就在这样的气氛中，你一下子就进入了神圣的学术的殿堂,这是何等美妙的景象啊!其实这些话我都是从智量师那里听来的,他最初讲这些,是说明研究生的学业不是在课堂上完成的,而是在师生间日常相处的、随意自然的交流中完成的,在这个过程中你学到的不仅是老师的学问知识,更重要的是老师为人处事、对待生命与学术的态度。因为在茶叶的清香和烟斗的雾缕中,师生间发生了奇妙的融合,老师身上的一切都在这种氛围中弥漫开来,被学生细细地吸入,成为他生命的一部分。智量师的整个授业过程正是这样的。读书三年期间,他从不填鸭式地给我们上课,我们的课堂全部是讨论的方式,参加讨论的每个人,包括智量师本人,都兴之所至,畅所欲言,大家都像清茶飘香、烟斗吐雾一样,把自己的思想抛洒到智量师书房的空中,由大家细细啜饮、吸食,共同享用。除此之外,智量师力求为这个交流空间带入更丰富、更新鲜的气息,他会随时把到家来访的其他老师、同学拉进我们的讨论课,哪怕人家并不会发言,但有了新的听者,整个语境也会被重新激活,从而引发我们更为活跃的思维。那时参加我们讨论最多的是夏中义老师,智量师非常欣赏他的理论功底和看问题的独特视角,在讨论中夏中义的发言也确实常常带给我们许多新鲜的启发。我们的课堂除了智量师的书房,还有上海市内许多名家名师的客厅。有时是智量师亲自带领我们登门求教,有时是他联系好,我们几个学生自己去,有时则是智量师故意找个情由派我们去拜访这些名家名师。在我曾"登堂入室"过的大家名单上几乎包括了当时上海外国文学翻译、研究界的所有元老级人物:余振(如前述,我去得最多)、施蛰存、徐中玉、朱雯(罗洪)、草婴、方重、辛笛(因圣思兄的关系,也去得多些)、方平、林秀清、夏仲翼、钱春绮、翁义钦等。在和这些前辈的接触过程中,我们更多的不是学习,而是去感受,去感受他们身上洋溢着的大家风范,从他们的言谈话语、一颦一笑中感受与接近他们的人生,进而去模仿他们的行为举止,模仿他们的人生态度,模仿他们赖以成为大家的特殊气质。在每一次拜访之后,我的心底就有一个同样的声音出现:"将来我也要成为他!"尽管直到今天,我还远远没有成为"他",但我相信一点,智量师通过营造各种对话交流的机会,让我领略到了人生可能达到的深邃与高远的境界。

说心里话,这些大家的人生是我们这一代人所无法模仿的,起码就我个人而言,在全部的人生经历中从未遇到过苦难、磨折,在和平的环境中按部就班地走到了人生的中途。这些名家名师,他们每个人的一生都是中国现代史的一个缩影,在他们身上凝结着近一个世纪的风雨烟尘,而我20多年来一直追随其踵武的智量师,更是20世纪整个后半期中国动荡、苦难与进取的一部分,几十年特殊的体验在他的身上留下了深深的印迹,这使得他的每一个举动中都浸润着历史的深度与含蕴。这些,是我们这一代人无论如何也无法进入、无法领略其真谛的,我们只有在他的讲述中在头脑里获得一个朦胧印象。我们缺失了对苦难的理解,渐渐漂浮在后现代的碎片之中,这是比缺失了专业知识更为可怕的景象。但有幸的是,我从智量师这里反复地倾听了这种讲述,反复重叠的印象不断提醒着我:曾经有一个时代,当你每天清晨睁开眼的第一件事,不是满怀期待地迎接阳光,而是拖着饥饿的身躯去驱赶黑暗。因此,我很庆幸我有今天的生活,尽管我们已不可能像智量师那一代人那样有深度地生活。因此,我也希望能在每一个快乐的清晨去做出有意义的努力,也许,如果有幸,当我也能迎来80岁的生日,那天,虽然我可能无法拥有如智量师满门桃李这样的财富,却很自豪于曾经得遇一个生命的引路人,曾经拥有许多美好的记忆,而正是这种记忆,陪伴我走过平静而执着的一生。

(王志耕,南开大学教授)

他领我走进莱蒙托夫
——记翻译家余振教授

冰夫

一

　　记忆中是一个夏日的上午,小雨初停,在上海汾阳路桃江路普希金铜像拐角处一座僻静的院落里,我和友人拜访了著名翻译家余振老教授。余振先生是一位耄耋高龄的老人,是我仰慕已久而又未曾谋面的老师。我曾从他辛勤耕耘传播的俄国和苏联文学作品中承受到难忘的恩泽。他翻译的莱蒙托夫和普希金的诗集是帮助我走上诗歌创作之路的最好教材。此刻,余振先生在赠给我的《莱蒙托夫抒情诗集》的扉页上签下了遒劲的名字,我在感激之中,一时竟找不出适当的词语。人的感情真是复杂难言。当久远的宿愿突然得以实现的时候,当隐藏心头的企望瞬间能够满足的时候,当受人馈赠而又无以报答的时候,心中涌现的激动、兴奋、感激之情,不是用语言所能表达的。我捧着这本厚达九百多页的《莱蒙托夫抒情诗集》,一时心潮起伏,思绪万端。这本装帧精美、印刷考究的诗集对我来说,远比一切书籍都更珍贵、更亲切、更有意义。它引起我对那些遥远往事的回忆。

　　一本好书对一个人的一生所起的作用是难以估量的。高尔基曾说:

"书籍一面启示着我的灵魂和智慧，一面帮助我在一片烂泥塘里站了起来，如果不是书籍的话，我就要沉浸在这片烂泥塘里，我就要被下流和愚蠢淹死。"1948年，在上海动荡不定的生活中，既有物质的贫困，又临精神的空虚，我的好友刘浦舟兄（离别近60年，不知他在海外生活如何？）从友人处借来一本光华出版社印的《莱蒙托夫抒情选集》。在一天的紧张劳动之后，在一座小阁楼的昏黄的灯光下，我们躺在地铺上读着那首《独白》："相信吧，渺小就是这个世界上的幸福。干吗要那些深远的认识，光荣的渴望，天才与自由的热爱。假如我们不能够享用它们。我们，北国的孩子们，如像这里的花草，开花不久，很快就凋残了……"那时候我们才十六七岁，半工半读，繁重的劳动得来的报酬仅仅是填饱肚子，我们感到现实真像莱蒙托夫所说"生活是阴沉的，心也沉重，精神也在哀伤中。"所以觉得莱蒙托夫是我们接触到的外国诗人中对我们最亲近的一位。但我们并不真正懂得莱蒙托夫，不久那本诗集归还了主人。我们曾经想自己凑钱买一本，于是记下了光华出版社和翻译者余振的名字。但那本书毕竟没有买成。三年之后，在朝鲜前线的战壕里，我又得到同样一本《莱蒙托夫抒情诗选》。那是金达莱花染红山谷的初夏的黄昏，我从前线采访返回军指挥所。刚从祖国归来的政治部文艺科干事魏鲍鹰递给我一个纸包："这是给你的礼物。"打开一看，是莱蒙托夫的诗集。我俩都不禁会心地笑了。

魏干事是1938年参加抗日战争的老同志，他多才多艺，尤其是精于书法与绘画，曾经是我们文工团的美术股长，入朝作战之前，调动至军政治部文艺处当干事，跟我们创作组关系特别好。我和孙牧青在长津湖二次战役、四次战役以及平(康)金(城)淮(阳)阻击战中就曾多次跟随他到前线战地采访，慰问伤员。他级别比我们高，但跟我们如同弟兄，亲密无间，无话不谈。他知道我的心事，特地在丹东街头一家旧书店为我买来这个诗集。虽然是在战火纷飞的前线,人的感情比较深沉稳重,小事不大容易激动,但得到了一本好书,我还是兴奋得抱着老魏同志又跳又蹦地转了一圈。就在那一段休整时间里,我常常躺在马尾松下的草地上读着莱蒙托夫的诗,我记得印象最深的是在读《波罗金诺》时所获得的感受。莱蒙托夫在诗里表示出的浓烈的爱国主义精神,是通过参加该次战斗的老兵的回忆故事形式,写得朴实而生动,和他那些个人抒情的作品不同。以至别林斯基说:"这篇诗是以简明自然著称的,在每一个字眼上都可以听出大兵的调子,他们的语言虽然是朴实的,同时却是高尚的、有力的,并充满了力量。"在前线的地堡里,我也写了一些反映朝鲜战地生活和英雄事迹的诗歌,有些是民间说唱形式,在唱词里我是力求有些"大兵调子"。不过,这种尝试未能获得成功。那本《莱蒙托夫抒情诗选》跟随我度过两年多的战争岁月,最后在美军飞机对我军驻地梧木水的一次狂轰乱炸中,被敌机的凝固汽油弹烧成了灰烬。书被烧毁了,但莱蒙托夫的诗句仍然深印在我的心中,望着那枯焦的土地和从倒塌的房屋中救出的朝鲜的孩子,我心中默诵着莱蒙托夫的诗句:"烽火燃烧起来了,我的朋友们;光荣的旗帜也已在飘扬:它用神圣的号角召唤着,快奔向血的复仇的战场!"后来回国以后,我又买到一本时代出版社印的《莱蒙托夫诗选》,仍然是余振先生翻译的。这以后我还陆续读过余先生翻译的《普希金诗选》《吉洪诺夫诗选》和西蒙诺夫的长诗、马雅柯夫斯基的长诗《列宁》《好!》以及多勃罗尔斯基的长篇小说《三个穿灰大衣的人》等等,所以一直对余振先生怀着深深的敬意,这次能够补偿宿愿,面聆教诲,真是生平一大幸事!

二

余振先生是国内研究莱蒙托夫的专家。他向我们极其精辟而又简要地阐述了莱蒙托夫的创作及其在俄罗斯文学史中的地位。他说,莱蒙托夫所处的时代,正是彼得堡参政院广场上十二月党人起义被镇压下去之后,也即是俄国历史上最黑暗的时期,人们看到的是绞刑架和流刑,但革命之火仍在地下继续燃烧。少年的莱蒙托夫思索着俄罗斯的命运,他曾说:"自从童年时在我的心里 / 就藏着一团非人间的火焰。"莱蒙托夫诗歌反映的,是被这个时代强压进人们心底的苦闷、彷徨、愤怒和反抗。他在诗里写道:"在那里人们的生活一开始就很痛苦,在那里人们连呻吟也在奴役和锁链之下。"莱蒙托夫出身于贵族家庭,先后在莫斯科大学和彼得堡近卫军军官学校学习,曾入骠骑兵团服役。莱蒙托夫只活了 27 岁,在短短的生命中,他留下了 27 篇长诗、7 个剧本、一部长篇小说《当代英雄》、6 部中篇小说(有的未发表)、若干散文以及 400 多篇抒情诗。余教授说:莱蒙托夫从中学时代开始写诗,受普希金和拜伦影响,他早期还翻译过(说得准确一点应当叫做"改写")席勒、拜伦等人的诗,这是借他人酒杯,浇自己块垒。他的创作活动可分两个时期,第一个时期即早期,抒情诗 350 余篇,约占他全部抒情诗的四分之三;第二个时期,一般叫做后期,文学史上着重介绍的大都是后期的作品。莱蒙托夫早期的诗作中有一首长达 256 行的大型抒情诗《1831 年 6 月 11 日》,是诗人这一时期、甚至整个一生最重要的诗篇之一。

这篇诗的情调与拜伦相似,但涉及的东西比拜伦还要深而广。整个调子有时十分高昂,有时非常低沉。抒情主人公有时在放声痛哭,有时又充满希望;他的思想或而在太空驰骋,或而在荒漠的野岸上徘徊;有时望见荒山绝顶的高峰,有时又望见行云在草原上疾飞;有时自认是一个伟大人物,有时又可怜得像一个他乡游子。总之,他的内心充满矛盾,激情,低沉,愤怒,反抗,他在诗中说:"人生是这般苦闷,假如没有斗争。……我需要行动,我希望把每个日子,都能够化为不朽的时刻……"

莱蒙托夫早期的诗,发表的很少,他自己认为不够发表水平,三百多篇诗中只发表一两篇。余老说:"莱蒙托夫如果长寿的话,是不是就永远不发表,谁也不敢确定。"但是余老又认为"这些不准备发表的作品真实地留下了诗人原始的思想感情,甚至于可以说比起后期为发表而写下的诗篇,更为可贵。早期的诗与本人传记联系太密切,就艺术的概括性来说,是个缺点,但就艺术的真实性来讲,也可以说是它的优点。"这正像莱蒙托夫在《当代英雄》的《毕巧林日记·序言》中所说:"一个人的心灵(灵魂)的历史,读起来比整个民族的历史恐怕更为有趣、更有教益,特别是这种历史是一个成熟的头脑自我观察的结果,而且写作时也没有博取读者同情和惊奇的愿望。"莱蒙托夫早期诗篇中的主人公是孤独的、高傲的,是酷似诗人自己的孤军奋战的《童僧》中的童僧,后期诗篇中的抒情主人公,已经同"人群"融为一体,成为又像诗人自己,又像诗人的批评对象,像《恶魔》中的恶魔和《当代英雄》中的毕巧林。

三

1837 年 1 月末,被沙皇政府收买的法国流亡者丹特士(荷兰驻俄公使的干儿子)在决斗中,杀死了诗人普希金,全国为之震怒。莱蒙托夫知道后,愤而写了一首挽歌《诗人之死》,立即在全国传开,广为传颂。莱蒙托夫在《诗人之死》诗中不仅表达出全国人民对已故诗人的爱戴,而且尖锐地谴责了宫廷贵族。莱蒙托夫认为正是宫廷贵族是扼杀自由的刽子手,是制造这一悲剧的真正罪犯:"你们以下流卑贱著称的先人们滋生下的傲慢无耻的儿孙,幸运角逐中败北的人们的迹踪!你们,蜂拥在宝座前的一群,这些扼杀自由、天才、光荣的屠夫啊!你们躲在法律庇荫下,对你们公正和正义——一向禁口无声……"沙皇尼古拉一世的宫廷得知此事后,便逮捕了莱蒙托夫,并将他流放到高加索军队的一个团里。但是,俄国人民找到了普希金未竟事业的继承人,并公认莱蒙托夫是俄罗斯文学史上第二个伟大的诗人。

　　莱蒙托夫流放高加索约一年时间,从此高加索的主题与形象在他的诗作与长篇小说中占据主导地位。1840年2月,他因为与法国公使的儿子决斗,再次被流放到高加索。1841年7月在皮亚季戈尔斯克疗养时,与军官马尔特诺夫决斗,不幸遇害。莱蒙托夫虽然只活了27岁,但是,他不愧为一位天才诗人兼思想家、散文家、戏剧家,是俄罗斯文学优秀传统的代表。他的《当代英雄》为当时俄罗斯社会描绘一幅批判性的画面,表达了他对当代生活与那时代他那一代人命运的全部看法。被认为是用极优美的散文体写成的现实主义小说,在俄罗斯散文的发展中起过重要的作用。他的创作源于19世纪30年代的历史现实,俄罗斯的英雄传统,普希金时代的浪漫主义诗歌和拜伦都给他以滋养。他的朝气蓬勃的抒情诗充满对自由的渴望,响彻战斗的号召,包涵着如何献身于毕生工作的苦苦思索以及建树英雄业绩的梦想。莱蒙托夫的诗一直为俄罗斯人民以及全世界人民所喜爱。

四

　　余振先生的住处并不宽裕。书房是一间旧式阳台改建的,但是,阳光充足,空气新鲜,玻璃窗外的花园里葱茏的树木和艳红的夹竹桃、美人蕉,充分显示着夏日的蓬勃气氛。我的友人在复旦大学读书时学的是俄文,工作之余曾翻译俄国诗人的作品,去年又曾编译了一本高尔基诗歌选,今次见了余先生,第一句话就说:"我读大学时就学过您的《俄语文法高级教程》,余先生,我也算是您的学生。"余振先生笑着微微摇摇头:"那是三十多年前的一本教材,早过时了。你能编译一本高尔基诗选,很有意义,填补了一个空白。"当时,余先生虽然八十岁了,身体还很好,除了左耳有失聪外,其他没有什么病。他脸色微红,看上去健康,沉稳而自信。讲起话来一口浓重的山西语音。他在 1925 年"五卅"惨案后即参加革命,那时刚刚中学毕业不久。1928 年春,曾遭国民党逮捕入狱,坐了一年多牢,出狱后一年考入北平大学法学院俄文经济系读书,1935 年毕业。早在学校读书时即和同学合译过《伊里基论民族问题》。抗战中在西北大学任教授时,开始翻译普希金、莱蒙托夫的诗作以及其他文学作品,散发在重庆、成都等大后方的报刊上。余先生说:"一九四八年我在兰州大学俄文系任教授,上海光华书店的创办人胡明(北平大学的同学)来信要稿,我就将普希金的六首叙事诗和莱蒙托夫的一百二十多首抒情诗的译稿寄去了,不多久两本书都出版了。但译稿很粗糙,大都是抗战时期和后来教学时所接触到的资料零零星星翻译的,那时候最缺乏的就是俄文版原著。不像现在,资料丰富。"余先生是位亲切的长者,和我们谈莱蒙托夫总显得有些激动,他特别强调莱蒙托夫所处的时代正是俄罗斯历史上最黑暗的时期,也就是赫尔岑所说的反动的三十年。莱蒙托夫早期的诗是有些忧伤,苦闷,甚至悲观,但并不失望。他向往着资产阶级民主革命的西方。他为 1830 年的法国七月革命、为波兰人民起义而写出革命诗篇,他还写道:"我要向着西方、向着西方呀,随即飞起。"在三十年代初,有一部分人把莱蒙托夫比作拜伦,他写诗回答说:"不,我不是拜伦,是另一个未成名的命运选中的人,同他一样,是人世的逐客,但长着一颗俄罗斯的心。"这就是说他也并不否认,只是说,所处的命运与拜伦不同。拜伦可以浪迹四方,可以抛开不容自己生活下去的祖国,参加意大利烧炭党的革命运动,最后把生命献给希腊的解放战争。所以在另一首诗里,他明确地说:"我一心想望的是能够赶上拜伦;啊,如果是我们也有同样的命运!"我们还就我们喜欢的几首短诗请教余老。他耐心地对我们说,莱蒙托夫的《孤帆》和《一片橡树叶子》很有意义。《孤帆》:"大海上淡蓝色的云雾里,有一片孤帆闪耀着白光!……它寻求什么,在迢迢异地?它抛下什么,在它的故乡?……"余老说:"这是莱蒙托夫在彼得堡写的长诗中的一篇。诗的第一节写了一个在蓝色大海的浓雾中闪动的白色孤帆的形象,它是叛逆的,它在祈求风暴的降临。人们普通认为:孤帆就是那些不愿随波逐流,渴望自由,充满反抗精神并且随时准备斗争的人们的形象,是三十年代俄国进步知识分子的思想、心情和处境的写照。而《一片橡树叶子》写一片离开母树枝条的橡树叶子,漫无目地在世界上飘泊,被无情的暴风雨追逐,不能安眠,也不能平静,这个流浪者知道许多奇妙的故事,然而异乡的人们冷酷地拒绝了他,他们不需要他。这首象征主义色彩的诗,反映了莱蒙托夫时代优秀人物的悲惨命运,注定了在流放、忧愁中度过一生。卢那察尔斯基曾经说过:莱蒙托夫是十二月党人精神的回声。这是非常深刻而中肯的评价。"余老告诉我们,现在他不再翻译诗了,但仍在带研究生。他谦虚地说,眼睛不太好,接触现代的东西不多,在有关诗的翻译上和现在有些青年学者看法不一致,所以不想多动笔了。尽自己的精力指导两个研究生,为国家贡献一点余热。他不谈自己的坎坷经历。

拜访将近两个多小时,临告别时,余老先生一定要送我们到院子外面,并且在花园里拍照留念。我站在高大的樟树前,夹着厚厚的《莱蒙托夫抒情诗集》,心中油然闪过一个奇异的念头:当我青春年少,正是余振先生引领我认识了莱蒙托夫;如今,在上海六月的灿烂的阳光下,我好似看到余老先生陪着莱蒙托夫在花园深处的浓荫里,微笑地凝望着我们……走出余老家的院子,我更加坚定自己的信念:莱蒙托夫的优秀诗歌不仅是俄罗斯人民的、也是人类共同的财富。我曾在一本书中看到,列宁在病笃弥留之际,口中还含糊不清地念诵着莱蒙托夫《梦》里的诗句:"在上午的炎热下,在达格斯坦谷中……"可见诗歌的艺术魅力是无

251

法估量的。我又想起在朝鲜战地的松林里获得《莱蒙托夫诗集》的情景。三十五年过去了,那兴奋激动的心绪似乎犹如昨日。人的感情真是复杂呵,一本书,一支歌,一首诗,常常会勾起无穷的回忆和遐想。余振先生和他所翻译的莱蒙托夫的诗,永远象高塔上的钟声,在我的人生之路上鸣响⋯⋯

这篇文稿最初草成于 1987 年 6 月,距今整整 20 年了,我敬爱的前辈余振先生早已离开人世,想起他的恩泽,翻开他馈赠的厚达 995 页的精装本《莱蒙托夫抒情诗集》,不禁泪水盈框⋯⋯这次改写,参照当年的笔记,虽然作了较多的补充,但依旧文字粗糙,思想浅薄,尚祈读者恕宥。

2007 年 12 月 10 日,作者于悉尼南郊乔治河边

(冰夫,作家,现旅居美国)

不问收获，且事耕耘

——忆恩师余振教授

陈怀义

　　8月15日上午11时许，我收到上海华东师范大学李毓珍（即余振）治丧委员会给我寄来的讣告，知恩师已于本月7日辞世，这一浸透着泪水的噩耗，像晴天霹雳一下子把我给打晕了，我觉得身在颤栗，心在滴血，半响说不上话来，痛定思痛，待我的情绪稍稍镇定下来后，便不由地想起我和余振同志交往的许多往事。

　　我认识翻译家余振是在他的晚年，即1980年夏天。那时他已到古稀之年，身患心绞痛，但他不顾年迈体弱，仍强忍着病痛回山西讲学。那次是在山西大学外语系讲有关诗歌方面的翻译问题。听他做报告的人大多是山大外语系俄语组的一些老师们，外边来的人不多。他主要结合自己译的几首诗讲诗的韵律节拍，如何把外国诗译成中文，再让它押上韵，而且每行字数与原文音节数如何配合。他译的诗，有的韵式也与原诗相同。记得当时发给我们听报告的人每人两三首他译的诗（附原文），他就对照原文给我们讲，讲得很实在，也很生动而细致。我们一些爱好诗歌的人听了很受启发。记得当时我正在翻译高尔基文集第六卷中的一篇小说《卡利宁》,此文已修改过几遍,正进行最后一次加工润色。我将誊清的一份稿子拿给他,请他指点意见。当时和这篇东西一起给他的还有我刚译好的海涅的几首未发表的短诗。高尔基的文稿他看过后就给我了。但那几首诗,他既没有给我,也没有讲任何意见。不久他就离开山西回上海了。我当时想大概我译得很糟,他当是废纸给扔了。在外语系相识后,我曾到他下榻的宾馆看望过他一两次。这就是我和余振同志的最初几次接触。他走后我原以为再也不会见到他了。不料,时隔一年多,即1981年12月的一天,我突然收到一封从上海寄来的信。信上说:"一年多以前,拜读了你译的海涅的一首短诗。当时就说,译得很好。鼓励你再译些。今天重读了你的译诗,还是这样的想法:希望你继续译下去。不过译海涅只是"转译",所根据的原文是经过俄文译者"译"过的。不是真正的原文。"接着他劝我"选个俄罗斯或苏联的作家,直接来译"。下边又接着说:"你一年来又译过些什么没有? 如有,希望能寄给我一点,让我饱饱眼福。"

读信后,一开始我感到十分惊异。心想:我没有译过海涅的诗(我早把给他看的我的译诗忘光了),更没有发表过海涅的译诗。一定是写信张冠李戴了;再者,"李毓珍"的署名也有点把我弄糊涂了,我想了好半天才慢慢想到:李毓珍就是余振。余振是他的笔名,是他名字(毓珍)的谐音。这是我突然觉得浑身热血沸腾。心里暗暗想:我一个无名小卒,竟然会收到一个大翻译家的来信,而且言辞是那样恳切热情友好。我内心感动极了,兴奋极了! 余振,余振是什么人? 余振不是普通人,余振是著名翻译家,大名人! 记得我在北京上大学时就经常在各种刊物和报纸上读到余振译的一篇篇诗歌,有短诗,也有长诗。有普希金的诗,也有莱蒙托夫、马雅可夫斯基的诗。余振的名字我早就熟悉了,他是我青年时期最敬仰的翻译家之一。我渴望译诗,我渴望能在翻译方面有所造就。去年与余振相识，今天收到他的亲笔信，如果日后能得到他的帮助，那对我的译事将会产生何等重要的影响啊！激动之下，我马上给他写了回信，谈了我的近况并希望他日后能在译诗方面给我以帮助。不出所料，他不顾体弱多病的身体很快给我写了回信。热情而恳切地就如何译好诗，选哪个诗人的诗来译为好，给我提出了许多宝贵的意见，并称我是他的一个"同道"。在他的激励和亲自指导下，我在译诗和小说方面不断取得进步。

几年来，在我和余振师的频繁通信中最使我感动的一点是：不管我什么时候给他写去信，他总是及时回复，毫不拖延；有时难免因身体不好或有事未能按时复信，过后也总会来信说明，其言辞之诚恳，态度之谦和，就连我最要好的朋友有时也做不到。余振师和我是同乡，他是山西原平人。他很热爱故乡，信中有时谈到家乡的人事，他总表现出一种深深的怀恋之情。余振师对我的帮助很大，可我实在没有什么东西可以回报他的。听说核桃能补脑，有几次我就托人买了核桃寄给他，而他几乎每出一本书都要给我寄来。他既是我的导师，也是我的知心朋友。在思想上、事业上我从他那里得到的关怀和帮助，远远超过父母和我的同龄朋友。

从我和余振同志长达七八年（从 1981 年到 1988 年）的通信交往中，我深深体会到余振同志有许多优秀品质值得我们学习。首先，他是一位忠于党，忠于革命事业的好同志。他是 1926 年入党的老党员。1928 年被国民党反动派逮捕，出狱后失掉组织关系。尽管他在十年浩劫中受了很多不该受的磨难，但他毫不计较个人屈辱。1985 年，他已七十八岁的高龄了还又一次提出申请要重新回到党组织。1986 年，当他重新回到党的怀抱后，一次给我来信高兴地说："总算找到最后的归宿。"可见他对党的感情之深。其次，余振同志在晚年仍对事业有执着的追求，其精神也是十分感人的。在他从事的翻译事业中，不管遇到多大困难，他都不灰心不丧气，一直坚持下去。他的笔名——余振，就是时刻告诫自己振作起来坚持下去、坚持到底的意思，充分体现了他的这种坚韧不拔的精神。在十年浩劫中，他从精神到肉体受了多少屈辱，但就在这样的劫难中，他的思想和意志并没有消沉。在事业上他仍忍受着一切苦难艰辛地行进着。除把他过去出版的一些译诗，重新认真地修改外，还重新翻译了莱蒙托夫的全部抒情诗并为每一首诗写了题解，介绍作品产生的时间、背景、抒情的对象、有关的史实或掌故及原诗的格律。这厚厚的两卷诗集中的每一首诗，从形式到韵律以至语言都是那样严整而完美。不难看出，他诗中的每一句话都是经过反复推敲，精雕细刻出来的，其投入的心血可想而知。这期间他还翻译了普希金的一些长诗，1984 年集为《普希金长诗选》出版。他一生出版译著在千万字以上，一边在干校参加劳改，一边坚持译作，其时间与精神压力之大，对一般人来说，简直是不可想象的。但就在这样的环境中他坚持了下来。这种对诗歌翻译的执着追求，这种坚韧不拔的毅力，这种无坚不摧的治学精神，难道不值得我们后来者，特别是青年一代学习吗？

对于我，余振是一位可亲可爱而又可敬的良师，是前辈也是师兄。在长达八年之久的通信中，在他回故乡太原的几次面谈中，我们可以说亲如手足，无所不谈。既谈诗歌、文学创作，也谈日常生活，凡人琐事。我常常想，我一个无名小卒、普通教师，能在我的后半生结识像余振这样的翻译大家——从偶尔相遇，到不断通信以至成为至交，亲耳聆听了他的许多教诲。这实在是我一生的幸运。事实是最好的证明，正是在他的亲切帮助和扶持下，我才能在知天命之年以后几年里在翻译诗歌和小说方面有所长进。从 1981 年到 1990 年共有译著(包括诗歌、小说等)共一百多万字。我发表的每一首诗、出版的每一部小说都融进了他的心血和汗水。他对我说的每一句话，给我写的每一封信都是我思想和创作的兴奋剂，时时刻刻都在激励我前进，催促我鼓劲。当我在译事上遇到困难时，是他鼓励我不要灰心，继续前进；当我经过一段努力，成效不大时，他总是用"不问收获，且事耕耘"来鼓励我；当我取得成绩时，他又及时告诫我：戒骄戒躁，继续努力！为了我的拙译能有发表的地方，他曾四处联系，八方求援。他曾打算组织一些人翻译莱蒙托夫全集，一次来信对我说："将来计划成熟时一定让你参加。"这些美好的愿望，尽管未能实现，但余振师对我的教诲之恩，无私扶助之恩我是永远不会忘怀的。

啊，余振师，您走了，让我哪里去找你。今天，我才深深体会到，以往您对我的教诲是多么难能可贵，我们之间已经建立起来的友谊是多么珍贵，人生能有像您这样的良师是多么不易！在这个世界上我哪里还能找到像您这样好的良师益友。此刻，我又重新读着您以前给我的一封封来信。这些信字字句句都充满着您对我的关怀和期望。我读着读着……我总觉得在这些信的字里行间跳动着一颗伟大的心，一颗仍然燃烧着的伟人的心，它像一座光芒四射的灯塔，照耀着我前行的道路。于是我突然觉得余振师，您没有死，您就在我身边，您是永生的！

（陈怀义，山西大学教授）

257

师恩永记
——追忆余振教授

温庆华

在我 30 多年的文学创作生活中,给我影响最深的莫过于原北京大学、清华大学、上海华东师大教授、著名翻译家余振先生。1984 年,先生 75 岁,我 22 岁,相差半个多世纪。缘于乡情,缘于世交,也缘于对文学的共同爱好,我们结成了忘年之交,开始鸿雁往返。1989 年秋,余振先生离休,寓居于太原其长子李鸿谟先生处,我当时已至太原市政管理处工作,得以在工作之余,亲炙慈颜,亲聆教诲。1996 年,先生因病谢世,我至为悲伤。曾先后撰写了多篇文章,发表于《山西工人报》《山西文史资料》《文史月刊》《原平市报》等刊,痛悼这位我一生当中难遇难求的好长辈、好老师、好朋友。本文所记述的就是我与余振恩师的一些交往,虽然不是全部,却也从中可以窥其概略。

初闻大名
1978 年,爱好文学的我辍学回家。当时,村中有位年近七旬的老学究,叫温稳搂,字克刚。老先生年轻时喜欢文学,家中有不少藏书,尤其

是 1953 年至 1962 年间《人民文学》刊物,他都保存完好。为了能得到老
先生的书看,我时常帮他做一些家务活。久而久之,我们成了一对忘年
的好朋友。他说:"中国最好的小说是曹雪芹所著的《红楼梦》,年轻时深
夜读此书,蜡烛烧了被褥都浑然不觉。"他还常拿"有志者事竟成"这句
古话来激励我。

有一天,我又去老先生家闲坐,他说:"你喜欢写作,应当投一个名
师学习。"我早有此意,便问:"在这穷乡僻壤,哪有名师?"他说:"咱们的
邻居金科的表兄在北京大学教书,他翻译出版过不少俄苏文学,你能得
到他的帮助就好了。"他说的金科是我一个族伯父,他与克刚老先生同
住一个院。我听后,默然良久。当时,年少无知的我心想:翻译跟创作没
多大关系;错误的认为:作家就是作家,教授就是教授,一个大学教授是
无法跟一个堂堂大作家的名号相提并论的。当时,在我的心目中,仿佛
只有茅盾、刘心武、蒋子龙等数人才是我所崇拜的偶像,余子碌碌,不足
与语也。因此,很快便将克刚老先生的话置诸脑后。

1984 年春,我去原平县文化馆拜访王一民先生,临别前,他赠我一
本新近出版的《原平文化》。回到家中,便细心阅读起来,其中有一篇张
千锁先生撰写的《余振小传》,引起我极大的兴趣,该文说:

余振,原名李毓珍。1909 年 6 月 15 日出生于我县同川东
社村。1935 年,余振于北京大学俄语系毕业后,先后执教于西
北大学、山西大学、兰州大学、中国交通大学,清华大学,北京
大学。1946 年在山西大学任教期间,与山大同仁杜任之、王文
光先生创建山西民盟,并主编盟刊《北风》。1957 年在反右运
动中,时任北京大学俄文系副主任的他被错划成右派,旋即离
京赴沪到上海辞书出版社工作,任《辞海》语词分册主编。余振

于繁忙的教学工作之余,先后翻译出版了《普希金诗选》、《莱蒙托夫诗选》,马雅可夫斯基的《列宁》《好!》《一亿五千万》等重要作品。它是我国当代极负盛名的俄苏文学翻译家与知名教授。

望着这段文字,我的心情真是激动万分。我万万没想到在我故乡,曾经诞生过这样一位了不起的的人物。不过,我们同川共有四个东社村:温东社、王东社、朱东社、平东社。其中的前三个村紧紧相连。尤其是温、王东社,长期以来共称为东社村。我是温东社人,那么先生是哪个东社村人,会不会是与我同村?我不由地想起先前克刚先生提到的"金科的表兄",一定就是此人。沉思良久,我决定给上海去信向余振先生求教。我想,看在同乡的份上,先生是不会拒绝我的,信写好后,第二天就寄走了。我开始等待,焦急的等待,我多么渴望很快得到先生的回音,因为他就是我的梦中偶像。

鸿雁传书

1984 年的春天对我的人生来说,是一个温暖的春天,也是一个充满希望的春天。就在这年的 5 月 10 日我收到了我衷心仰慕的余振先生给我的第一封复信,而这时,最早跟我提及"余振"二字的族祖父克刚先生已经去世。余振先生来信说:

温庆华同志:

　　来信收到了。我于 1980 年就调到上海华东师范大学中文系工作。辞书出版社传达室不知道我的笔名。这是一位老同事看到才给我送来的。

　　《普希金诗选》这个书名的书,现在没有。我在 1948 年出过一本书倒是叫《普希金诗选》,但早已绝版。我另外译有《莱蒙托夫诗选》,是外国文学名著丛书之一……我译的书出来后,可以送你,请你指正。

　　你的父亲、叔父,我恐怕也不认识。你的祖父是谁?说起祖父来,我大概知道,我老娘家就是在温东社。金科、元经就是我的表弟,你大概都认识。

　　即　祝好!

李毓珍

1984.5.6

　　我清楚地记得在收到余振先生信的当天,我竟然兴奋得彻夜未眠,这封信在我手中翻来复去看了不下十几遍。我当即复了信,详细回答了先生所提的问题,并于次日寄走。6 天后,我如期收到先生的第二封复信。

庆华:

　　原来你是智会的孙子,补应的老孙子。你老爷爷,我叫补应老爷,二老爷爷,我叫光应老爷,光应老爷是我父亲的学生,跟我二哥传良是高小同学。你爷爷还好吧?请代我问候他。五十年代我回家时见过他好几次,他很健谈。稳楼是谁?我也记不得了。我看你写的诗很好,如有空请你抄几篇寄给我。

　　查良铮译的《普希金抒情诗选》,我最近上街时买一部与你寄去。希望以后多联系。我非常喜欢诗,但只是上学读书时写过,以后只是翻译诗,我们可以说是"同好"。

你还在读书？还是在工作？在甚么地方工作？你多大年岁
了？

即　祝好

李毓珍　五月十三日

我回信后,5 月 24 日,又收到先生第三封复信。

庆华：

寄来的三元收到了。昨天去南京路新华书店,今天又去了
福州路新华书店,《普希金抒情诗选》没有买到,实在抱歉！只
好等它再版时买了。给你买到一部《聂鲁达诗选》,这个很好,
你看了一定很喜欢。

以后不要寄钱了,我看到你喜欢的,代你买下好了,你还
想买什么书？可以来信。

我容易,我们温王东社出了一位年轻的诗人,我作为同
爱,是应该为你买买书的。

希望你看了这书后,写出更多更好的诗来。

毓珍

五月二十一日

想到年已 75 岁高龄且身体有病的余师,在炎热的上海街头东奔西
跑为我买书的情景,我年青的心怎能不为之深深感动。余师在信尾首次
称我为“诗人”,也使我对自己的未来更加充满信心。

5 月 27 日,我收到先生第四封复信。

庆华：

　　寄来的诗稿收到了，拜读之后，感觉你在这方面还是有很大发展前途的，你写的面够广，表达的能力也够。只是还应当百尺竿头，更为努力。

　　……

　　你应当读一些马雅可夫斯基的诗，这类书你有吗？马选集第一、二卷快出来了，出来后我送你两本，这套书是我编的。读一些马的诗，笔就可以放开了，你写的还有些拘泥。

　　普希金，莱蒙托夫，可以读，但时代不同，隔了一层，终不如马雅可夫斯基，聂鲁达亲切……

　　我们同村有你这么个年轻诗人，我很高兴。不过先下功夫好好学，且不要问收获。

　　即　祝好

余振

84.5.23

受余振先生鼓励和鼓舞，我于这年7月间，创作了长诗《如果我是诗人的儿子》和《大学生与农民的故事》，寄呈先生。8月28日收到先生复信。

庆华：

　　我本来想从你写的诗中选几首，寄到北京《诗刊》，但一时选不出来。今天收到的两首较长的诗，比以前的好，不过，总的意思不大好，就是想当个诗人。什么是诗人？歌唱时代，歌唱人民，歌唱革命的公民，就是诗人。你一定留有底稿，如能改一

余振传

改,字句间更精炼一点,给我把改稿寄来,更好。

　　你一定要走文艺的道路,不怕人们的讥笑,这很好! 我坚决支持你!!! 但要把眼光放远点,放大点,从个人圈里摆脱出来。对不对?

李毓珍　1984.8.24

　　1985 年 3 月,我开始到太原市市政管理处工作。我当即欢喜地告诉先生。先生于 4 月 7 日当即复信说:"知你有了一个工作,这好多了。没有一个正当的工作是苦恼的。工作之余也可以学习写作。不要把写诗看得太容易了。马雅可夫斯基说,写诗好像炼镭,要多少矿石才能取得一克镭。"同年 7 月 4 日又来信说:"知你在工厂工作,还有足够的时间学习、写作,这很好,就这样边学习边工作下去吧。不一定非写诗不可,小说、散文都可以写。希望你努力向前,多写出些东西来。"在谈到治学的门径时, 先生 1986 年 5 月 8 日复信说:"世上没有什么取巧的法子,取巧的法子就是老老实实地干下去,我们乡下有句老话:'磨刀没法,按住死擦。'你问我有何取得成功的秘诀,我也只能以笨法子相告。你感到失望吗? "1986 年秋,我和两位文友共同创办了《文芽》刊物,邀请先生作刊物顾问,先生欣然答应。12 月,他收到刊物后,复信云:"庆华:刊物收到了,读了一遍,我认为小说、诗都写得很好。看了后,很想为你写点什么,可惜近来还有些任务,抽不出空来,请原谅。"

　　1989 年 11 月 9 日,我意外收到一封来自太原本市的信,拆开一看,不禁喜出望外,原来是余振师来到了太原。信说:

庆华:

　　我已于本年 6 月间回到太原,8 月底去北京, 与西北大学

264

同学们聚会一次,随后又去天津,在我二儿子处住了将近二个
月,已于十月底返回太原,我于年初办了离休,已成了无事人,
所以来太原长住,我也不大出去,有暇请来敝寓谈谈。

我住在我大儿子家李鸿谟处。

地址,新民二条八号,就在五一路山医二院附近。

余振

亲炙慈颜

从 1984 年到 1989 年间,我曾先后得到余振师的复信二十余通,其
字里行间,句句浸透着对我这个后辈晚学的深情厚意和殷切希望。在此
期间,我虽然在文学创作上取得了些许成绩,但同余振师的期望相比,
实在是少得可怜。使我感到欣慰的是:我虽然成绩平平,余振师始终对
我关爱有加。

在此 6 年间,余振师曾经数次回到太原、原平讲学,探亲。但我都无
缘亲炙慈颜。1984 年 10 月,余振师给我寄来由武汉大学编印的《马雅
可夫斯基研究》一书,书中有一帧集体照,余振师特地在自己的像上做
一小小标记,使我对他本人有了一个模糊的印象。1985 年 10 月,我在
《山西工人报》发表"余振小传"一文,余振师收到剪报后,给我寄来一帧
他在书房的工作照。就这样,我算是间接地认识了余振师。现在,余振师
要来太原长住,我岂能错过这个机会。阅信后,我当即骑车朝新民二条
八号驰去。关于当日的见面情形,有日记为证:

11 月 9 日,下午三点接余振师信,四点往访。走进新民二
条八号,向一位年轻的姑娘打听:"余振先生在这住吗?"她说:
"我带你去。"她带我走进一楼,打开一扇门,大声说:"爷爷,有

人找你。"我抬眼望去,只见一位老人正坐在写字台前。听到喊声,他回过头来,正好与我的目光相遇,他就是余振。我们虽然是第一次见面,但我认识他,因为他曾经给我寄过他的照片,我紧走几步,上前紧紧握住他的手,自我介绍道:"我是庆华,你的信刚刚收到。"他面带笑容,连声说:"坐,请坐。"我在东面的沙发上坐下来。我粗略地打量了一下,先生住的这间屋不到30平米,南墙开窗户,阳光从此而入。窗下,置一写字台,和一把豪华的转椅。西墙跟是一溜书柜,图书满目。东墙上悬挂着几幅古色古香的字画,墙根下置一长条沙发。北墙下,置一单人床,大约是先生晚间休息之处。先生耳朵有点背,我声音高点,并不妨碍交谈。暮色昏黄时,我方告辞,老人一直送我到大门口,他疾走如飞,一点也看不出已是80岁的老人。

同年11月25日,我去解放路新华书店。在那里看到《文学翻译百家谈》一书,内中收有"余振"条目,我非常高兴,转身跑到先生居所去报告。他说:"很想看一看。"次日上午,我去书店买下书后即转呈先生,并在该书的扉页上题诗一首:"先生大名译坛闻,晚生久慕立程门。慈颜一睹喜极狂,温煦话语赛三春。"将及中午,我欲告辞,先生挽留我共进午餐,我默然应允。饭后,我与先生继续交谈,他说:"在所有俄苏诗人中,我最喜欢莱蒙托夫,将近60年了。我在翻译莱诗时,就把自己当成莱蒙托夫。只可惜莱氏英年早逝,只活了27岁。"临别时,先生问:"你经常来我这里,不影响工作吧?"我说:"不影响,我倒班。"

12月12日下午,我往访先生,看见他用的油笔不出油,坏了。12月14日,我买了一支新圆珠笔送给余师。在这天,他谈起他小时候去我家的情形,说我家有棵阴阳树,一半是冰果,一半是夏果。1990年7月的

266

一天,我又一次前去拜晤先生。当叩开门后,鸿谟先生告我说:"老人已经回上海了"。我顿时怅然若失。

余振先生在太原居住了半年余,在这半年多里,我隔三岔五地去拜望先生。缘于乡情,缘于世交,缘于共同的爱好,先生对我可以说无话不谈。有时对儿女不便谈的话也愿对我讲述。记得有一次,他同我谈起他第二个妻子惠兰,说她长得丑,正在这时,鸿谟先生恰好下班回家,他见状,马上说:"今天不谈了,今天不谈了。"因为惠兰就是鸿谟的生母(后来,我在鸿谟处见过惠兰的照片,其实她长得不算丑)。古人说,"听君一席话,胜读十年书",而我数十次地拜晤先生,更是获益良多。也正是由于先生有意无意间的浸染,使文学与历史这一对孪生兄弟已深入我的骨髓,使我终身不能离弃。我爱文学,我爱我师。

逝世之后

1996 年 9 月 16 日,我在当日的《太原日报》文艺副刊上看到了山西大学马作楫教授写的《往事怀想——忆余振先生》。这篇文章开首就说:"著名翻译家上海华东师大教授余振先生因病医治无效,不幸于 1996 年 8 月 7 日在上海华东医院逝世,享年 88 岁。"当我读到这几个字,脑袋嗡地一下,顿时一片空白。过了良久,我才从极度悲伤中缓过神来,并拐笔在这篇文章上方写下如许文字:"惊悉余振先生仙逝,心中甚为伤心,回忆与先生交往的前前后后,历历在目。在我人生的旅途上,失去一位可敬可爱可亲的好老师、好前辈、好朋友。"短短数语浸透了我无尽的悲思。

自从余振师于 1990 年夏回到上海,我与先生虽然相交日少,但我心中无时无刻不把他思念。记得有年春节,我买好一张贺年卡,打算将自己诚挚的祝福寄去,但我终究没有寄出去。原因是:我听他的胞弟可珍与侄儿说过,他于1992年在家中摔了一跤后,就卧病在床,生活不能自理了。后来,我听鸿谟先生讲,即使先生在上海华东医院住院期间,也是整日手不释卷。1996年12月30日下午,我去山西省图书批发市场购书,在一家书店的货架上,我一眼就看到先生所译由浙江出版社出版的《普希金长诗全集》,翻开书的扉页,映入眼帘的便是非常熟悉而亲切的"余振先生像",我当即购下该书。在回家的路上,我一边骑车一边悲吟:"惠我多矣余振师,慈容难再泪雨飞。灵前私淑补九叩,誓立文名不辱师。"次年春天,我往访余振长子鸿谟,一见容颜颇肖乃父的鸿谟先生,止不住悲从中来,放声大哭。临别时,先生赠我一帧余振追悼会在上海龙华殡仪馆举行状况的照片。只见先生静卧于水晶棺内,鲜花松柏簇拥,神态安详。这回,他是真正地可以休息了。我记得1989年,先生亲口对我说:"这辈子,我想做我能做的事,大多做过了。"他也曾颇为宽慰地说:"我的那些诗翻译,也许会随着新一代翻译家的诞生而速朽,但我相信,我花二十多年心血校注的围棋名著《棋经十三篇》将名垂史册。"不过,我不这样认为:先生所翻译的普希金、莱蒙托夫、马雅可夫斯基的诗歌,确是我国翻译史上一座座令后人无法逾越的高峰。原因无他:先生的国学太深厚了。即便后来的翻译家们或许有先生那样高的外文水平,也绝难有先生那样深厚的国学造诣。单看看他校注《棋经十三篇》所引用的古籍就达百余种之多。若《通典》、若《石林燕语》、若《鸡肋编》、若《百川书志》、若《弈薮》……等等,等等,真是闻所未闻,说不胜说。难怪张颔老先生在与友人韩石山先生的谈话中,一再称赞他是一个"真正的学者"。先生可谓博学。先生书法极佳,在鸿谟家中,我曾亲眼看见先生毛笔楷书的《莱蒙托夫诗选》和光绪版《崞县志》,铁画银钩,温润婉丽,宛如用钢笔书录。先生一生尊崇鲁迅,其书法亦颇类鲁翁。这使我深深地折服。先生一生功勋累累:年青时在北京参加一二九运动,南下南京

示威；壮年时在山西大学与杜任之、王文光二先生共同创建山西省民盟，任职清华、北大、上海华东师大等七所名校；50 岁后，在上海编撰《辞海》，校注《棋经》。而他那著述等身的俄诗翻译，更是得到中国文艺界同仁的一致好评。他于新中国成立初期翻译的一本又一本马雅可夫斯基的名作，更是滋养了我国一代又一代的诗人，著名诗人郭小川、贺敬之就深得其益。北京大学教授魏荒弩曾经这样评价先生："余振是老一辈俄诗翻译的先驱者之一，他对俄罗斯诗歌所下功夫之深，投入时间之久，所获成果之丰，在同辈中并世无第二人。难能可贵的是，他凡有所译，都是经典名著，而且都是开创性的首译。这就为后来学习研究普希金、莱蒙托夫、马雅可夫斯基的人扫清了道路，提供了有力的凭借，从而理所当然地受到后人的尊重。"先生在高校任职 60 年，桃李满天下。文艺界著名人士牛汉、孙玮、马作楫、张颔、王智量、郑铮、齐越、卢永、张有福、许崇信、陈怀义等人均为先生的得意高足（张颔、马作楫的第一本诗集就是由先生介绍出版的）。而我，作为一名名不见经传的普普通通的工人，能够幸会先生，亲聆教诲，并得到先生的赏识，不能不说是三生有幸。遍览三晋一隅，近一百年来，能在学术上人格上道德上取得如此成就者，实属凤毛麟角。我为先生叹，我为先生赞，我为先生哭。斯人已逝，风范永存。

　　2000 年 10 月 27 日，应鸿谟先生之约，我来到山西省原平市东社镇人民政府会议堂，参加了"余振教授夫妇骨灰返里仪式"。主席台两侧的一副对联格外引人注目："德性秉中和，终见荩忱昭史传；译著崇轨范，况多硕彦出公门。"寥寥 24 字，将先生一生的道德学问涵盖净尽。魂归故里，是余振先生的生前夙愿。如今，先生的遗愿实现了，魂兮归来，魂兮归来，他将长眠于故乡的青山绿水之间。这是我们原平人的骄傲，也是我们山西人的骄傲。我们作为余振故乡人，必将珍惜这份宝贵的精神遗产,在祖国的文化潮流中奋勇争先,不使先人蒙羞。

　　2010 年中秋节的夜晚,我在睡梦中恍惚觉得余振先生站在了我的身边。这也是十几年来,我不知道是第几次梦到先生了。梦醒后,哀思久久不去,次日凌晨,我拈笔写道:

　　　　　昨夜梦里又逢君,手摩我顶眼含醇。
　　　　　十年文缘天早定,三世故交比血浓。
　　　　　唤我诗人情何盛,赐我慧根恩太隆。
　　　　　薪尽火传君犹在,明月清风忆慈容。

　　　　　　　　　　　　　　　　　　　2011 年 4 月 5 日

附录三

мремъе   пращенце

余振（李毓珍）年谱简编

1909 年　6 月 15 日，李毓珍（余振）出生于山西省崞县（今原平市）同川东社村，小名传玉，字秀甫。父李含雨，前清秀才。母李季贞，五台桑园村人。同年 8 月，母李氏去世。

1917 年　8 月，入东社村初等小学校。

1920 年　夏，入东社第二高等小学校第九班。

1921 年　因父亲在大同工作，转学大同私立兰池学校。

1924 年　夏，考入崞县中学，四年制。

1925 年　冬，与同川枣坡村赵文枝结婚。

1926 年　经崞中同学刘葆粹、冯汉英介绍，加入中国共产党。

1928 年　3 月 3 日，与另外 6 同学在崞县中学被捕。次日，解往太原地方法院。

1929 年　冬，妻赵文枝病故。年底，释放出狱。

1930 年　3 月，考入北平大学法学院俄文法政系。

1931 年　春，与同川城头村温惠兰结婚。

1934 年　4 月，温惠兰病逝。夏，与同川宏道镇温昭定结婚。

1935 年　7 月，北平大学毕业。次年，温昭定病逝。

1937 年　年初，到太原西北制造厂工作。与山西灵丘县李兰亭结婚。

1938年　1月，经北平大学老师李绍鹏介绍到西北联大任教。升副教授。

1946年　5月，应山西大学校长徐士瑚之邀到山西大学任教。

1947年　秋，与杜任之、王文光教授首创山西省民盟，主编盟刊《北风》。

1948年　6月，到兰州大学任教。译作《普式庚诗选》《列孟托夫抒情诗选》，由上海光华出版社出版。

1949年　9月，任兰州大学校务委员、兰州中苏友好协会副总干事、兰州人大代表等职。由上海光华出版社出版《俄语文法高级教程》。

1950年　春，到北京北方交通大学任教。夏，到清华大学外文系任教。同时兼任北京大学、中央马列学院教授。

1952年　秋，全国高等院校进行调整，正式调入北京大学，任俄文系副主任，教研室主任。在北京大学任职六年，先后出版七八种译作。

1956年　加入中国作家协会。

1958年　春，被北京大学错划为"右派"，撤销一切职务。7月初，到上海中华书局辞海编辑所工作。

1979年　1月，"右派"冤案平反，恢复原工资级别。被任命为《辞海》语词分册主编。

1979年　9月，《辞海》三卷本出版。

1980年　3月，任华东师范大学中文系教授。

1989年　6月，离职休养。7月，赴北京，在京工作的西北大学诸弟子为其庆祝八十寿辰。

1996年　8月7日零时，在上海华东医院病逝，享年88岁。15日，在上海龙华殡仪馆举行追悼会，遗体火化。

1999年　5月，妻兰亭去世。

余振传

　　2000 年　10 月 27 日上午,名教授、俄文翻译家李毓珍先生夫妇骨灰返里安葬仪式在其家乡山西省原平市东社镇隆重举行。参加骨灰告别仪式的有:山西省政协副主席、民盟山西省委主委聂向庭,省政协委员、民盟山西省委常务副主委王万杰,省政协委员、民盟山西省委副主委兼秘书长亢官文,民盟山西省委各部委的领导同志,中共原平市委、市人大、市政协、市委统战部的领导同志,李毓珍先生在晋部分亲友。

　　2010 年　1 月 8 日,由华东师范大学中文系、北京大学俄语系、上海辞书出版社和上海翻译家协会等单位共同主办的"纪念余振先生百年诞辰暨俄罗斯文学研讨会"在华东师范大学召开。

　　2014 年　10 月 17—18 日,纪念莱蒙托夫诞辰 200 周年暨余振先生诞辰 105 周年国际学术研讨会在北京大学外国语学院举办。北京大学外国语学院院长程朝翔教授在开幕辞中指出:莱蒙托夫是俄罗斯文学史上的一座丰碑,在世界文学史上占据重要地位。诗人的创作对中国 20 世纪文学的生成和发展具有深远影响。此次国际研讨会的举行是中俄文学交流领域的重要事件,有助于增进双边文化交流,加深两国友谊。程朝翔同时指出,翻译家余振先生(原名李毓珍)在介绍和翻译莱蒙托夫诗歌艺术方面建树颇丰。他翻译莱蒙托夫的成就与传播人类精神的功绩已载入中国文学翻译的史册,他的翻译著作是中国翻译界弥足珍贵的财富。

余振著译目录

《铜骑士》 普式庚作 余振译 《民众日报》 1936 年 11 月 30 日

《乡村》 普式庚作 余振译 《工作与学习》 1937 年 1 月 9 日

《普式庚纪念特辑》 余振译 《复兴日报》 1947 年 1 月 9 日

    1.给查阿达耶夫

    2.白的光辉已经消逝了

    3.无题

    4.囚徒

    5.冬天的傍晚

    6.工作

    7.冬天的道路

    8.人生之车

《巴赫奇萨拉伊的喷泉》 牛汉主编《流火》（该刊仅出一期 即被当局查封） 1943 年

《巴赫奇萨垃伊的喷泉》 《山西大学学报》创刊号 1947 年 5 月

《波尔塔瓦》 诗文学社 1947 年 单行本

《普式庚诗选》 上海光华出版社 1948 年 6 月

《列孟托夫抒情诗选》 上海光华出版社 1948 年 6 月

《奥维西里》 张颔著 余振序 北风社 1948 年 5 月

《俄语文法高级教程》（上、下册） 上海光华出版社 1949 年

《远在东方》 上海晨光出版公司 1950 年

《白头山》 北京大众书店 1951 年

《莱蒙托夫诗选》 北京时代出版社 1951 年

《黑人说》《人民文学》第三卷第五期 1951 年

《三个穿灰大衣的人》 人民文学出版社 1953 年

《列宁》 马雅可夫斯基著 人民文学出版社 1953 年

《黑与白》《译文》 创刊号 1953 年第 1 期

《斯大林之歌》《人民文学》1953 年第 4 期

《诗选》 马雅可夫斯基 《译文》1953 年第 7 期

《关于这件事情》《人民文学》1953 年 7—8 期

《卓娅》 中国青年出版社 1954 年

《涅克拉索夫》 人民文学出版社 1955 年

《好！》 人民文学出版社 1955 年

《从马雅可夫斯基的诗篇吸取社会主义的力量》《人民日报》1955
年 4 月 14 日

《吕荧怎样歪曲和污蔑普希金》《译文》1955 年 9 月

《伟大的俄罗斯作家陀思妥耶夫斯基》《文艺报》1956 年 5 月

《穿裤子的云》(第二章）《诗刊》1957 年 6 月

《十月》《黑龙江日报》1957 年 10 月 20 日

《二十六个》《译文》1956 年 5 月

《一亿五千万》 人民文学出版社 1957 年

《莱蒙托夫诗选》 上海译文出版社 1980 年

《诗人之死》 武汉大学出版《马雅可夫斯基研究》1980 年

《读飞白〈译诗漫笔〉漫笔》《外国文学研究》1982 年 3 月

《读飞白第二篇〈译诗漫笔〉漫笔》 《外国文学研究》1983 年 3 月

《谈谈〈奥涅金〉的几个译本》 《雪莲》1983 年 2 月

《普希金长诗选》 外国文学出版社 1984 年

《莱蒙托夫抒情诗集》 浙江文艺出版社 1985 年

《莱蒙托夫抒情诗集》前言 湖北《俄苏文学》1985 年 5—6 期

《与姜椿芳关于译诗的通信》 《随笔》1989 年 5 月

《当代文学翻译百家谈·译诗杂谈》 北京大学出版社 1989 年

《莱蒙托夫抒情诗选》 上海译文出版社 1990 年

《关于民盟的一些回忆》 《山西盟讯》1991 年 4 月

《黄伟经译屠格涅夫〈前夜〉序言》 江西人民出版社 1993 年

《普希金长诗全集》 浙江文艺出版社 1994 年

《几多编译几多情》 《杜任之纪念文集》1996 年

《缅怀曹靖华——致曹苏龄信》 《缅怀曹靖华》1987 年 9 月

《独白——莱蒙托夫抒情诗选》 上海译文出版社 1998 年

《余振翻译文集》（全四册） 上海社会科学出版社 2014 年

余振与他人合译作品

《吉洪诺夫诗集》 人民文学出版社 1952 年

《希克梅特诗集》 人民文学出版社 1954 年

《马雅可夫斯基选集》（五卷本） 人文社 1957—1961 年

《马雅可夫斯基选集》（四卷本） 人文社 1984—1987 年

《无题诗 100 首》 北岳文艺出版社 1989 年

《莱蒙托夫诗歌精选》 北岳文艺出版社 1994 年

《马雅可夫斯基诗歌精选》 北岳文艺出版社 2000 年

以"未辰"或"黎新"为笔名发表的作品

《给青年》 未辰 中国青年出版社 1959 年

《列宁》 黎新 人民文学出版社 1960 年

《好》 黎新 人民文学出版社 1964 年

以本名李毓珍发表的作品

《东社李氏宗谱》后记 油印本 1982 年

《棋经十三篇》作者考 《中华文史论丛》1980 年第四辑

《忘忧清乐集》简介 《围棋天地》1989 年 11 月

《棋经十三篇》校注 蜀蓉棋艺出版社 1988 年 4 月

《棋经十三篇》校注(修订版) 蜀蓉棋艺出版社 1994 年 9 月

《我的自传》《原平文史资料》第四辑 1994 年 12 月

《东社高小简史》《原平文史资料》第二辑 1992 年 12 月

《同川志》(与李可珍合作) 手稿

《光森堂札记》 1989 年 11 月自印

《深切怀念黎玉同志》 山东人民出版社 1989 年 5 月

《关于王实甫》《山西大学学报》(哲社版)1991 年第 2 期

本书参考资料

《东社李氏宗谱》 油印本 1982 年秋月

《崞县中学同学录》 1928 年 5 月

《原平史鉴》 三晋出版社 2009 年 11 月

《原平百年人物志》 山西人民出版社 2008 年 9 月

《余振在崞县中学》 温庆华 《文史》月刊 2003 年 4 月

《张颔传》 韩石山 三晋出版社 2010 年 4 月

《余振》 张千锁 《原平文化》1984 年 4 月

《余振小传》 温庆华 《山西工人报》1985 年 10 月 26 日

《致余振》 温庆华 《诗咏原平》 三晋出版社 2013 年 4 月

《记余振师》 马作楫 《太原日报》1989 年 8 月 30 日

《翻译家余振传略》 温庆华 《山西文史资料》1999 年 5 月

《余振先生二三事》 魏荒弩 《随笔》1990 年 3 月

《追忆郭从周》 赵谦受 《山西文史资料》2000 年 10 月

《府藏胡同纪事》 魏荒弩 香港银河出版社 2005 年 9 月

《五十年来的经历与目睹》 王文光 《山西文史资料》1984 年第 3 辑,总第 33 辑

《记冀云程烈士》 《太原党史资料通讯》 1987 年第 2 期

《九十自述》 徐士瑚 《山西文史资料》1999 年第 5 期

279

《不问收获，且事耕耘——忆恩师余振教授》 陈怀义 《太原日报》1996 年 10 月 28 日

《余振谈话录》(1989 年 11 月—1990 年 4 月） 温庆华 手稿

《叶甫盖尼·奥涅金》后记 王智量 人民文学出版社 2004 年 1 月

《回忆城固时期的西北大学》 穆嘉琨 互联网 2012 年 9 月 14 日

《普希金与中国》 岳麓书社 2000 年 9 月

《对〈翻译家余振传略〉的订正》 徐士瑚 《山西文史资料》 2000 年 6 月

《怀念余振先生》 魏荒弩 打印稿 2001 年 2 月 11 日

《椎心泣血忆吾师》 温庆华 《原平市报》2003 年 9 月 8 日

《〈北风〉诗刊始末》 《山西晚报》2004 年 7 月 21 日

《马作楫文集》 山西人民出版社 2004 年 2 月

《无题六首》 李鸿谟 手稿 2006 年 8 月

《山西大学百年纪事》 中华书局 2002 年 3 月

《外国文学研究》 华中师范学院主办 1981 年 3 月

《阅读俄罗斯》 陈建华 上海文艺出版社 2007 年 2 月

《院外杂咏》 续八宝 远方出版社 2001 年 1 月

《祖先记忆、家园象征与族群历史》 《历史研究》2006 年第 1 期

《他领我走进莱蒙托夫——记翻译家余振教授》 冰夫 互联网 2007 年 12 月 18 日

《许寿裳手书鲁迅诗幅赠余振》 香港《明报月刊》1986 年 249 期

《我与〈辞海〉》 祝鸿熹 《湖北师范学院学报》2009 年第 2 期

《学人书情随录》 马嘶 岳麓书社 2010 年 1 月

《北京大学右派分子改正考》 阎桂勋 《炎黄春秋》2012 年第 7 期

《执子之手 与子偕老》 马作楫 《忻州日报》2011 年 11 月 22 日

《〈北风〉诗刊简介》 山西民盟网站 2004 年 9 月 10 日

《新北大》 第一五〇期 1968 年 1 月 22 日

《我所知道的北大整风反右运动》 陈奉孝 互联网 2013 年 6 月 16 日

《精神的圣地——北大燕南园》 王毓蔺 互联网 2013 年 5 月 1 日

《当代文学翻译百家谈》 北京大学出版社 1989 年 5 月

《师魂》 上海华东师范大学出版社 2011 年 9 月

《赤胆为人民,黄土埋忠骨——李毓珍教授夫妇骨灰返里安葬仪式在原平隆重举行》 王如阳 《山西社会主义学院学报》2000 年第 4 期

余振传

后 记

　　1985 年 10 月,拙作《余振小传》在《山西工人报》发表。三十年后的今天,二十多万字的《余振传》又将付梓。其间甘苦,唯笔者自知。俗话说:"巧妇难为无米之炊",在写作本书的过程中,最令笔者感到头疼的,就是资料的匮乏。好在余振先生生前,曾对他的生活经历与翻译实践多有记述。而这些资料又多为余振先生的亲属所掌握。1984 年至 1990 年间,我又与先生有过数十封书信往来,数十次促膝长谈,而先生同我讲的,大都是他为学从教波涛起伏的一生。当时,我都随手做了记录。1996 年 8 月 7 日,余振师仙逝后,我搜集资料的工作,又先后得到北京大学教授魏荒弩,山西大学教授马作楫、陈怀义,三晋出版社社长张继红,作家苏华,文物收藏家温峰著,以及余振亲属可珍、鸿谟、鸿福、秉钊、八宝、小兵等的大力支持,才使本书得成现在之规模。

　　也许有人会问:"你熬油点灯耗时费力写作《余振传》,究竟为啥？"我会毫不犹豫地回答:第一,为了报答先生的知遇之恩。当年我穷措潦倒,混迹市井,正是秦琼卖马、朱买臣打柴之际,是先生独具慧眼,拔识我于蓬蒿之地、草莱之丛,拂尘去垢,使我终生心有所依,淡泊名利,宠辱不惊。《诗经》曰:"投我以木瓜,报之以琼琚。"如今,我亦将至暮年,每每回思先生当年对我的提携教诲之泽,寸恩未报,于心何安。第二,为了先生及其家人的嘱托。1990 年 7 月我曾将约五万字的《余振传》初稿寄

奉先生,先生做了近百处的修改,还说:"承你不弃,写了这么长的一篇东西。我同你谈的都是有骨头没肉的事。你如果感兴趣的话,就在我死后,对它大大地加工吧。"1996年恩师谢世后,我搜集资料的工作,又得到余振长子鸿谟先生的大力帮助。2011年,就在鸿谟去世的前几月,他还对我说:"我最大的愿望就是看到你写的《余振传》能早日出版。"第三,为我们山西我的家乡再树立一面文化旗帜,让那些正在读书求知的青少年学子们,见识见识什么样的读书人才是真正的读书人。在我们一百年来的山西,学者文人可谓众矣,但是有几个能登上中国最高学府北大、清华的讲坛,绛帐授徒,传道授业解惑,门生故旧遍天下?可以说寥寥无几。而由先生花费二十年心血,与众多学者共同编纂的大型工具书《辞海》,早已成为上百万文人学者攻坚错玉的锐器,案头必备之物。第四,余振先生的外诗翻译独具一格,成就巨大,有目共睹。众所周知,文学翻译,译诗最难。遍览整部中国现代文学翻译史,能够如此准确而典雅地将外国格律诗翻译成中国体格律诗者,一百多年来,唯余振一人而已。难怪近三十年来,中国大陆及港澳台出版的所有中国现代文学翻译史稿,无一例外地将余振先生的外诗翻译奉为圭臬。有的学者、翻译家甚至称颂:余振的外诗翻译实践,开创了中国现代文学翻译史的一个流派,即规范、整齐、典雅的直译派。毫不夸张地说,余振先生的外诗翻译,已成为我国现代文学翻译史上令后人无法逾越的高峰。余振先生之所以能够取得如此辉煌的成就,是与他高深的国学造诣密不可分的。现在的年轻学子,要么只懂中文,要么只懂外文,能够二者皆精者甚少,综观余振先生一生的人生经历与文学翻译及教育实践,他给我们的启迪是多方面的。我以为,有如下几点,最值得我们珍视。

第一,一个人要树立正确的人生观。

在先生看来,人生在世,一衣一钵足矣!什么锦衣玉肴,华舍美屋,高级小车,都是身外之物。在他看来,精神的追求比物质的享受更为重要。早在1951年,他在清华大学任教期间,他的一位亲戚从老家给他去信,抱怨生活太苦。他复信说:"你每次来信,老说一些这一类的话,家中人们不好过呀,自己光景不能过呀。你想想,人生到世上来,难道就为了好过吗?古人们人人为了自己好过,我们现在还得茹毛饮血呢。如果对人生,对社会抱定了新的认识,那就本来苦,也不觉得其苦了。为了我们将来好过,而现在去难过,这个在人生以服务为目的观点来看,这个难过,比好过还要好过。"先生是这么说的,也是这么做的。据牛汉回忆:新中国成立前,先生在西北大学教书时,长年穿着一件蓝大褂,洗了又洗,这件蓝大褂后来变成了白大褂,再后来旧得实在不能穿了,就让妻子兰亭将它改制成小衣服,让小儿子穿。至于吃,先生的家人说,先生爱喝酒,下酒菜往往是一碟花生米,一盘豆腐干。1984年,先生给我的复信中,竟然有几封是写在书店或出版社的广告纸上的,有的信封是别人寄给他,他略加修整后又寄给我的。作为一名堂堂大学教授,俭啬如此,令人匪夷所思。余振先生对自己虽然近乎苛刻,可他又是怎样对待他的学生的呢?1941年,诗人牛汉因从事革命活动,被西北大学开除,取消了贷金,无法生活,是余振先生和魏荒弩等教授从自己的薪金中取出一部分,来资助他的生活。二十世纪六十年代,北京大学学生王智量因被打成"右派",流落上海街头,又是余振卖掉自己的藏书,将几百元钱亲手交到爱徒手中。1984年,余振先生多次对我说:"以后再不要寄钱了。想看什么书,尽管来信。我容易。我们温、王东社出了位年轻诗人,为你买买书,是应该的。"余振先生真的容易真的有钱吗?我看未必。1993年,余振先生生病住院,需要一万元押金,是儿子凑孙子凑为他凑起来的。所以,他曾经在给马作楫的信中这样挖苦"教授",说自己穷得还不如个卖茶叶蛋修自行车的。先生时常也有些稿费收入,但在二三十年前,中

国作家的稿酬是很低的,尽管先生拿的是国家最高一级的稿酬。

第二,对青年学生的教育培植。

余振先生一向认为:玉不琢,不成器。十年树木,百年树人。青年是祖国的未来,抓紧加强对青年的教育培植,既有利于国家,从某种意义上说,学生学有所成,也是自己艺术生命的延续。新中国成立前,他在西北大学、山西大学、兰州大学任教期间,常常告诫学生的是,一定要倾向革命,学好本领,将来好为人民服务。1941年,他在西北大学任教,因为支持进步学生运动,被校方无理解聘。1948年,他利用在山西大学主编山西民盟盟刊《北风》之便,为青年诗人张额、学生马作楫出版了第一本诗集。1949年,他在兰州大学任教时,因为支持进步学生运动屡遭国民党特务的恐吓。新中国成立后,他先后到清华大学、北京大学任教,再不用提心吊胆地为革命鼓与呼了,学好专业,为社会服务,就成了他这时教育学生的口头禅。1955年至1957年,他利用在北京大学主编《马雅可夫斯基选集》五卷本之便,邀请自己学生中的佼佼者,来共同完成这一工作。1992年,他利用自己在翻译界的声望,向北岳文艺出版社推荐出版了自己的学生、上海华东师范大学研究生清容的译诗集。正是由于他的言传身教,他的许多学生都在自己未来的工作上,取得了大小不等的成就。西北大学学生牛汉、孙绳武在新中国成立后到人民文学出版社工作,孙一直担任领导外国文学选题、翻译、出版的工作。另一学生齐越,则成了新中国第一代广播主持人,开国大典那天,站在天安门城楼上,进行了现场直播。后来,他担任了中央广播学院院长。山西大学学生马作楫后来长期在山大任教,曾任中文系副主任。兰州大学学生刘让言,笔名罗冰,后任《甘肃文学》主编、甘肃省作协主席。北京大学学生王智量、郑铮、张有福、李桅,等等,后来都成了名翻译家、名教授,而王智量被人们目为先生的衣钵弟子。不论在什么时间什么场合,甚至在文章中,先生都亲切地呢称他为"王智量同学"。一句话,先生在高校任教四十年,门生弟子遍天下。在先生看来,他这一生最大的财富,除了那三十多本著作和众多未发表的手稿外,就是这帮宝贝爱徒。1990年春节过后,我去看望先生,他高兴地拿出学生们寄给他的贺年片让我观看,喜悦之情溢于言表。我看到有些文章称他为教育家,我想原因盖在于此。1958年至1979年间,他在中华书局上海辞书出版社工作,头上虽戴着"右派分子"的帽子,但仍不忘扶掖后学,常常利用业余时间,为年轻编辑讲解《古文观止》等古典文学。老师爱学生,学生爱老师。自1949年新中国成立以来,他的大部分译作,都是由他的学生、人民文学出版社外国文学室主任孙绳武编辑出版的。1989年余振先生离休后到北京,在京工作的西北大学毕业的弟子们欢聚一堂,共庆恩师八十寿辰。2009年,在华东师范大学、上海辞书出版社、北京大学、上海翻译家协会共同举办的"余振先生百岁诞辰"纪念会上,当年的北京大学学生李桅深情献诗,"毓珍吾师,情同父子……"寥寥八字,反映了余振先生与学生之间的深厚情意。

第三,对文学创作与文学翻译的真知灼见严谨态度。

余振先生从小就喜欢文学,年青时还写过一本题为《谋财害命集》的诗集。以后到大学里教书,以专门从事教书育人和文学翻译为职。虽然不写诗了,但他仍旧十分喜欢文学,尤其是古典文学。他说过:《西厢记》、陶渊明、李商隐、苏东坡、陆游、元好问、苏曼殊的诗,他喜欢了一辈子。不单喜欢,还素有研究,他写的一篇关于《西厢记》作者王实甫的文章,就曾经发表在山西的一家刊物上。而对于文学创作,他也有自己的一套见解。1984年,针对我求名心切、闭门造车、草率写作的毛病,敏锐的先生一下就觉察到了,他在来信中不客气地说:"你写得太草率,好象有一点感触就写,这样不行。不要把写诗看得太容易了。马雅可夫斯基

说,写诗好象炼镭,要从多少矿石中才能取得一克镭。"他又说"诗的灵魂是真实,假,就空了。即使大,还是个假大空。到非写不可时写出来的,才是真诗。为了写而写出的,不是诗。要真实,就得有生活。你生长在农村,但看起来,你还没有与农村结为一体,好象还是浮在农村的面上。"先生在另几封信中说:"你坚持要走文艺的道路,很好!我坚决支持你!不过,要把目光放远点,放大点,要从个人的圈子里摆脱出来。写诗,不是为了出名,不是为了赚稿费。什么是诗人?一个为祖国为人民为时代为革命歌唱的公民,就是诗人。"

1985年,由于受先生的影响,我也喜欢上外国诗,而且越来越喜欢,觉得外国诗真美,不像我们新中国成立以来报刊上发表的那些诗。不久,我将我的这一观点告诉先生,不想先生亦表赞同。他回信说:"庆华:来信及诗稿,都收到了。诗稿四首,与以前的相比,味道大为不同。外国诗人,有许多我们可以借鉴的,这不是什么崇洋媚外。多读中外古今的作品,自可以提高自己的创作。"正是因为先生对中国当代文学有如此清醒的认识,所以他在新中国成立后40多年的时间里,一心一意地编纂《辞海》或翻译诗歌。他曾经对笔者说过这样的话:"政治碰我没办法,我不碰政治还不行。"其实,在那个政治挂帅运动成灾的年代,你想躲都躲不开,不碰都不行。如果说,新中国成立初期他的马雅可夫斯基的诗翻译,还略与形势相关的话,那么,1980年以后的外诗翻译,则纯属借外国诗歌之酒杯,浇自己胸中之块垒了。他说过:"每当我翻译莱蒙托夫时,就把自己当成了莱蒙托夫。"这就是最好的注脚。当然,对于马雅可夫斯基的楼梯诗,我们也应当一分为二地看待。马雅可夫斯基在创作了《列宁》《好!》《向左进行曲》等颂德文字外,也创作了许多像《开会迷》《走后门》《吃喝颂》《贪污颂》《初学马屁指南》这样的讽刺作品。总而言之,马雅可夫斯基的创作态度是真诚的。1980年,也是余振先生文学翻译的形式与风格丕变的转捩期（我把他的这种尝试称之为衰年变法）。整齐、押韵、典雅，就成了余振先生外诗翻译的特有的最明显的标志。当时北京大学教授魏荒弩先生在收到老友的赠书后，就敏锐地觉察到了这一点。余振先生新中国成立前的译文，我还没有找到，成立后的，我大都有了。就以莱蒙托夫的《诗人之死》的开头四行为例。

1950 年，先生是这么译的：

> 诗人死了！——光荣的俘虏啊——
> 他倒下了，为流言所中伤，
> 胸膛里带着铅弹和复仇的渴望，
> 低垂下了高傲的头颅！

1980 年的译文是：

> 诗人死了！——光荣的俘虏啊——
> 倒下了，为流言蜚语所中伤，
> 低垂下他那高傲不屈的头颅，
> 胸中带着铅弹和复仇的渴望！

1985 年的译文是：

> 诗人殒没了！——光荣的俘虏啊——
> 他倒下了，为流言所中伤，
> 低垂下高傲的头颅，胸中

　　带着铅弹和复仇的渴望！

　　这三段译文给读者最直观的印象就是：诗义基本相同，但形式却有了明显的变化，即由最初形式上的不规整，到中间基本规整，最后完全规整。1990 年以后的译文我也见过，与 1985 年的完全相同。这说明余振先生对自己的译文，经过千锤百炼后，已基本定型。而整齐、押韵、典雅，就成了余振先生外诗翻译的特有的最明显的标志特征。只要打开余振先生晚年的译作，大皆如此。这要花费先生多少心血。对于先生这种独异时俗的艺术追求，总是有人反对有人赞成，而先生面对外界的回声，也总是毫不介意，一意孤行。他自称是一个死不改悔的硬译派。现在，事实已经证明了先生这种探索的可贵，即：文艺不是一花独放；多一种追求，就为我们的文艺园地多一抹春色。当然，为了追求句式的整齐划一，先生有时会"截头断尾"。比如引文中第四句的头两字"胸中"，就被移至第三句句尾。这样的句式，我大约估算了一下，约占先生译诗的五分之一。这种"截头断尾"法效果怎样，我不敢说，但此种方法为众多翻译家、诗人所采用，则无疑是肯定的。

　　第四，对理想与事业的执着追求。

　　余振先生是一个彻头彻尾的理想主义者，他为了自己的理想奋斗了一生。那么，余振先生的理想是什么？质言之，就是人不能白活，一定要给祖国和后人留些什么。年青时代就不说了，单说他的晚年吧，先生整八十岁时才从上海华东师范大学正式离休，这在今天的教育界也算少有的了。烈士暮年，壮心不已。即使在离休之后，先生也一刻也没有闲着，又翻译出版了多部著作。据先生的家人对我说，即便在老人生病住院期间，也不忘在病床上读书写作。王智量教授回忆，就在先生去世的前几天，他牵肠挂肚念兹在兹的仍然是俄罗斯诗歌的翻译。为了祖国的文教事业,余振先生真正做到了鞠躬尽瘁,死而后已。终先生一生,究竟读了多少书,写了多少文章,教了多少学生,恐怕连他自己也说不清。拿"手不释卷,铁砚磨穿"来形容,毫不为过。他就是一个为了理想与事业不折不扣的工作狂、拼命三郎。他淡泊名利、怀仁抱素的人格操守,同时下的某些趋炎附势的文人比起来,简直判若云泥。

1979年4月,他在给一位学生的信中写道:"什么是天才,天才不过是把别人喝咖啡跳舞的时间用在读书上罢了。我多年来就是这么个想法:不管干什么工作,工作之余,自己一定要搞一点研究,这样一直下去,总可以搞出一点名堂来。可惜,年近古稀,这个想法始终未改……"先生所著的《棋经十三篇》校注,就是完全利用业余时间搞出来的。

高山仰止,景行行止;虽不能至,心向往之。自我从青年时代接受先生的教育熏陶以来,我就从心里面千百次地对自己说:"将来,我也要成为像他那样有学问的人!"虽然自知蒲柳之质,难成大器,但先生的一再鼓励,也难免使人心生妄想。三十年来,在读书写作的道路上,别人不给我叫好,我就自己给自己鼓掌。我坚信:功夫不负有心人,有志者事竟成,蚂蚁总有撼动泰山的一天。余振先生虽然离开我们二十年了,但是一想起当年我与先生在太原五一路寓所里倾心交谈的情景,就恍如昨日。那时的先生面带微笑,侃侃而谈,氛围何等温馨祥和。每每回思此情此景,我就不由地潸然泪落。在先生离开我们的这二十年间,一些蹩脚文人的作品充斥书肆,而先生一生的行谊却少人关注,湮没尘间。作为学生、同乡、晚辈的我,焉能不心生不平,奋然而起!令人感到欣慰的是,现在,只要你一走进书店或图书馆,就会发现:在琳琅满目的书架上,余振先生的译作,仍然是深受广大文学爱好者们喜欢的读物。而你坐在家中,只要一打开电脑,一打开互联网,一点击"普希金、莱蒙托夫、马雅可夫斯基",余振先生的名字,就会很快跳入眼帘。我们完全有理由相信:

后记

再过几十年,甚至几百年,余振先生那纯正丰美的译作,还将滋养着一代又一代中国读者善良的心灵!

湖南曾国藩氏云:"若夫风气无常,随人事而变迁。有一二人好学,则数辈皆思力追先哲。倡者启其绪,和者衍其波;倡者可传诸同志,和者又嬗诸无穷。"翻阅整部中国学术文化史,学有所宗,代有才人,绵延不断,情形确是如此。而余振先生正是我们山西开一代风气的前贤圣哲。祈愿吾乡吾土,一代新人胜旧人,文脉永续!

作者
二〇一六年十月于太原

图书在版编目（CIP）数据

余振传/温庆华著.--太原：三晋出版社，
2017.12
ISBN 978-7-5457-1510-1

Ⅰ.①余… Ⅱ.①温… Ⅲ.①余振—传记 Ⅳ.
①K825.46

中国版本图书馆CIP数据核字（2017）第320236号

余振传

著　　者：温庆华	
责任编辑：张继红	
责任印制：李佳音	
出 版 者：山西出版传媒集团·三晋出版社（原山西古籍出版社）	
地　　址：太原市建设南路21号	
邮　　编：030012	
电　　话：0351-4922268（发行中心）	
0351-4956036（总编室）	
0351-4922203（印制部）	
网　　址：http://www.sjcbs.cn	
经 销 者：新华书店	
承 印 者：山西臣功印刷包装有限公司	
开　　本：700mm×1000mm　1/16	
印　　张：18.75	
字　　数：240千字	
版　　次：2018年1月　第1版	
印　　次：2018年1月　第1次印刷	
书　　号：ISBN 978-7-5457-1510-1	
定　　价：60.00元	